楚國文化研究叢刊　　　　　　　　劉玉堂◇主編

楚國飲食與服飾研究

姚偉鈞　張志雲○著

昌明文化

楚國文化研究叢刊 A0201001

楚國飲食與服飾研究

著　　作	姚偉鈞　張志雲
版權策劃	李　鋒
發 行 人	陳滿銘
總 經 理	梁錦興
總 編 輯	陳滿銘
副總編輯	張晏瑞
編 輯 所	萬卷樓圖書股份有限公司
排　　版	雙子設計公司
封面設計	雙子設計公司
印　　刷	百通科技股份有限公司

出　　版　昌明文化有限公司

桃園市龜山區中原街 32 號

電話　(02)23216565

發　　行　萬卷樓圖書股份有限公司

臺北市羅斯福路二段 41 號 6 樓之 3

電話　(02)23216565 傳真　(02)23218698

電郵　SERVICE@WANJUAN.COM.TW

大陸經銷

廈門外圖臺灣書店有限公司

　　電郵　JKB188@188.COM

ISBN 978-986-94604-0-8

2019 年 6 月初版三刷

2017 年 8 月初版二刷

2017 年 3 月初版一刷

定價：新臺幣 460 元

如何購買本書：

1. 劃撥購書，請透過以下郵政劃撥帳號：

　帳號：15624015

　戶名：萬卷樓圖書股份有限公司

2. 轉帳購書，請透過以下帳戶

　合作金庫銀行　古亭分行

　戶名：萬卷樓圖書股份有限公司

　帳號：0877717092596

3. 網路購書，請透過萬卷樓網站

　網址 WWW.WANJUAN.COM.TW

大量購書，請直接聯繫我們，將有專人為您

服務。客服：(02)23216565 分機 610

如有缺頁、破損或裝訂錯誤，請寄回更換

國家圖書館出版品預行編目資料

楚國飲食與服飾研究 / 姚偉鈞著. -- 初版.
-- 桃園市：昌明文化出版；臺北市：萬
卷樓發行, 2017.03　冊；　公分. -- (楚國
文化研究叢刊；A0201001)

ISBN 978-986-94604-0-8(平裝)

1. 文化史　2. 楚國

631.808　　　　　　　　　　106003972

本著作物經廈門墨客知識產權代理有限公司代理，由湖北教育出版社有限責任公司授
權萬卷樓圖書股份有限公司出版、發行中文繁體字版版權。

目 次

總　序①

　　春秋戰國時期領異標新、精彩絕豔的楚文化，為中華文化的形成與發展完美地奉獻出了自己的珍藏。楚學的使命就是對這一稀世珍藏進行廣泛而深入的挖掘、整理和研究。這是一項異常艱辛而又充滿愉悅的工作，需要眾多的志士仁人協力同心共同完成。

　　楚文化是古老的，它的誕生在三千年以前；但楚學是年輕的，人們有幸對它進行系統的科學研究至今還不過百年光景。

　　楚文化的遺存埋藏在地下達三千年之久，直到20世紀20年代至40年代才被盜墓者「驚起」。當時，在安徽壽縣和湖南長沙出土了大量戰國時期的楚國銅器和漆器，其工藝之精絕，風格之獨特，令史學家和古董商歎為觀止。但這還只是「小荷才露尖尖角」，人們一時還很難捕捉它們的意態風神。從20世紀50年代起，楚文化的遺存在湖南、

①　簡體版由湖北教育出版社於二〇一二年出版。今繁體版於臺灣重新編輯印刷，因考量兩岸學術寫作習慣不同，故在編輯體例上作出些微調整，以符合繁體區的閱讀方式與學術格式。茲向讀者說明如下：

　　1.若遇特殊名詞，則改為繁體區習慣用語。如：「釐米」，改為「公釐」。「米」，改為「公尺」。其他以此類推。

　　2.本套書各冊之〈總序〉、〈序〉與〈後記〉，皆照錄簡體版之原文。

　　3.原書的簡體字，如「杰」、「云」……等，皆改為相應之繁體字。

　　4.字體簡繁轉換，造成用字不同，皆以該單位原有繁體之名稱為準。如：「岳麓書社」，改為「嶽麓書社」。

湖北、河南、安徽等地一批又一批地被考古學家喚醒，引起學術界和文藝界一陣又一陣的狂歡。「驚起卻回首」，人們重新審視哲學史上的老莊和文學史上的屈宋，徹然大悟，原來它們也都是楚文化的精華。

楚文化因楚國和楚人而得名，是周代的一種區域文化，集中了東周文化的大半精華。它同東鄰的吳越文化和西鄰的巴蜀文化一起，曾是盛開在長江流域古區域文明的奇葩。與並世共存的先進文化相比，楚文化可以說是後來居上。當楚文化跡象初露之時，它只是糅合了中原文化的末流和楚蠻文化的餘緒，特色不顯，影響不大，幾乎無足稱道。到了西周晚期，它才脫穎而出，令北方有識之士刮目相看。及至春秋中期，它竟突飛猛進，已能與中原文化競趨爭先了。楚文化不僅有爐火純青的青銅冶鑄、巧奪天工的漆木髹飾和精美絕倫的絲織刺繡，而且還有義理精深的老莊哲學、鑠古切今的屈宋辭賦和出神入化的美術樂舞。透過這耀眼的紛華，我們還能領悟到楚人進步的思想精髓和價值追求：「篳路藍縷」的進取精神、「撫夷屬夏」的開放氣度、「鳴將驚人」的創新意識、「和眾安民」的和合理念以及「深固難徙」的愛國情結。它們無疑是楚人留給世人的最寶貴的文化遺產。

為了對楚文化研究成果進行階段性總結和集中展示，20世紀90年代中期，湖北教育出版社推出了由張正明先生主編的大型學術叢書「楚學文庫」（18部），在學術界產生了強烈而持續的影響，「楚學」至此卓然而立，蔚為大觀。

自「楚學文庫」出版至今十數年間，隨著湖北棗陽九連墩大墓、河南新蔡葛陵楚墓、湖北隨州葉家山西周墓群的發掘，尤其是湖北荊門郭店楚簡、上海博物館珍藏的戰國楚竹書和清華大學藏戰國竹簡等出土文獻的陸續問世，以及新的研究方法和新的技術手段的推廣與運用，楚學研究出現了「驚濤拍岸」的高潮，眾多的楚學研究成果如浪花般噴珠濺玉，美不勝收。面對楚學研究的空前盛況，湖北教育出版

社以弘揚學術、嘉惠士林的遠見卓識，約請我主持編纂大型學術叢書「世紀楚學」（12部），這對於全面、系統、深入地探討楚文化的內涵與精蘊，及時展示楚學研究的最新成果，繼承和弘揚楚文化乃至中華文化的優秀傳統，促進社會主義文化強國和中華民族共有精神家園建設，既具有重要的理論意義，又具有重大的實踐價值。

「世紀楚學」選題嚴謹，內容宏富，研究範圍包括楚簡冊、政治、法律、禮儀、思想、學術、文學、地理、農業、水利、交通、飲食、服飾和名物等，大都是楚學研究中十分重要且「楚學文庫」未曾涉及或涉而不深的議題。因此，「世紀楚學」既是對「楚學文庫」的賡續、豐富和完善，又是對「楚學文庫」的延伸、拓展和推進。

之所以將叢書定名為「世紀楚學」，所思者有三：一是現代意義的楚學研究始於20世紀20年代，迄今已近百年；二是本叢書是21世紀推出的第一套大型楚學叢書，帶有鮮明的新世紀的印記；三是「世紀」也可泛指「時代」，意在誠勉本叢書切勿有負時代之厚望。

作為國家出版基金資助專案和湖北省社會公益出版專項資金資助專案，「世紀楚學」致力於從新視角、新構架、新材料、新觀點四個方面，實現楚學研究的新突破、新跨越、新發展，奮力開創楚學研究的新局面！

我忝任主編，限於學識和俗務，時有力不從心之感，幸有張碩、靳強先生襄助，諸事方才就緒，令我心存感念！

任何有益於本叢書的批評和建議，我們都竭誠歡迎！

劉玉堂

2012年2月於東湖之濱

總序

緒　　論

　　近幾十年來，楚文化一直是中國區域文化研究中的一個熱點，楚文化作為一門獨立的區域文化學科，逐漸獲得了學術界的首肯，圍繞這一領域的研究，也取得了一定的成績，但就楚國的社會生活傳統而言，諸如楚國社會生活傳統的形成與周邊民族的關係，特別是與巴土民族的關係，目前的研究還顯得不夠，因為楚國與巴土在「地域上的重合交叉，文化上的交流互補，民族間的聯姻通婚，風俗習慣多有混同[①]」。

　　楚國地區社會生活的這種多元性，在文化交流史上，具有特別重要的價值，而內蘊豐富、情況複雜的地區，也正是研究社會生活史的極好對象。可以說，全面探討楚國的社會生活傳統及與周邊民族之間的文化關係，實質上就是從一個新的角度來研究和認識楚文化及其中蘊含的一些非物質文化遺產，以此對這一地區文化的歷史價值及其未來方向能有一個更加清楚的認識。

---

① 　楊行正：〈宜昌地域文化──巴楚文化〉，載《宜昌社會科學》2008年第5期。

一、楚國飲食文化概述

　　楚國飲食文化的歷史十分悠久，據陳振裕先生考證，湖北舊石器時代人們的生活，主要依賴於漁獵與植物採集，飲食很差。自從新石器時代發明農業後，我國就是一個地廣人多的農業國。伴隨著各個時期農業生產的不斷發展，飲食品質也不斷提高。從考古發現的情況看，湖北地區的主食一直是以稻米為主，並輔以菱、粟等。新石器時代以後，副食主要有肉食品與蔬菜兩大類。肉食品又有獸、禽、魚3種。各個時期的畜牧業經歷了不斷發展的過程，人們食用家畜的比例也不斷增多，漁獵的比重不斷下降，而且肉食品的品種也不斷豐富，尤其是戰國秦時期更為明顯。蔬菜在春秋之前尚未發現，在戰國和西漢時期的墓中已有不少發現，而且品種也較多，已是當時人們的主要副食。同時，還發現了許多調味料，說明當時對飲食品質的要求提高了①。

　　湖北飲食文化是伴隨著楚文化的崛起而興旺發達起來的。所以，不僅有人把湖北菜稱為鄂菜，也有學者將湖北菜稱為楚菜。也就是說，湖北菜的製作，早在2000多年前的楚國時期就已達到相當的水準。《楚辭》中的〈大招〉與〈招魂〉中所列舉的肴饌已證明了這一點。《楚辭　招魂》裡記錄了從主食到菜肴、精美點心以及酒水飲料等20多個品種的楚地名食，從這張食單中我們可以看出，當時楚國食物原料豐富，烹調方法及調味手段多變，它像一面鏡子，生動地反映了當時楚地的飲食風貌和特色，表現了先秦時期鄂菜藝術的成就，也充分說明具有楚鄉風味的鄂菜在先秦時期已具雛形。

　　另外，從考古發現的資料來看，特別是1978年湖北隨州曾侯乙墓

---

① 陳振裕：〈從考古發掘看湖北古代飲食文化〉，載《中華食苑》第六集，中國社會科學出版社1996年版。

中出土的100多件飲食器具更是較好的例證。以曾侯乙墓為代表的這一時期楚墓中出土的飲食器具主要由銅、陶、金、漆木、竹五種材料製作而成。其中曾侯乙墓發現的一件煎盤，是迄今首次的考古發現。它由上盤下爐兩部分組成，煎盤的腹部兩側各有一副提鏈。 爐的口沿上立有四個獸蹄形足，出土時盤內有魚骨（經鑒定為鯽魚）， 盤內有木炭，爐底有煙炙痕跡，顯然是煎炒食物的炊器。在眾多的飲食器具中，煎盤是一種可燒、可煎、可炒的炊食器具，而在2400多年前就能運用煎、炒等烹調方法，這在各大菜系中是領先的，同時也充分證實了鄂菜源遠流長的歷史。

圖0-1　曾侯乙墓出土的提鏈爐盤

秦漢以後，楚地飲食文化有了長足的發展。進入漢魏，〈七發〉記下了牛肉燒筍、狗羹蓋石花菜、熊掌調芍藥醬、鯉魚片綴紫蘇等荊楚佳餚，《淮南子》也盛讚楚人調味精於「甘酸之變」。這時還製成了「造飯少頃即熟」的諸葛行鍋和光可鑒人的江陵朱墨漆器，反映了這一時期楚地飲食文化的進一步發展。降及唐宋，《江行雜錄》介紹過製菜「馨香脆美，濟楚細膩」，工價高達百匹錦絹的江陵廚娘，五祖寺素菜風靡一時，蘇東坡命名的黃州美食膾炙人口。晚唐詩人羅隱在〈憶夏口〉中吟唱道：「漢陽渡口蘭為舟，漢陽城下多酒樓。當年

不得盡一醉，別夢有時還重遊。」① 反映了武漢地區的飲食業在1000多年前就有了一定的規模。

到了明清兩代，鄂菜更趨成熟。在《食經》、《隨園食單》、《閒情偶寄》和《清稗類鈔》等著名食書中，搜集的楚菜精品就更多了。這時，不僅有楚菜代表菜品，更多名菜也應運而生，如沔陽三蒸、江陵千張肉、黃陂燒三合、石首魚肚、咸寧寶塔肉、武漢臘肉炒菜，以及黃梅五祖寺著名的素菜「三春一湯」──煎春捲、燒春菇、燙春芽、白蓮湯，如此等等。在魚菜技藝上也有較大的創新，如鍾祥的蟠龍菜，主料是魚和肉，而成品卻是吃魚不見魚，吃肉不見肉；黃州的金包銀、銀包金，使魚肉合烹，各自剁茸成餡，相互包裹，光潔似珠，落水不散，技藝之精湛可謂登峰造極。此外，黃雲鵠的《粥譜》集古代粥方之大成，楚鄉的蒸菜、煨湯和多料合烹技法見之於眾多的食經，楚（鄂）菜作為一個菜系已基本定型②。

楚地口味總的來說以「鹹鮮」最為普遍，這可能與楚地盛產淡水魚有關。楚地常用的副食原料雞、魚、豬肉，都含有豐富的鮮味物質成分，而且烹調時只需加適量鹽，味道就十分鮮美。

飲食文化作為一種非物質文化遺產，反映了一個地區居民的生活狀態和生活習慣，與傳統藝術、民俗等「非遺」一樣需要保護和傳承。歷史悠久、獨具特色的荊楚、巴土民族飲食文化尤其值得我們加以保護和傳承。

---

① 《全唐詩》，中華書局2008年版。
② 參見尹漢寧主編：《中國鄂菜》，湖北科技出版社2008年版，第15頁。

二、楚國服飾文化概述

　　服飾在楚國人民生活中占有十分重要的地位，它起著護體、禦寒、遮羞、標識和美化生活的作用，所以說服飾是楚人生活的櫥窗，也是楚文化的一個標籤。在中國古代社會裡，服飾也是區別民族的一個重要標誌，是一個民族在特定時代的文化風俗現象，是經濟、文化、政治、習俗等諸多因素的綜合表現。正如《墨子　公孟篇》所云：「昔者齊桓公高冠博帶，金劍木盾，以治其國，其國治；昔者晉文公大布之衣，牂羊之裘，韋以帶劍，以治其國，其國治；昔者楚莊王鮮冠組纓，絳衣博袍，以治其國，其國治；昔者越王勾踐剪髮文身，以治其國，其國治。」可見當時列國服飾風俗，從髮式到冠帽，從服裝到佩飾，都有明顯的區別。

　　首先，從冠制來看，楚人所戴之冠較高。《左傳　成公九年》記載楚人鍾儀被囚於晉國：「晉侯觀於軍府，見鍾儀，問曰：『南冠而縶者誰也？』有司對曰：『鄭人所獻楚囚也。』」杜預注：「南冠，楚冠。」晉侯看到鍾儀戴的南冠，就知道他不是晉人，可見楚國在冠制上是有別於中原諸國的。屈原在〈涉江〉中說：「帶長鋏之陸離兮，冠切雲之崔嵬，被明月兮佩寶璐。」王逸注曰：「切雲，冠名。其高切青雲也。」[①]這種冠可能即晉侯所指的南冠。屈原這段話在長沙子彈庫楚墓出土的錦帛中得到了印證，儘管畫面內容帶有神話色彩，但人物服飾的處理，卻是從楚人的實際生活出發的。圖中男子頭戴峨峨高冠，冠帶繫於頜下，身穿大袖袍服，衣襟盤曲而下，形成曲裾，是深衣樣式。楚國貴族男子的典型服飾就是頭戴切雲冠，身著袍服，佩戴寶玉。

　　其次，從服裝來看，楚人穿深衣是比較普遍的。深衣是春秋時

---

① 屈原：〈九章　涉江〉，引自《楚辭補注》，中華書局1983年版。

期出現的一種將上衣下裳連在一起的新式服裝，也就是袍式的大袖寬衣。在此之前，楚人的服裝是上衣下裳不相連屬。戰國末年這種上衣下裳的衣制還存在，如〈離騷〉中說：「制芰荷以為衣兮，集芙蓉以為裳。」馬山一號楚墓出土過兩件單裙，也就是裳，但穿裳的人已不多了。

楚國由於社會風俗和地理環境與中原各國有著明顯的不同，在服裝方面既有與中原地區一致的方面，又有自己的民族特點。中原諸國受儒家思想影響較深，服飾受禮法約束，如《禮制 王制》中說：「禁異服」，「作淫聲、異服、奇技、奇器以疑眾，殺。」所以服飾形制比較規範。而楚人長期混處於「蠻夷」之中，相互間在文化習俗上的交流參潤是不可避免的，楚人一方面用夏變夷，另一方面也為夷所變。加之楚人性格活潑，無拘無束，富於創新精神，敢於別具一格，表現個性，這種民族性格和精神也推動了楚國服飾不斷推陳出新。

圖0-2　馬王堆漢墓素紗禪衣重49克

一般而言，楚服的衣身緊小，這可能與「楚靈王好士細腰」有關①。楚人以細腰為美，所以服裝的衣身都很緊，沈從文先生在《中國古代服飾研究》中說：「楚服特徵是男女衣著多趨於瘦長，領緣較寬，繞襟旋轉而下，衣多特別華美，紅綠繽紛，衣上有著滿地雲紋、散點雲紋、小簇花紋，邊緣多較寬，作規矩圖案，一望而知，衣著材料必出於印、繪、繡等不同加工，邊緣則使用較厚重織錦。」②

　　楚國婦女服裝除具有以上所說的衣身較緊外，袖口也較窄小，這與中原諸國的寬袍大袖區別明顯。信陽楚墓彩繪婦女木俑的袖頭作窄式，下裳交疊，相掩在背後，不作曲裾繞襟的裁剪法。這樣既滿足了服裝的需求和美化，也可以使行動免受因下裳牽制而舒展不開。這種交相掩襟而又在裙裾衽邊緣上加以各種錦繡的紋飾，使楚國的這種服裝起到了形式美和實用美二者結合的效果。這種袖口窄小的例子，還見於長沙陳家大山楚墓出土的人物龍鳳錦畫中的婦女，該女子身穿緊身長袍，袍長曳地袖口作窄式，在領、袖等部位，緣有錦邊，錦上有條紋圖案，是這時楚服特色。

　　楚人對外來服飾並不是一味地因循沿襲，而是不斷地予以改進和創新，例如深衣，楚國的樣式與中原地區就有所區別。《禮記》中說：「古者深衣，蓋有制度，以應規矩繩權衡。短毋見膚，長毋被土。」③即不覆於地面以免受到玷污。楚墓出土的木俑和實物均為長曳被土，這與深衣定制「長及於踝」，約去地四寸有所出入。另外，江陵馬山一號楚墓還出土了一批直裾衣，深衣應為曲裙，這些服裝有錦面袍、繡羅禪衣等。可見，「花樣百出，不拘一格，式樣突破禮制」，確為沈從文先生在《中國古代服飾研究》中所認定的楚服特徵。

---

① 《墨子　兼愛》，引自「新編諸子集成」本，中華書局，1993年版。
② 沈從文：《中國古代服飾研究》，香港商務印書館1981年版，第27頁。
③ 《禮記　深衣》，載《十三經注疏》，中華書局1980年版。

緒
論

從歷史上看，民族服飾文化演變的因素很多，有政治的，有經濟的，有軍事的，也有文化的。就中國服飾文化的變遷而言，曾受到域外其他民族服飾文化的一定影響，但主要還是幾千年來我國各族人民相互交流、相互借鑒、相互影響的結果。縱觀古代巴、楚關係，互為近鄰的兩國間多為和睦相處，少有戰爭衝突，因此，巴、楚兩地在服飾文化的交融和相互借鑒上十分明顯。

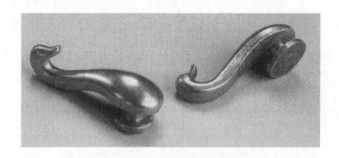

圖0-3　曾侯乙墓金帶鉤

　　研究荊楚服飾文化，不但可以發掘荊楚古代服飾的豐富遺產，也為我們認識荊楚文明的發展水準提供可資借鑒的實物資料。同時，我們還可以根據古為今用的原則，設計出富有時代精神和民族特色的服飾，更好地滿足廣大民眾的需要。

上編　楚國飲食

　　在所有文化門類中，最具文化象徵意義的便是飲食。飲食文化是一個民族歷史文化與生理特徵的社會化石，集中體現了一個民族文化的本質特徵，楚國的飲食文化也不例外，它記錄著這個民族的社會變遷、經濟成長與文明發展等。同時，楚國飲食文化本身還隨著社會變遷與時代的進步，不斷地在解構與再建構。新的文化意涵的重組，就是文化創新的過程，而這些變化過程的記錄，就會為我們提供一個詳細觀察楚國政治、經濟、文化變遷的視角。

　　眾所周知，春秋戰國時期的楚文化是舉世公認的中國文化發展史上的高峰，它在多項指標和門類上處於中華大地的先進序列，如果將楚國物質文明置於世界範圍內進行共時性全面比較的話，楚文化也是超一流的。這些文明成果主要表現在衣、食、住、行等方面，特別是在楚國飲食文化方面的表現更為明顯。楚國飲食文化不但全面吸收了春秋戰國時期，甚至以

前的飲食文化的優秀成果，而且還廣泛吸收了
當時國內各民族飲食文化的精華，從而使楚國
飲食文化呈現出一幅豐富多彩的圖景，它奠定
了長江流域傳統飲食文化的基礎，並對後世產
生了深刻的影響，在中華民族飲食文化史上占
有十分重要的地位。

　　本編對楚國飲食文化進行了較為全面的
探討，希望把文獻資料與地下考古資料結合起
來，揭示飲食文化的地域傳承關係，展示楚國
飲食文化的起源與發展過程，以說明楚國飲食
文化的演變特徵及其在中國飲食文化中的歷史
地位。

第一章　楚國的地理環境與飲食文化

　　在中華大地上，不同的自然地理環境、民俗風情習慣孕育了不同特質、各具特色的地域文化，也就是說不同的地域文化與當地的自然地理環境有密切的關係。在人類文化創造的自然地理環境中，河流是人類各種文化發源的天然搖籃，世界著名的底格里斯河、幼發拉底河、尼羅河、恆河等，都和一些民族文化的誕生、形成有著密切的關係。長江作為亞洲第一大河流，從西向東、橫貫中國腹地11個省、市、自治區，全長6300餘公里，流域面積達180餘萬平方公里，自然條件千差萬別，因而流域內各地的文化也是千姿百態，特別是在長江中下游地區的湘、鄂、贛、皖、蘇、浙等地都曾是楚國的勢力範圍，這些不同地域、不同特色的文化互相交流，互相融合，為光耀中華的楚國飲食文化奠定了深厚的基礎。

第一節　「飯稻羹魚」與地理環境

　　中國作為一個幅員遼闊的泱泱大國，自古以來，不但社會經濟的發展很不平衡，而且文化的發展也很不平衡，而經濟的發展、文化的形成，又都受地理環境的制約，地理環境通過物質生產及技術系統等

形式，深刻而長久地影響著人們的生活。從一定意義上來說，地理環境是人類文化創造的自然基礎。因此，我們在考察楚國飲食文化生成機制時，應首先從飲食文化賴以發生、發展的地理環境剖析入手，進而探討地域文化與飲食文化之間的聯繫。

據最近幾十年來的考古發掘，在楚國境內的許多新石器時代遺址中，都普遍發現有稻穀遺存，無論湖南彭頭山文化還是湖南石門皂市遺址下層文化，都是以種植水稻而突出了本身的地域特點，這說明楚國已進入農業時代，是農業在氣候等自然條件允許的範圍內廣泛發生的一種區域現象。由此可以看出我國最早的水稻栽培也是在洞庭湖、鄱陽湖一帶，然後逐步向長江中下游流域及江淮平原擴展，從而初步形成了接近於現今水稻分布的格局。

考古發現與文獻記載是一致的，在中國古代文獻中，記載稻的種植與人民食用也主要是在長江流域。如《周禮》中就認為荊州、揚州「其穀宜稻[①]」。荊、揚之地處於長江中下游地區，在春秋戰國時期分屬楚、吳、越，是著名的水鄉澤國。《史記》敘述這裡的飲食生活狀況為：「楚越之地，地廣人稀，飯稻羹魚。」[②]《漢書》中也認為：「楚有江漢川澤山林之饒……民食魚稻，以漁獵山伐為業。」[③]可見，稻穀一直是楚國人民的主食，水產品則是主要副食。

一定地理環境下的農業創造與發展，決定著人們的飲食樣式，特別是在物質生產較為發達的地區更為明顯。人們飲食狀況如何，首先和他們創造什麼、生產什麼有關。中華飲食文化的南北之別，正是植根於這種與地理環境有密切依存關係的經濟生活的土壤之中。我國古代長江流域各民族，由於地理環境是川澤山林，因此不僅創造了水田耕種、稻穀栽培的農業生產方式，而且還創造了與此相適應、高度發

① 《周禮　夏官　職方氏》。
② 司馬遷：《史記　貨殖列傳》。
③ 班固：《漢書　地理志》。

達的飲食文化類型，最終形成了重視農業，講究飲食的生活傳統。所以說，是得天獨厚的長江，滋養了流域內楚國飲食文化的形成與發展。

考古發掘資料也一再證明，先秦時期，長江流域楚國人民的主糧是稻穀，黃河流域人民的主糧是黍、稷，中國飲食文化分成兩大地域系統，早在西元前5000多年就已形成，並由此形成了南北迥異的飲食習俗和各有風格的飲食文化類型。春秋戰國以後，在黃河流域，黍、稷的主食地位逐步讓位給麥，而在長江流域，稻穀始終是人民的主食，在黃河流域卻列為珍品，孔子就曾用：「食夫稻，衣夫錦，於女安乎？」[1] 來批評他的弟子宰我不守孝道及生活奢侈講究。可見，食稻衣錦是當時黃河流域民眾生活水準較高的象徵。在長江流域的楚地，稻穀卻是民間常食，並且稻穀作為人民的主糧，其地位數千年未變。這一事實說明，長江流域的稻作文化和黃河流域的粟作文化是長期共存的，中國飲食文明的大廈，是由各地域飲食文化共同構築的，沒有地域飲食文化作為基礎，就沒有光輝燦爛的中國飲食文化。因此，只有分地域深入考察各地飲食文化，才有可能避免中國飲食文化研究中以偏概全的流弊，進而對整個中國飲食文化的歷史進行接近客觀實際的總體概括。

第二節　楚國飲食特色與巴蜀、吳越的比較

長江流域的飲食文化，因流域地理環境的不同而呈現出豐富的多元狀態。大體而言，長江流域可分為三個主要飲食文化區域，也就是長江上游的巴蜀飲食文化區，長江中游的楚地飲食文化區，長江下游

----

① 《論語　陽貨》，中華書局1980年版。

的吳越飲食文化區。對這些區域飲食進行比較，可以更清楚認識楚國飲食的特色。

一、以巴蜀為代表的長江上游飲食文化區

長江從雲、貴、川結合部的四川宜賓到湖北宜昌，俗稱川江，這一流域處於青藏高原至長江中下游平原的過渡地帶，也是西部牧業民族和東部農業民族交往融合的地方。它所流經的四川盆地，是我國很富庶的地區之一。盆地四周被海拔1000公尺至3000公尺的高山和高原所環繞。盆地內平均海拔500公尺左右，除成都平原外，地形以丘陵低山為主。雖然盆地四周，東有巫山，南有大婁山、大涼山，但這些山原不高，不至於擋住溫暖的氣流。從太平洋、印度洋的暖濕氣流進入盆地後，又受阻於西南屋脊青藏高原而長期滯留，改善了這一地區的水熱條件。而北面則是高聳的米倉山、大巴山。大巴山和其北的秦嶺，海拔均在2000公尺以上，在冬季能阻擋由北方來的冷空氣，即使侵入盆地，也由於越過高山，減少了寒冷的程度，使盆地冬暖春早，成為我國冬季著名的暖中心，霜期在兩個月左右，霜日一般不超過25天，全年無霜期一般在250天至300天，盆地中最冷的一月份，平均溫度也在5℃以上。由於北方冷空氣侵入較少的關係，春季升溫快，春來早，較長江中下游要提前數十天。到了四月，盆地中南部平均氣溫即超過18℃，這種氣溫有利於各種農作物及蔬菜瓜果的滋生繁茂。正如川籍詩人蘇軾〈春菜〉詩云：「蔓菁宿根已生葉，韭芽戴土拳如蕨。爛蒸香薺白魚肥，碎點青蒿涼餅滑。宿酒初消春睡起，細履幽畦掇芳辣。茵陳甘菊不負渠，繪縷堆盤纖手抹。北方苦寒今未已，雪底波棱如鐵甲。豈如吾蜀富冬蔬，霜葉露芽寒更茁。久拋菘葛猶細事，苦筍江豚那忍說。明年投劾徑須歸，莫待齒搖併髮脫。」[①]

四川盆地全年降雨量過1000毫米以上，而水分蒸發量在600毫米

---

① 《蘇軾詩集》卷一六。

左右，蒸發量小於降水量，故境內徑流豐富。另外，從總體上來看，古代巴蜀區域地形複雜，不可能有大面積的水旱災害，山上旱，山下補，這種環境的多樣性與多變性也促使巴蜀人民養成勤作巧思，善於因地制宜的精神風貌。四川盆地的這種溫暖濕潤的亞熱帶季風性氣候，對農業生產的全面發展是十分有利的，這也就為川菜的烹製，提供了既廣且多的原料。

四川盆地內的土壤條件也非常好，特別適宜農耕。肥沃的成都平原，常常是一片金黃色的世界，橙黃色的稻子、麥子，深黃色的油菜花、柑桔等等，讓人眼花繚亂。四川盆地還盛產茶葉、桐油、竹木、藥材，各種蔬菜四季常青，六畜興旺，魚類眾多，所以《後漢書公孫述列傳》云：「蜀地沃野千里，土壤膏腴，果實所生，無穀而飽。」《華陽國志》亦云：「蜀沃野千里，號為『陸海』，旱則引水浸潤，雨則杜塞水門，故記曰：水旱從人，不知饑饉，時無荒年，天下謂之『天府』也。」[1]

以上巴蜀之地的氣溫、降水量、土壤、資源等，都是古代四川之所以能夠成為「天府之國」的優越自然條件，這些無疑也是川菜發展的深厚基礎和主要因素。

「尚滋味」、「好辛香」[2]，這是東晉時蜀人常璩對巴蜀飲食文化的高度概括。長江上游雲、貴、川地區多為高山峽谷，日照時間短，空氣濕度大，因此自古以來這裡的人們就喜好辛香之物，即花椒、薑、蔬之類帶刺激性的調味品。胡椒、辣椒傳入中國後，更受巴蜀人喜愛。今天四川人以喜吃辣椒聞名，多飲酒，食火鍋，這些嗜好的形成與歷史上巴蜀地區氣候濕熱有關。熊四智先生認為：「辣椒既合好辛香的飲食傳統，又有除濕的作用，於是辣椒在四川迅速普及，

---

[1]　常璩撰，劉琳校注：《華陽國志　蜀志》，巴蜀書社1984年版，第202頁。
[2]　常璩撰，劉琳校注：《華陽國志　蜀志》，巴蜀書社1984年版，第175頁。

帶來了川菜的巨變。」①

　　長江上游地區是多民族居住的地方，而蜀作為長江上游區域的政治、經濟、文化的中心，歷來是長江上游各民族人民理想的聚居之地，在廣漢三星堆商代遺址出土的神人像、頭像、人面像近100件，可以觀察到：髮式有西南盛行的辮、披髮、椎結，又有東南流行的斷髮，中原常見的笄和冠，以及貫耳文身這一東南文化區的特徵。面部特徵既有長臉高鼻，也有扁臉闊鼻，反映這一地區民族系屬十分複雜。此後歷代中，特別是在明、清，更有所謂「湖廣填四川」的大規模移民四川的運動。各地區各民族的人民在巴蜀共同生活，既把他們的飲食習俗、烹飪技藝帶到了巴蜀，也受到當地原有飲食傳統的影響，互相交融，互相滲透，取長補短，形成了四川地區特有的菜肴風味。清人李調元曾將其父李化楠悉心收集的名菜名點和烹製方法，整理成《醒園錄》，就是巴蜀飲食文化吸收各地飲食文化精華的證明。

　　川菜的形成與發展，還與巴蜀文化善於消化融合各地各民族文化有關。以匯納百川的態度不斷接受外地移民和外地文化，這是巴蜀文化的一大特點，因此，川籍學者袁庭棟指出：「高水準的川酒、川菜、川戲都是外地文化傳入四川之後才形成的，而這一事實可能是絕大多數川酒、川菜、川戲愛好者所始料未及的。」②川菜也是在融合長江流域各地乃至中國飲食風味中發展起來的。如川菜中的名菜獅子頭源於揚州獅子頭，八寶豆腐源於清宮御膳，蒜泥白肉源於滿族白片肉，山城小湯圓源於杭州湯圓，烤米包子源於鄂西土家族等等。從歷史上溯，當今的不少川菜烹飪原料、調料、菜點，都是吸收外地甚至外國之長而來的。原料中的胡瓜、胡麻、胡豆、菠菜、南瓜、萵苣、胡蘿蔔、茄子、番茄、圓蔥、馬鈴薯、番薯、花生，調料中的胡蔥、

---

① 熊四智：〈四川菜〉，載《中國烹調大全》，黑龍江科學技術出版社1990年版，第358頁。
② 袁庭棟：《巴蜀文化》，遼寧教育出版社1991年版，第59頁。

胡荽、胡椒、大蒜、辣椒，都是從外國引進，由「洋」貨改為「土」貨。要是沒有辣椒作調味品，今天的川菜風味也就不會存在了。

二、以楚為代表的長江中游飲食文化區

長江穿越雄偉壯麗的三峽後，由東急折向南，就到了湖北宜昌，進入「極目楚天舒」的中游兩湖平原，一直到江西鄱陽湖口，這便是長江中游區域，即洞庭湖平原和江漢平原。古人常說「兩湖熟，天下足」，主要指的就是這兩大平原。

長江流域是一個在自然地理方面有著頻繁的文化、物質交換，普遍存在因果關係的區域。在社會、經濟、文化方面，由於長江的紐帶作用，流域內的文化、物質、資訊交換比其他區域要頻繁得多，這些都是長江流域不同於其他區域所特有的性質，而長江中游在這方面的優勢則更為明顯。長江中游是古代楚文化的發祥地，它與長江上游的巴蜀文化和同處於長江下游的吳越文化是緊鄰，異同互見，但又互相滲透、吸收，具有高度親和力的文化圈。

楚文化作為一個大地域文化，其中又含有若干個基本的子文化，如江漢文化、湖湘文化、江淮文化，在這三個文化周邊還有一些邊緣文化。楚文化的地域中心在兩湖，所以說，兩湖文化是楚文化的核心。

長江流域的楚文化和黃河流域的中原文化，一南一北，在人類文明的早期，同時迅速地發展著人類的原始農業，楚文化的出現是長江流域幾千年原始文化發展的結晶。在此基礎上生長起來的荊楚文化經過楚國時期的發揚光大，將它的光輝映照了整個中國。

楚文化的興起，有其獨特而優越的地理環境。位於長江中游的江漢平原，西有巫山、荊山聳峙，北有秦嶺、桐柏、大別諸山屏障，東南圍以幕阜山地，恰似一個馬蹄型巨大盆地，唯有南面敞開，毗連洞庭平原。在這裡，長江橫貫平原腹部；漢江自秦嶺而出，逶迤蜿蜒；源出於三面山地的1000多條大小河流，形成眾水歸一、匯入長江的向心狀水系。千萬年來，由於巨量泥沙的淤積，形成了肥沃的沖積平

第一章　楚國的地理環境與飲食文化

原。尤其是在古代，這裡「地勢饒食，無饑饉之患①」。「荊有雲夢，犀兕麋鹿滿之，江漢之魚鱉黿鼉為天下富②」。至今長江中下游各地，仍被譽為「魚米之鄉」。

優越的地理環境，使楚人可用較粗放的農耕漁獵方式就能獲得美食，比中原人較少生存之憂和勞作之苦，心情性格自然開朗活潑，閒暇時間也相對要多一些。這樣，也就有條件來發展、豐富自己的飲食生活。另外，由於楚人主食為稻米，稻米不如麥麵可以製出許多花色品種，因此楚人便想法以多樣的副食和菜肴品種來改善主食的單調狀況。加之東周以來，楚國生產力獲得了突飛猛進的發展，以此為基礎，楚人的衣食住行也就在內容與形式兩個向度上均得到盡善盡美的發展，特別是在飲食文化方面，達到了一個新的高峰，也最能代表當時的烹飪水準。

《楚辭》對楚人的飲食結構及菜肴品種作過具體的記載，《楚辭　招魂》中說：

室家遂宗，食多方些。

稻粢穱麥，挐黃粱些。

大苦鹹酸，辛甘行些。

肥牛之腱，臑若芳些。

和酸若苦，陳吳羹些。

胹鱉炮羔，有柘漿些。

鵠酸臇鳧，煎鴻鶬些。

露雞臛蠵，厲而不爽些。

粔籹蜜餌，有餦餭些。

---

① 司馬遷：《史記　貨殖列傳》。
② 《墨子　公輸》。

瑤漿蜜勺，實羽觴些。

挫糟凍飲，酎清涼些。

華酌既陳，有瓊漿些。

在《楚辭　大招》中也列有一些美味菜肴，這就是：

五穀六仞，設菰粱只。

鼎臑盈望，和致芳只。

內鶬鴿鵠，味豺羹只。

魂乎歸徠，恣所嘗只。

鮮蠵甘雞，和楚酪只。

醢豚苦狗，膾苴蓴只。

吳酸蒿蔞，不沾薄只。

魂兮歸徠，恣所擇只。

炙鴰烝鳧，煔鶉敶只。

煎鰿臛雀，遽爽存只。

魂兮歸徠，麗以先只。

四酎並熟，不澀嗌只。

清馨凍飲，不歠役只。

吳醴白蘗，和楚瀝只。

　　《楚辭》雖然是一部文學作品，但它表現出的楚國飲食文化卻是源於現實生活的。如果要了解這一時期楚國的烹飪技藝和菜肴品種，以上兩段文字是不容忽視的，它的篇幅不長，但卻相當豐富和完整，可以說是兩份既有文學價值，又有南國特色的楚人食譜，顯示出楚人精湛的烹飪技藝。這一食譜中誘人的美味，被稱為當世的珍肴，《淮南子　齊俗訓》中就有「荊吳芬馨，以啖其口」的讚語，反映了楚國

已成為春秋列國的美食之鄉。

在上面這些佳餚裡，肉食就達30多種，除常見的六畜外，還有鱉、蠵（大龜）、鯉、鱧（鯽魚）、鳧（野鴨）、豺、鵪鶉、鵠（天鵝）、鴻（大雁）、鶬（黃鸝）、烏鴉等等。在烹飪技藝上，楚人講究用料選擇，以楚地所產的新鮮水產、禽鳥、山珍野味為主，製作中又重視刀工和火候，富有變化，如「胹鱉炮羔」中「炮羔」的做法，就與西周「八珍」中的「炮豚」相似。這個菜要採用烤、炸、燉、煨等多種烹飪方法，工序竟達10道之多。在調味上，楚人更為講究，「大苦鹹酸，辛甘行些」，就是說在烹調過程中把五味都適當地用上，開中國飲食五味調和之先河。《楚辭》在對膳食的描述中都涉及了五味調和的問題，反映了楚國菜肴味道的豐富多樣，堪稱中國美味的源泉。

由於楚國夏季氣候炎熱，人們愛喝冷飲，所以《楚辭 招魂》中說：「挫糟凍飲，酎清涼些。」「挫糟」就是去除酒滓，「凍飲」就是將冰塊置於酒壺外，使之冷凍，這樣飲用起來就清涼爽口。凍飲製作十分複雜，首先要有冷藏設施，即冰窖，類似於井，據考古發現，在楚都紀南城中部，有不少冰窖，其中有處十八眼窖井密集在一起。每到隆冬季節，就將冰藏之於內，到天熱時，作冰鎮美酒佳餚之用[1]。當時有一種青銅器，稱為「鑒」，類甕，口較大，便是用來盛冰，以冷凍酒漿和菜肴之用，後人稱為「冰鑒」，這在楚墓中較為多見。如1978年湖北隨州曾侯乙墓就出土了兩件冰（溫）酒器，這也證實了《楚辭 招魂》中的記載[2]。

楚國飲食不但講求色、香、味、形的美，而且還非常重視飲食器具的美。色、香、味、形、器是楚國飲食文化不可分割的五個方面，

---

① 〈一九七九年紀南城古井發掘簡報〉，載《文物》1980年第10期。
② 參見德俊：〈從冰（溫）酒器看楚國用冰〉，載《江漢考古》1983年第1期。

楚國最富特色的是漆制飲食器具，楚墓中出土的木雕漆食器有碗、盤、豆、杯、樽、壺、勺等，其形制之精巧，紋飾之優美，常令人驚歎不已。漆食器具有輕便、堅固、耐酸、耐熱、防腐、外形可根據用途靈活變化，裝飾可依審美要求變換花樣等優點，所以，它逐漸在華夏各諸侯國的生活領域中取代了青銅食器。而楚國是當時產漆最多的地方，楚國漆食器最負盛名，無論數量還是品質，都堪稱列國之冠，並大量輸往各國，成為各諸侯國貴族使用和收藏的珍品。楚食與楚器相得益彰，這從一個側面也反映出楚國飲食文化的發展水準[①]。

　　楚文化經過2000多年的發展，其內部又因地理環境、以及政治、經濟、文化的發展水準不一，又表現出若干差異性，形成了江漢文化和湖湘文化，這在飲食文化上的表現就是形成了兩大菜系——鄂菜和湘菜。這兩大菜系，均為全國十大菜系之列，其風味有同有異。相同之處就是繼承了楚人注重調味，擅長煨、蒸、燒、炒等烹調方法。不同之處在於湘菜偏重酸辣，以辣為主，酸寓其中。湘人嗜酸喜辣，實際上也與地理環境有關，湖南多山區和卑濕之地，常食酸辣之物有祛濕、驅風、暖胃、健脾之功效。而且，由於古代交通不方便，海鹽難於運達內地山區，人們不得不以酸辣之物來調味，因此，養成了人們偏愛酸辣的飲食習俗。鄂菜的調味則偏重鹹鮮。湖北素稱「千湖之省」，淡水魚蝦資源豐富，而鹹鮮口味的形成「可能與楚人愛吃魚有關，因為魚本身很鮮[②]」。又由於湖北有「九省通衢」的雅稱，因而在飲食上的相容性很強，鄂菜吸收了長江上游的巴蜀，長江下游的吳越，乃至中原、粵桂各地飲食文化的精華，因而形成了以水產為本、以蒸煨為主、雅俗共賞、南北皆宜，既有楚鄉傳統，又有時代特點的風味特色，體現了長江中游區域的飲食文明。

---

① 　參見后德俊：〈漆源之鄉話楚漆〉，載《春秋》1985年第5期。
② 　方愛平：〈荊楚飲食風俗擷談〉，載《楚俗研究》，湖北美術出版社1995年版，第186頁。

江西位於長江中下游交接處的南岸，歷史上有「吳頭楚尾」之稱，部分地區又曾屬越，所以江西的飲食習俗具有吳、楚、越的特點。又由於江西在歷史上曾是儒、佛、道三教的活動中心，合流之處，因而在飲食上也具有俗家飲食與佛道飲食文化結合的特點，創制出了許多養生藥膳。

三、以吳越為代表的長江下游飲食文化區

　　在先秦時，長江下游地區，以太湖為界，北為吳國，南為越國。吳、越雖是兩國，土著卻是一族。吳越的地理環境，氣候條件大體類似。由於歷史上長江上游帶來的大量泥沙，加上錢塘江北岸的部分沉積，使吳越的中心地區太湖流域形成水網交錯、土壤肥沃的沖積型平原，整個地區地勢平坦，以平原和丘陵為主，東面臨海，江湖密布，這種地理環境為稻穀生長提供了十分優越的條件。而且，當時太湖流域的氣候條件也給稻作農業產生了良好的影響。竺可楨在〈中國五千年來氣候變遷的初步研究〉一文中認為，遠古時長江下游及杭州灣地區的氣溫要比現在高2℃，也就是說遠古長江流域的氣溫接近現在的珠江流域。考古資料也印證了這一推論的正確，據考古人員對距今7000年以前杭州灣北岸河姆渡出土的植物遺存中的孢粉分析，當時這裡曾「生長著茂密的亞熱帶常綠落葉闊葉林，主要建群樹種有栲樹、楓香、櫟、栲、青岡、山毛櫸等，林下地被層繁茂，蕨類植物繁盛，有石松、卷柏、水龍骨、瓶爾小草，樹上纏繞著狹葉海金沙和柳葉海金沙[①]」。海金沙現在只分布廣東、臺灣、馬來西亞群島、泰國、印度、緬甸等地，說明當時河姆渡一帶的氣候比現在更溫暖。

　　從太湖流域新石器時代遺存出土的稻穀品種來看，當時只有秈稻、粳稻和糯稻三個稻穀品種，經過吳越先民不斷改良，到明清時，

[①] 　浙江省博物館自然組：〈河姆渡遺址動植物遺存的鑒定研究〉，載《考古學報》1978年第1期。

江蘇、浙江兩省的稻種竟達1000多種 [①]。稻穀種類的增多，從主食上也就極大地豐富了吳越的飲食文化。

一般而言，稻穀可分為粳、秈、糯三大類，粳米性軟味香，可煮乾飯、稀飯；秈米性硬而耐饑，適於做乾飯；糯米粘糯芳香，常用來製作糕點或釀製酒醋，也可煮飯。在長江下游的飲食生活中，自古以來，糕點都占有十分重要的位置。在宋人周密的《武林舊事》中，就收錄了南宋臨安（杭州）市場上出售的糖糕、蜜糕、糍糕、雪糕、花糕、乳糕、重陽糕等近19個品種 [②]。但如果論製作工藝之精，品種之多，味道之美，則以蘇州為上。

吳越地區將以糯米及其屑粉製作的熟食稱為小食，方為糕，圓為糰，扁為餅，尖為棕。吳中鄉間有句俗諺：「麵黃昏，粥半夜，南瓜當頓餓一夜。」晚餐若以麵食為之，到黃昏就要挨餓，因此，吳人若偶以麵食為晚餐，則必有小食點心補之，這就使得吳地糕點製作特別發達。早在唐代時，白居易、皮日休等人的詩中就屢屢提到蘇州的粽子、粔籹，令人歡奇的是，一種名為「梅檀餌」的糕，它是用紫檀木之香水和米粉製作而成。宋人范成大《吳郡志》載，宋代蘇州每一節日都有節食糕點，如上元的糖糰、重九的花糕之類。明清時，蘇州的糕點品種更多，製作更為精巧，這在韓奕的《易牙遺意》、袁枚的《隨園食單》、顧祿《清嘉錄》、《桐橋倚棹錄》中都有不少記載。如今，蘇州糕點已形成品種繁多、造型美觀、色彩雅麗、氣味芳香、味道佳美等特點。

在蘇州糕點中，最為人稱道的是蘇式船點。船點是由古代太湖中餐船沿襲而來的，它在製作工藝上受到吳門畫派清和淡逸、典雅秀美的風格影響，無論是製作鳥獸蟲魚、花卉瓜果，還是山水風景、人

① 游修齡：〈我國水稻品種資源的歷史考證〉，載《農業考古》1986年第2期。
② 周密：《武林舊事》卷六〈糕〉，中國商業出版社1982年版，第124頁。

第一章 楚國的地理環境與飲食文化

物形象，均能做到色彩鮮豔，惟妙惟肖，栩栩如生。再包上玫瑰、薄荷、豆沙等餡芯，更是鮮美可口，不僅給人以物質上的享受，還給人以精神上的美感，充分顯示了吳地飲食具有高文化層次的特徵。由此我們也可以看出，源遠流長的吳越稻作生產對人民飲食生活結構與習俗的巨大影響。

經過長時期的歷史發展，吳與越的文化特徵也各自顯現出來，春秋戰國時期，西元前333年，楚滅越；西元前173年，越滅吳；越文化由此逐漸向東南沿海地區流播，其海洋文化的特色更濃。而吳地則被楚文化所籠罩。東漢以後，東吳國家建立，這也就使吳文化在新的歷史背景下找到了崛起和傳承的契機。兩晉南朝，具有新質的長江下游地區的吳文化迅速發展。唐宋時，中國經濟的重心已明顯移往江南。明清時，長江下游已成為全國最繁榮的地區，在這種歷史背景下，古老的吳越飲食文化也因其地域不同而分成了淮揚、金陵、蘇州、無錫、杭州等不同風味。這些不同地域的菜肴，雖有相通之處，但終究是自成一家，各具特色。

淮揚指江蘇北部揚州、鎮江、淮安等沿運河地區。但在古代，揚州卻是個大區域概念，由淮及海是揚州，《尚書 禹貢》中的揚州還包括今蘇南、皖南及浙、閩、贛大部分位置，隋代以後方定指今日之揚州，淮揚風味即發源於今之揚州等地。淮揚菜系為我國四大風味菜之一，又因其發源地在江蘇，故有以江蘇菜取代淮揚菜者。它與浙皖等風味合稱下江（長江）菜，與浙江風味合稱江浙菜，其風味大同小異。

淮揚菜的風味特點是清淡適口，主料突出，刀工精細，醇厚入味，製作的江鮮、雞類都很著名，肉類菜肴名目之多，居地方菜之首。點心小吃製作精巧，品種繁多，食物造型清新，瓜果雕刻尤為擅長。

蘇州在長江以南，揚州在長江以北，一江之隔，兩地菜肴的風味卻不盡相同。因地理相近，為長江金三角之地，蘇州菜與無錫、松滬

等地風味一致，其風味特色是口味略甜，現在則趨清鮮。菜肴配色和諧，造型絢麗多彩，時令菜應時迭出，烹製的水鮮、蔬菜尤有特色，蘇州糕點為全國第一。

揚州與蘇州，「一江之隔味不同[①]」，其原因在於揚州在地理上素為南北之要衝，因此在肴饌的口味上也就容易吸取北鹹南甜的特點，逐漸形成自己「鹹甜適中」的特色了。而蘇州相對受北味影響較小，所以「趨甜」的特色也就保留下來了。

「一方水土養一方人」，同在長江流域而分處上游的巴蜀飲食文化，中游的楚地飲食文化，下游的吳越飲食文化，由於地理環境的不同，這些區域的飲食文化既有聯繫，又有區別，其風味也各具特色，這深刻說明複雜多變的地理形勢和氣候環境是中華飲食文化多樣化發展的空間條件和自然基礎。從這一角度出發來比較先秦時期長江流域各國的飲食文化，才能對楚國飲食文化有一個清晰的認識。

---

① 邱龐同：《蘇揚編，載烹調小品集》，中國展望出版社1987年版，第215頁。

第二章　楚國的主食

　　楚地是世界上最早的栽培作物起源中心之一，自古以來，楚地的先民就馴化選育了品種繁多的穀類作物，為中國農業的發展作出了不可磨滅的貢獻。早在先秦時期，楚地的先民就將稻穀作為其主食品種之一。考察楚地稻作農業的起源和發展，是弄清楚國人民物質生活狀況的一個重要方面。這裡擬就楚地稻作農業起源及其在民眾日常生活中的地位等問題作一探討，以此窺見楚地人民飲食生活中主食系統形成的過程。

第一節　楚國稻作農業的起源

　　英國著名人類學家貝爾納在《歷史上的科學》中指出：「約在8000年前，開始了食物生產革命，而這場革命改變了人類生存的整個物質狀況和社會狀況。這個革命雖不完全是，但主要是前章末尾所講的打獵經濟危機的結果。此時人們所必須面對的一些困難，導致人們盡力去尋覓新種類食物，或甚至已遭鄙棄的舊種類食物，例如野草的根和種子等。這種追求導致了農業技術的發明，而農業技術的發明正是與火的使用和原動力的使用並稱為人類歷史中三個最重大的發

明。」① 中國當時正是貝爾納所說的這場「食物生產革命」的起源地。考古材料亦證明，楚地是世界上發明農業最早的地區，它可以追溯到距今10000年左右，即遠在新石器時代的初期，就已經有了一定發展程度的農業。而且，中國先民的主體早在距今8000年左右便逐漸脫離以狩獵和採集經濟為主要生活方式的階段，進入種植和養殖經濟為基本方式的農業社會。

一、仙人洞與玉蟾岩最早的稻穀遺跡

根據考古發掘的材料來看，當人類在陸地上開始活動的時候，出於人類自身的本性，都是選擇最優良的自然環境作為生存條件的。楚國所處的長江中下游地區氣候溫暖濕潤，雨量充沛，河流密布，土壤肥沃，是發展水稻的理想之地。所以，早在8000多年前，這裡就產生了以稻作為特點的原始農業，並逐漸向四周延伸開去。栽培稻穀在長江流域有著悠久的歷史，能夠使人清楚地認識這一點的是距今10000年至4000年間的長江流域新石器時代的遺址，即仙人洞文化遺址、玉蟾岩文化遺址、彭頭山文化遺址、河姆渡文化遺址、羅家角文化遺址、馬家濱文化遺址、崧澤文化遺址、良渚文化遺址和屈家嶺文化遺址等，它們都是以出土了大量稻穀而著稱於世的。

按照年代排列，近年在江西萬年仙人洞遺址和湖南道縣玉蟾岩遺址發現了迄今最早的稻穀遺跡。1995年9月中旬至11月中旬，由北京大學考古學系、江西省考古研究所和美國安德沃考古基金會組成聯合考古隊，對江西萬年仙人洞和吊桶環遺址進行了發掘。在這些考古學者當中，有一位年過八十的美國老人——馬尼士博士。馬尼士博士是享譽世界的考古專家，曾任美國總統科學顧問、美國科學院院士。他一生近60年時間都用在考古工作上。他曾在墨西哥進行農業考古發掘，發現了玉米進化過程中一系列標本，將人類栽培玉米的歷史

---

① 貝爾納：《歷史上的科學》，科學出版社1981年版，第50頁。

推到10000年前，這項成果受到墨西哥政府的嘉獎。20世紀90年代中期，他又把稻穀尋根的目標定在中國，他與北京大學考古系學者來到江西萬年縣大源鎮仙人洞遺址作考古發掘，經過艱辛的努力，終於獲得了令人振奮的結果：在距今約12000年左右的人類文化層中發現了野生稻和栽培稻並存的水稻植矽石標本，其中栽培稻還保留野生稻、秈稻和粳稻的綜合特徵，這應是人類最早干預的栽培稻。這些珍貴的標本，證明人類在10000年前已開始種植水稻，原始稻作農業已經形成。在仙人洞文化堆積層中還出土了點播穀物的重石器、收割穀穗用的蚌鐮、加工研磨穀物的石磨盤和石磨棒，這些農具都是稻作農業的佐證。《中國文物報》1996年1月28日以〈江西仙人洞和吊桶環發掘獲重要進展〉為題進行了報導，標題下的導語為：「發現從舊石器時代末期至新石器時代過渡的地層及中國已知最早的陶片遺存之一，對探討華南舊石器時代末期至新石器時代早期的考古學編年和稻作起源等有重大價值。」報導說：「兩處遺址的上層大約距今0.9～1.4萬年左右，無疑屬於新石器時代早期，下層距今約1.5～2萬年，結合出土遺物觀察，應屬舊石器時代末期或中石器時代，這是在中國發現的從舊石器時代過渡的最清晰的地層關係的證據，在學術上具有重要意義。孢粉分析表明：上層禾本科植物陡然增加，花粉細微性較大，接近於水稻花粉的粒。植矽石分析上層有類似水稻的扇形體，從而為探索稻作農業的起源提供了重要線索。」

繼江西萬年仙人洞和吊桶環遺址發現水稻植矽石報導之後，《中國文物報》緊接著又在1996年3月3日以〈玉蟾岩獲水稻起源重要新物證〉為題，對湖南道縣玉蟾岩遺址發現的稻作遺跡進行了報導，文章說：「去年（1995年）11月，湖南省文物考古研究所在道縣玉蟾岩洞穴遺址發掘中再次發現水稻穀殼，進一步驗證1993年該遺址出土的水稻穀殼，使水稻實物的發現提前到10000年前。」「稻殼出土時，顏色呈灰黃色，共有兩枚，其中一枚形狀完整。此外，還篩出一枚1/4

稻殼殘片。在層位上它們晚於1993年該遺址出土的稻殼。1993年發掘的三個層位均有稻屬的矽質體，進一步證明玉蟾岩存在水稻的事實。」

二、彭頭山、八十壋與河姆渡所見稻穀

前面列舉的兩則考古發掘，均為稻穀的植矽石和矽質體，作為稻穀的實物，則以湖南澧縣的彭頭山和八十壋的遺址最早。1988年秋湖南省考古研究所在澧縣大坪鄉彭頭山遺址中發現了這一稻穀遺址，是我國新石器時代重要文化遺址之一。遺址為一圓形臺地，從發掘400平方公尺中，發現有居住址、墓葬、灰坑等，出土大量的陶質生活用具、石質工具、獸骨和炭化的骨殼。陶器多為夾炭陶及少量泥質陶，胎質粗糙、鬆脆，有植物葉、稻殼之類的摻和物，採用直接捏制或用泥片貼塑；陶片斷面可見到層理，呈頁狀剝落，火候不高，色不均勻，大多胎壁較厚，一般為0.5～1公釐；紋飾有拍印或刻畫成錯亂的粗繩紋、戳印指甲紋、刻畫網格紋等。其器類主要為罐、缽、盤等，多為圓底或三足器。大口深腹罐和直腹缽，外表呈褐色，有火燒痕跡，疑為炊器。打造石器多為刮削器，以黑色燧石為主，磨製石器有斧、穿孔盤狀器、杵、礪石等。從所填燒紅土和陶片中摻和的穀殼測試，為世界上已知最早的稻作農業資料，距今約7800～8200年。初步觀察那些稻穀殼，顆粒較大，形狀也很接近於現代栽培稻。彭頭山稻穀遺存不僅是中國，也是世界上已知最早的稻作農業資料。雖然目前尚無能力確定是否屬於栽培稻，但從遺址出土的土塊和陶器中夾有的大量稻穀殼現象，以及在7000年以前長江下游的河姆渡下層文化已有較發達的稻作農業等情況分析，可以將彭頭山稻穀遺存作為中國8000年以前已存在稻作農業的標誌，為確立長江中游地區在中國乃至世界稻作農業起源與發展中的歷史地位奠定了基礎。

1993年至1997年，湖南省考古研究所又在澧縣八十壋遺址中發掘出大量稻穀遺存。八十壋遺址位於澧縣夢溪鎮五福村夾河北岸，面

積約3萬平方公尺，遺址文化堆積主要屬彭頭山文化時期，年代距今7500～8500年。據發掘者報告：八十壋遺址發掘過程中，已收集稻穀稻米近1.5萬粒。它們不僅是世界上已發現的稻穀稻米中最早的之一，而且數量驚人，超過了國內各地收集數量的總和。更喜人的是，其保存狀況非常好，有的出土時甚至新鮮如初，有的還可以看見近1公釐長的芒。據中國農業大學水稻專家初步觀察研究，這些稻穀之間個體變異幅度大，群體面貌十分複雜，粒型長寬比在最大的與最小的之間有些差距近3倍。還有些稻粒外形雖接近現代的秈稻或接近現代的粳稻，但稻殼矽酸體形態卻完全相反。這是世界上最早的、可用實物證明的稻作農業遺址，具有很高的歷史價值、科學價值。該遺址中的稻作遺存，不僅向世人展示了遠古水稻的原始形態，而且表明長江中游地區是世界最發達的原始稻作農業區。為了準確地反映和表達這裡的古稻，既區別於現代的秈稻，又區別於現代的粳稻的群體特徵和面貌，專家認為應將它們定名為「八十壋古稻[①]」。

第二節　楚地稻穀起源與傳播

關於中國乃至世界稻作農業的起源問題，過去主要流行以下幾種說法：其一，起源於印度說；其二，起源於雲貴高原說；其三，起源於中國華南說；其四，起源於中國長江中下游說。若以發現實物的年代證明，印度的稻穀最早的樣品為西元前2200年，比湖南澧縣彭頭山遺址晚了將近4000年。從近幾年世界各地出土稻穀的情況來看，楚地的稻穀始終是最早的，下面的表反映了這一情況：

---

① 參見裴安平：〈澧縣八十壋遺址出土大量珍貴文物〉，載《中國文物報》1998年2月8日。

表2-1　　世界各地稻穀起源年代表

出土地點	距今年代	相差年代
中國江西仙人洞	12000 年	
中國湖南玉蟾岩	12000 年	
中國湖南彭頭山	8000 ～ 9000 年	3000 年
中國浙江河姆渡	7000 年	5000 年
中國浙江羅家角	7000 年	5000 年
泰國	6000 年	6000 年
巴基斯坦	4500 年	7500 年
印度	4200 年	7800 年
越南	3500 年	8500 年
日本	2300 年	9700 年

　　前面說過，據最近幾十年來的考古發掘，我國最早的栽培水稻是在楚地洞庭湖和鄱陽湖一帶，然後逐步向長江流域下游、江淮平原、黃河中下游擴展，從而初步地形成了很接近於現今水稻分布的格局。關於這一問題，向安強先生也曾有過詳細考證，茲錄如下：

　　從地理位置來看，長江中游正好位於全國的核心位置，在我國史前南北文化的交流與傳承過程中，成為極為重要的紐帶。如長江中游地區（陝南漢水上游的梁山和湘北洞庭湖區等地）的舊石器，在文化特徵上表現出了我國南北兩大系的文化因素。反映了南北舊石器文化的交流和相互影響。漢水上游地區的李家村文化不僅對研究兩大流域新石器文化的相互關係提供了重要資料，更表明了中原地區遠古文化的發展不只與黃河流域而且與長江流域都有直接的聯繫。由於這裡所處的地理位置特殊，在文化面貌上則顯示出聯結黃河與長江中游地區新石器早期文化的紐帶作用。長江中游地區的彭頭山文化、城背溪文化等，與中原磁山、裴李崗文化相比，亦有諸多共同因素。這些除了表明中國史前文化的統一性和人類思維及創造力發展的共同規律外，

似乎也反映了南北各地的交往頻繁和相互影響；也證明長江中游地區在人類早期文化的相互傳承中，扮演了十分重要的角色。

　　就整個中國史前稻作文化圈而言，長江中游不僅正好位居中間，且稻作遺存的分佈點多而密集，四周卻逐漸少和稀，這決非偶然現象，表明長江中游在我國稻作文化的起源與傳播中，作用與意義不可低估。同時，長江中游史前文化自身發展所達到的高度，足以構成對周圍史前文化發生強烈影響。湖南澧縣彭頭山文化八十壋遺址發掘出我國最早的（距今7000～8000年前）環繞原始村落的壕溝和圍牆（這一時期的村落壕溝在澧陽平原還有發現），以及數以萬計的稻穀。澧縣城頭山古文化遺址則發掘出了目前我國最早的一座古城，始築城時代為大溪文化早期，距今已有6000年；而且發現了被大溪城牆疊壓著的距今6500年以前的、連半坡遺址也不能相比的大規模壕溝和水稻田。同時還發掘出大批距今六七千年前的珍貴文物，如製作精美的木槳和長約3公尺的木櫓等。表明長江中游在當時已具有高度發達的原始文明，是中國文明的搖籃地之一。如此輝煌的史前文化，必然會向四周擴散、輻射。[①]

　　由此可見，在新石器時代，黃河流域的新石器文化與長江流域的新石器文化，是互相影響、互相滲透的，只是在各個不同時期文化相互影響、相互滲透的程度不同而已。黃河流域的新石器文化對四周傳播最廣的是仰韶文化廟底溝類型，該文化類型分布的中心地區在豫西、晉南和關中地區，但其文化因素幾乎遍及整個黃河流域，而其文化因素向南的擴展抵達長江中游的漢水流域。長江中游地區的新石器文化向外擴張範圍最大的是晚期大溪文化和屈家嶺文化。晚期大溪文化向北的擴展抵達豫西南地區，向東的擴展到達皖

①　向安強：〈長江中游是中國稻作文化的發祥地〉，載《農業考古》1998年第1期。

第二章　楚國的主食

西的江淮地區。屈家嶺文化向外擴展的範圍則超過大溪文化，其文化因素向北的擴展則到豫中地區，向西北的傳播進入陜東南地區。

綜上所述，長江流域從舊石器時代早期起，就在中國古人類和古文化由南向北的流動和傳播中起著重要作用。新石器時代，長江流域和黃河流域的新石器文化，其經濟、文化的發展水準大體相當；新石器時代晚期，長江流域的屈家嶺文化、石家河文化、良渚文化和黃河流域的龍山文化一樣，已孕育了許多農業因素。這些都說明，長江流域和黃河流域一樣，也是中國農業文明的發祥地。

考古發現與文獻記載是一致的。在中國古代文獻中記載稻的起源與種植也主要是在長江中下游。《周禮　夏官　職方氏》記載荊州、揚州：「其穀宜稻。」荊揚之地處於長江中下游地區，在春秋戰國時期分屬楚、吳，是著名的水鄉澤國。這一帶歷來都是我國水稻高產區，《左傳　襄公二十五年》云：（楚）「蒍掩書土田，度山林，鳩藪澤，辨京陵。表淳鹵，數疆潦，規偃瀦，町原防，牧隰皋，井衍沃。」楚國曾對開墾的土地進行過卓有成效的治理工作。對此，有學者研究指出：「江陵紀南城遺址普遍存在一層淺灰色含腐植質的文化層，厚薄結構均勻，可能是農田遺跡。楚國提拔修建期思陂有功的孫叔敖為令尹，十分重視水利排灌系統的建設。《漢書　溝洫志》：『於楚西方則通渠漢川、雲夢之際；東方則通溝江、淮之間。』考古發現紀南城內有四條古河道與城外護城河相通，並東接長湖，形成護城、排灌、交通的水利系統，與周圍農田關係十分密切。紀南城內西南部的陳家台，發現了成層成堆的呈烏黑色的碳化稻米，為楚都的儲米糧倉所在。」① 事實上，楚國非常重視農田灌溉，當時就採用陂灌與井灌技術。楚國的鑿井技術、井灌技術已經相當發達，井的種類依

① 楊權喜：〈楚文化與長江流域的開發〉，載《長江文化論集》，湖北教育出版社1995年版。鳳凰山一六七號漢墓發掘整理小組：〈江陵鳳凰山一六七號漢墓發掘簡報〉，載《文物》1976年第10期。

井圈質料分，有陶井、木井、柳條井等，楚國農民已懂得運用桔槔汲水澆灌園圃。在楚國興建的水利工程中，以期思陂與芍陂最為著名，其中期思陂是我國古代最早的大型水利工程，是將期思之水引入雩婁之野，這是一條主幹渠，由莊王時期的孫叔敖主持興建。期思陂的建成，為大面積發展水田作物提供了有利條件，使水稻的大量種植成為可能，楚莊王在期思陂建成後不久即破格重用了孫叔敖為令尹。自此以後，楚人推廣了截引河水的工程技術。

此外，紀南城東南的鳳凰山，在167號西漢早期墓的隨葬品中有成束的稻穗，表明水稻在長江流域人們心目中的重要地位。正如《史記　貨殖列傳》敘述這裡的飲食生活狀況為「飯稻羹魚」。

商周時期，稻穀的種植在黃河流域也逐步推廣開來，距今有3000多年的河南安陽殷墟遺存的甲骨文中，發現有卜豐年的「稻」字和秈（秈）、粇（粳）等不同稻種的原體字，以及關於稻穀生產豐歉的記錄。另外在《詩經》中，也有不少關於水稻生產的描述，如《詩經　唐風　鴇羽》說：「王事靡盬，不能藝稻粱，父母何嘗？」《詩經　豳風　七月》：「十月獲稻，為此春酒，以介眉壽。」《戰國策　東周策》也記載說：「東周欲為稻，西周不下水，東周患之。」這些記載說明，黃河流域的稻作文化已有一定程度的發展，但由於地理氣候條件不如長江流域優越，所以種植也就不如長江流域普遍。

第三節　稻穀在楚國人民生活中的地位

一定生態環境下的農業創造和發展決定著人們生活方式的狀況，特別是在物質文化不斷進步的情況下更是這樣。人們飲食狀況如何，首先和他們創造什麼，生產什麼有關。我國古代長江流域各民族，由於生態環境主要是川澤山林，因此他們不僅創造了水田耕種、稻穀栽

培和高度發達的飲食文化，也創造了村落、家族一類的社會組織，以及相地觀天一類的宗教信仰，最終形成了重視農業，講究飲食的生活傳統。

考古發掘證明：先秦時期，我國黃河流域人民的主糧是黍、稷；長江流域人民的主糧是稻穀。食的文化分成兩大系統，早在5000年前就已確立。秦漢以後，在黃河流域，黍、稷的主食地位逐步讓位給麥；在長江流域，稻始終是人民的主食，在北方卻列為珍品。

在西周的青銅食器中，有一種專盛稻粱的簠，《周金文存》中記載的「曾伯（漆）簠」，它的銘文上寫有「用盛稻粱」。《攈古錄金文》中記載的「叔家父簠」，它的銘文上也寫有「用成（盛）稻粱」。簠的出現表明，稻米已成為貴族宴席上的珍饌，文獻記載也證實了這一點。《左傳 僖公三十年》說：「王使周公閱來聘，饗有昌歜、白黑、形鹽。辭曰：『國君，文足昭也，武可畏也，則有備物之饗，以象其德；薦五味，羞嘉穀、鹽虎形，以獻其功，吾何以堪之。』」杜預注釋為：「白，熬稻；黑，熬黍。」「嘉穀，熬稻黍也。」[①]孔子也曾用「食夫稻、衣夫錦，於女安乎？[②]」來批評他的弟子宰我不守孝道及生活奢侈講究。可見，食稻衣錦是當時生活水準較高的象徵。

稻穀在黃河流域受到這種優遇，反映了稻穀種植在黃河流域還不夠普遍，僅是上層貴族享用的珍品。稻穀顯得十分稀貴。正因為物以稀為貴，所以中原一帶秦漢貴族墓葬中往往出土有盛稻的陶倉。但如果以此下結論說，中原一帶在秦漢時期就大量生產稻穀並普遍食用稻米，那也就十分錯誤了。關中地區在西漢武帝前，以食粟為主，以後食麥才成主流。而在長江流域，稻穀卻是民間常食。江陵紀南城楚

---

① 楊伯峻編著：《春秋左傳注》中華書局1981年版，第483頁。
② 《論語 陽貨》。

郢都內陳家臺戰國時代鑄造作坊和遺址西部，發現五處被火燒過的稻米遺跡，最大的一處長約3.5公尺，寬為1.5公尺，厚約5～8公釐。這些碳化稻米，應是當時手工業作坊工匠存放糧食的遺物。一個作坊，竟然分五處儲存糧食，足以顯示楚國稻穀之充裕。考古發現的漢代稻穀遺址有22處，其中楚吳地區就有12處，在交趾地區還出現了「夏冬二熟」的雙季稻[1]。雖然有學者認為江南的某些地區，如豫章郡是漢代全國水稻產量最多的地區[2]，有誇大南方生產水準之嫌，但水稻生產在長江流域地區的穩步發展則是顯而易見的事實。考古發現進一步證實了文獻的記載。江陵鳳凰山漢墓出土的簡牘裡有粢米、白稻米、精米、稻米、稻糯米的記錄，墓葬中出土有水稻[3]。另外，在馬王堆漢墓出土的農作物中，稻穀的數量也是最多的，品種十分齊全，包括秈、粳、粘、糯四大品種。出土的稻穀屬栽培稻種，這充分反映了漢初的水稻栽培和品種選育已經達到相當高的水準。經鑒定「馬01」到「馬04」品種分別類似今湖南晚稻品種紅米冬粘、華東粳稻、秈黑芒和粳型晚糯，說明漢代南方地區稻作類型豐富，秈、粳、粘以及長粒、中粒和短粒並存，而粳稻佔據主導地位[4]。這些出土的稻穀屬栽培稻種，這也充分反映了漢初的水稻栽培和品種選育已經達到了相當高的水準。直到漢末三國時期，長沙地區出產的稻米在全國依然很有名氣。曹丕指出：「江表唯長沙名，有好米。」在農業生產格局的基本前提下，稻米也相應成為楚地居民基本主食，這即是所說的「民食魚稻」，並且以稻穀為主糧，這在長江流域的楚國幾千年飲食史中始終未有改變。

---

① 楊孚：《異物志》。
② 許懷林：〈漢代江西的農業〉，載《農業考古》1987年第4期。
③ 紀南城鳳凰山一六八號漢墓發掘整理組：〈湖北江陵鳳凰山一六八號漢墓發掘簡報〉，載《文物》1975年第9期。
④ 湖南農學院等：《長沙馬王堆1號漢墓出土動植物標本的研究　農產品鑒定報告》，文物出版社1978年版，第2頁。

而中原地區的情況則與此不同。由於這裡自古以來就是「都國諸侯所聚會」，「建國各數百千歲」，因生齒日繁，以致造成「土地狹小、民人眾」，非努力農業生產不足以維持人民的生存。黃河流域又缺乏江南地區的山林沼澤，不可能以「漁獵山伐為業」。這就決定了必須以麥粟等旱作農業為人民飲食生活的主要來源，這是一種以糧為主的農業經濟的基本結構，這也說明了楚地的稻作文化和黃河流域的粟作文化是長期並存的，中國糧食文化的發源不是單一的。

第三章　楚國的副食

　　稻米雖然飄香，卻不能像麥麵那樣不斷花樣翻新，難免有些單調。為了改變這一「缺陷」，楚人想方設法種植蔬菜，獵牧動物，飼養牲畜，以多樣的副食來改善主食的單調。楚地基本副食除了魚肉，還有蔬菜瓜果。從遠古起，蔬菜瓜果與水產經濟就開始作為楚國先民生活中的副食來源，可以說楚國古代種植蔬菜，同穀物幾乎具有同樣悠久的歷史。所以，《爾雅　釋天》在解釋「饑饉」二字時說：「穀不熟為饑，蔬不熟為饉。」這裡穀蔬同時並提，正好揭示了穀物和蔬菜之間的密切關係。

第一節　楚國主要蔬菜品種

　　考古資料證明，在距今5000多年的浙江吳興錢山漾和杭州水田畈等處新石器時代文化遺址中，發現有花生、蠶豆、兩角菱、甜瓜子、毛核桃、酸棗核、葫蘆等，這表明我國長江流域在新石器時代已有了初級園藝。而從考古發現的資料反映出楚地獲取實用植物蔬果種類也非常豐富，在湖北江陵望山楚墓中出土的果實、果核、果皮及種子就有十餘種之多。至於其他農副產品，如板栗、櫻桃、梅、棗、柿、

梨、柑橘、甜瓜子、南瓜子、生薑、小茴香、菱角、蓮子、藕、荸薺等，在長沙、江陵、荊門、信陽等地楚墓都可見到這些品種中的部分甚至全部。

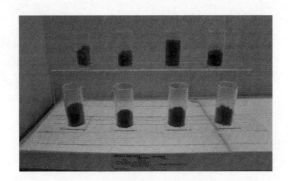

圖3-1　馬王堆漢墓中的蔬菜種子

　　在商代甲骨文中，出現過「囿」、「圃」等字，可知在商代就有以蔬菜瓜果為主要栽培對象的菜園了。園圃經營已與大田穀物經營存在著一定的區別，西周以後，這種區別更為明顯，蔬菜瓜果生產已逐漸成為一種脫離糧食生產而獨立的專門職業。在春秋時期，「圃」與「農」已經成為分開的兩種專業了，到戰國時，見於記載的，更有不少的人「為人灌園」。那麼當時園藝確與農耕分了家，園圃經營的專業性大大加強。這種分工的產生和發展，是為著適應人類物質生活多方面的需要，是社會生產不斷進步的一種表現。從文獻記載中可以看出，楚國園圃種植非常普遍而且興旺發達。《楚史檮杌　虞丘子》載：莊王「賜虞丘子菜地三百」。《莊子　天地篇》云：「子貢南遊於楚，反於晉，過漢陰，見一丈人方將為圃畦，鑿隧而入井，抱甕而出灌。」《韓詩外傳》載云：「楚有士曰申鳴，治園以養父母，孝聞於楚。」這說明當時楚國已有人種植蔬菜，並且將種植園圃作為職業，以供養家人，反映了楚國園圃業的規模及技術已相當成熟，收穫亦相當豐富，足以供給時人消費。戰國時期楚墓中的出土實物有匏

瓜、茭白、芋、冬莧菜、芥、菘等，這證實了當時蔬菜的種類繁多。同時，楚地的氣候及地理條件所決定，野生植物從種類到數量都遠遠多於北方，這為野菜的採集提供了可能。比較而言，楚地副食構成中很大一部分為中原地區所沒有，豐富的副食必然為楚國的飲食習俗特色增添更多更深的內涵。

楚國的蔬菜，主要有葵、韭、藋、荷、芹、薇等十多種，我們對古代蔬菜的幾個主要品種簡要介紹。

葵，葵在古代被稱為「百菜之主」[1]。它是人類在採集活動中較早從野生變栽培和直接採食營養體的蔬菜植物之一。

葵的種植遍及長江流域，巴地有葵園[2]，馬王堆1號漢墓出土有葵的種子[3]。採葵時只採葵葉，所謂「採葵莫傷根，傷葵根不生」[4]。葵可以作羹，可以製作成醃菜，也可以曬乾後食用。漢詩中有「採葵持作羹」之語[5]，《四民月令》說：「九月作葵菹，乾葵。」[6] 在楚地古老的蔬菜品種中，惟有葵是最受歡迎的品種之一，但是，由於葵菜的變異性比較狹窄，在歷史的演變過程中競爭不過同一時期從十字花科植物的野油菜中發展起來的白菜，所以古葵自宋代以後，就逐漸脫離人們的餐桌，淪為野生，或作為藥用了。現在重慶、鄂西等地區尚有葵菜，別名又為冬寒菜、滑腸菜，食法是取其嫩葉作湯，但如超過嫩葉期，就不好吃了，作為蔬菜的意義不大。

菘，即白菜，是十字花科芸薹屬草本植物。芸薹屬的栽培植物在中國蔬菜中占有極其重要的地位，它們被利用的歷史可能比其他糧食

---

① 王禎《農書》，中華書局1956年版，第74頁。
② 常璩撰、劉琳校注：《華陽國志校注　巴志》，巴蜀書社1984年版。
③ 湖南農學院等：《長沙馬王堆1號漢墓出土動植物標本的研究　農產品鑒定報告》，文物出版社1978年版，第16頁。
④ 《藝文類聚》卷八二引。
⑤ 《樂府詩集》卷二五引。
⑥ 崔寔撰、石聲漢校注：《四民月令校注》，中華書局1965年版。

作物還要古遠，因為它不需要等到結果實，就可以作為食物來採集。

菘是我國古代的常見蔬菜之一，一年四季均有食用。宋代陸佃《埤雅》中說：「菘性隆冬不凋，四時長見，有松之操，故其字會意。」

「菘」字出現大約在漢代以後，以前菘菜歸為「葑」類，大概在秦漢之間那種吃起來無滓而有回甜味的真正「菘菜」，才從「葑菜」之中分化出來。關於菘在楚地種植的歷史記錄有數種，例如三國時期吳人張勃《吳錄》記載：陸遜攻襄陽時，「催人種豆菘」[①]。《三國志　吳書　陸遜傳》中也有類似的話。南朝陶弘景《別錄》中說：「菜中有菘，最為常食。」《南齊書　周顒傳》中有「春初早韭，秋末晚菘」的話。

現在菘的種類較多，但主要分為小白菜和大白菜，由於它們都原產於我國，所以國際上小白菜的學名叫Brassica chinensis，大白菜的學名叫Brassica pekinensis（即結球白菜），就是在芸薹屬後邊加上了中國和北京的字樣。一般而言，大白菜主要產於北方，楚地種植的多為小白菜，當然，也有一定數量的大白菜。

在很長時期內，菘只產於楚地與江南。蘇恭《唐本草》說：「菘菜不生北土，有人將子北種，初一年半變為蕪菁也，二年菘種都絕。將蕪菁子南種，亦二年都變。土地所宜如此。」這種現象也表明菘在江南風土條件下形成的地方性的栽培類型。以後，由於栽培技術的改進，逐步形成各種適應不同風土條件的新品種，原有的風土限制被突破了。宋以後，特別是明以後，白菜生產已遍及南北各地了。

芥，芥菜是我國特產的蔬菜之一，由於古代人民對芸薹屬中某些植物甘辣風味的愛好，在經常採集野生種類的過程中，芥菜這種具有辛辣風味、滋味爽口的類別，就被選擇並保留下來。

---

① 〔晉〕張勃：《吳錄》，轉引自《太平御覽》卷九七九。

在先秦時期，人們食芥是重籽而不重莖葉的，在湖南長沙馬王堆1號漢墓中，就出土有外形完整的芥子，《禮記　內則》中有：「魚膾芥醬。」鄭玄注為：「食魚膾者，必以芥醬配之。」芥菜籽還具有「發汗散氣」的功能[①]，所以我國古代有「菜重薑芥」的說法[②]，可見芥菜又可幫助人們驅除風邪，減少疾病。

芥菜在楚地種植十分廣泛，經過長期培育，變種也很多，有利用根、莖、葉的不同品種，如葉用的有雪裡蕻、大葉芥等；莖用的變種有榨菜；根用的變種有大頭菜等，這都是勞動人民在改造植物習性上的成就。

蕪菁，即葑，又名蔓菁。殷周以來，蕪菁就已作為我國的重要菜蔬之一，它起源於一種具有辛辣味的野生芸薹屬植物，其根與蘿蔔很相像。《詩經　采芩》中有：「采葑采葑，首陽之東。」張舜徽《說文解字約注》指出：「葑即蕪菁也，亦名蔓菁也。蔓與蕪，聲之轉耳。蓋緩言之則為蕪菁，急言之則為葑矣。此乃芸薹之變種，今俗稱大頭菜，又此物之變種也。」蕪菁的根在先秦時就已加工成醃菜，《周禮　醢人》中有「菁菹」。現在馳名中外的湖北襄陽醃大頭菜，就是用蕪菁製作的。

芹，芹有水芹和旱芹之分，我國古代，芹主要指水芹，《詩經　泮水》中的「思樂泮水，薄采其芹」，就是指的水芹。芹菜原產於楚國蘄春一帶，這裡是明代著名醫學家李時珍的故鄉，他在《本草綱目》中指出：芹「其性冷滑如葵，故《爾雅》謂之楚葵。《呂氏春秋》中記載：『菜之美者，有雲夢之芹。』雲夢，楚地也。楚有蘄州、蘄縣，俱音淇。」羅願《爾雅翼》云：「蘄地多產芹，故字從芹，蘄亦音芹。」可知芹原產於湖北蘄州，即現在蘄春縣，後才傳播

---

① 參見王安石《字說》。
② 參見周興嗣《千字文》。

到各地的。

芹菜是一種味道鮮美的蔬菜,在先秦時期,還可作為祭品。《周禮 醢人》說:「加豆之實,芹菹兔醢。」這也反映出芹菜的食法是多種多樣的。古代人們不僅把芹菜作為蔬菜食用,而且還了解到芹菜具有藥用價值,《神農本草經》中指出芹菜「止血養精,保血脈、益氣,令人肥健嗜食」。這些看法已被現代醫療科學所證明。

萊菔,俗稱蘿蔔,在楚國各地都有種植。李時珍《本草綱目》中認為:「萊菔上古謂之蘆菔,中古轉為萊菔,後世訛為蘿蔔,南人呼為蘿蔔(b 博)。」蘿蔔是我國最古老的栽培作物之一,《詩經穀風》中的「采葑采菲」中「菲」即指蘿蔔。

蓮藕,食用蓮藕在楚地有悠久歷史,如馬王堆1號漢墓出土有藕的實物。蓮的不同部位均有不同名稱,《爾雅》說:「荷,芙蕖,其莖『茄』,其葉『蕸』,其本『蔤』,其華『菡萏』,其實『蓮』,其根『藕』,其中『的』,的中『薏』。」

早在先秦時期,楚人就愛好食藕,蓮藕既可當水果吃,又可烹飪成佳餚,還可做粥飯和製成藕粉。

蓮藕有栽培的,也有野生的,李時珍《本草綱目》中指出:「白花藕大而孔扁者,生食味甘,煮食不美;紅花及野藕,生食味澀,煮蒸則佳矣。」可見楚人對於食藕是有一定研究的。在馬王堆1號漢墓曾出土過一些蔬菜,蔬菜雖然全部碳化,但個別的形狀仍隱約可見。最令人驚訝的是打開1號漢墓出土的雲紋漆鼎時,竟發現裡面盛有2100多年以前的湯,而且在湯的表面還漂浮著一層完整的藕片。但令人遺憾的是,由於藕片內部纖維早已溶解,出土後與空氣接觸,再加上起取過程中不可避免的震盪,藕片迅速消失,全部溶解於湯中了。地震工作者認為,這一現象說明:2100多年來長沙地區沒有發生過較大的、有破壞性的地震。

蕹菜,又名空心菜,蕹菜係旋花科番薯屬一年生或多年生草本。

楚地是其原產地，主要含有胡蘿蔔素和維生素C。江蘇邗江出土有蕹菜籽實 ①。在東晉裴淵《廣州記》曰：「蕹菜，生水中，可以為菹也。」② 嵇含《南方草木狀》記述更為具體，說：「蕹葉如落葵而小，性冷味甘，南人編葦為筏作小孔，浮於水上，種子於水中，則如萍根浮水面。及長，莖葉皆出於葦筏孔子，隨水上下。南方之奇蔬也。」由此可見，蕹菜屬於水生蔬菜，如今楚地均有種植。

韭，韭菜起源於我國，在我國各地栽培的歷史可以上溯到遠古，《夏小正》中記載：「正月囿有韭。」韭菜是古代五菜之一，很受人們重視，先秦時曾作為祭品，《詩經 七月》中記載：「四之日其蚤，獻羔祭韭。」《禮記 王制》中有：「庶人春薦韭。」即指春日祭祀用韭。

楚人認為韭是對人體極有好處的食物，長沙馬王堆漢墓出土的《十問》將韭說成是「百草之王」、「草千歲者唯韭」，它受到天地陰陽之氣的薰染，膽怯者食之便勇氣大增，視力模糊者食之會變得清晰，聽力有問題者食之則聽覺靈敏，春季食用可「苛疾不昌，筋骨益強 ③」。因此，與葵、芹等蔬菜一樣，楚地韭的種植十分廣泛。

韭菜四季常青，一生可剪數十次，終年供人食用，所以古人曾把韭菜和稻子相提並論，《爾雅》中說：「稻曰嘉蔬，韭曰豐本，聯而言之，豈古非重視歟！」韭菜屬於時令性蔬菜，季節性強，對氣溫要求高，因此楚地種植韭菜比北方要廣泛。

竹筍，為一種根莖類蔬菜烹飪原料。《爾雅 釋草》云：「筍，竹萌」，時人認為筍是美味蔬菜，楚地的人們普遍喜愛食筍。筍在楚國各地都有，品種極其繁多，據宋代僧人贊寧《筍譜》所載，供食用

---

① 揚州市博物館：〈揚州西漢「妾莫書」木槨墓〉，載《文物》1980年第12期。
② 《齊民要術》卷一〇引。馬王堆漢墓帛書整理小組編：《馬王堆漢墓帛書（肆）》，文物出版社1995年版。
③ 馬王堆漢墓帛書整理小組編：《馬王堆漢墓帛書（肆）》，文物出版社1995年版。

的竹筍，按產地劃分有旋味筍、釣絲竹筍、木竹筍、盧竹筍、對青竹筍、慈母山筍、鍾龍竹筍、漢竹筍、鄰竹筍、少室竹筍、新婦竹筍、蓳竹筍、簟竹筍、雞頭竹筍、筒筍、服傷筍、狗竹筍、慈竹筍、棘竹筍、雞脛竹筍、扁竹筍、森竹筍、水竹筍、古散竹筍、秋蘆竹筍、鶴膝竹筍、石篷竹筍等30餘種。按品味，分為苦筍、淡筍兩種。按採獲季節又可分為冬筍（臘筍）、春筍和夏初的筍鞭；其中品質以冬筍最佳，春筍次之，筍鞭最劣。

茭白，別名菰菜、茭旬、菰手、茭瓜。盛產於楚地。陸游〈鄰人送菰菜〉詩：「張蒼飲乳元難學，綺季餐芝未免饑。稻飯似珠菰似玉，老農此味有誰知？」[1]可見，茭白主要產於長江中下游一帶。

蒓菜，為水生類蔬菜烹飪原料，既有野生又有人工栽培。盛產於楚地，如今恩施一帶還廣為培植。

薑，生薑是人們日常生活中不可缺少的調料，又是香料，也是藥用植物資源，早在先秦時楚國各地都有種植，湖北江陵戰國楚墓中曾出土過生薑，現藏湖北省博物館內，馬王堆1號漢墓也出土有薑片實物[2]。

我國古代把蔥、薤、韭、蒜、興蕖（阿魏）這五種帶有刺激性氣味的蔬菜稱之為五辛，佛教徒按戒律不許吃五辛，認為五辛有濁氣，唯獨薑氣清，不在戒食之列，深通飲食之道的孔子在《論語　鄉黨》中也說過：「不撤薑食。」

薑在古代還被廣泛用於治病除邪上，薑，《說文解字》釋為「禦濕之菜也」。王安石《字說》中也認為：「薑能強禦百邪，故謂之薑。」

薑的食法很多，《本草綱目》中指出：「生啖熟食，醋醬糟鹽，

---

① 陸游：〈鄰人送菰菜〉，《陸遊集》第四冊，中華書局1976年版，第1828頁。

② 湖南農學院等：《長沙馬王堆1號漢墓出土動植物標本的研究》，文物出版社1978年版，第16—17頁。

蜜煎調和，無不宜之，可果可蔬。」特別是在烹調和醃製肉時放一點薑，能除去肉的腥膻，又可使菜味清香可口，《禮記 內則》中記載古代醃製牛肉時，要放一點「屑桂與薑，以灑諸上而鹽之」。

我國產薑之地甚多，但以楚地的薑較為著名，如先秦時有「和之美者，陽樸之薑」的說法[①]，陽樸在古代的蜀郡。後世如湖南茶陵東鄉薑、湖北來鳳鳳頭薑等等，都享有一時一地的盛譽。

以上蔬菜品種是楚國民眾經過人工栽培和人工保護的上十種常食蔬菜，在古代文獻中，還可以看到楚地一些蔬菜名稱，如荻芽、棕筍、薇菜，各種野生菌、薺、馬齒莧、藜、蒲、蕨、蒿、蓼、荼、蘇等等，這些蔬菜，由於產量小，且多為野生，經濟價值不高。

第二節　楚國瓜果品種考辨

如同蔬菜一樣，我國古代的瓜果種類繁多，種植歷史也很悠久。《詩經 七月》中說「六月食鬱及薁」，「七月食瓜，八月斷壺」。而在《周禮 場人》中明確指出：場人的職責是「掌國之場圃，而樹之果蓏珍異之物」。可見，在先秦時期，人們已注意到種植瓜果。

原產於楚國的瓜果種類很多，我們現在食用的一些基本瓜果，在古代文獻及楚地考古發掘中都能見到，如甜瓜、葫蘆、柑橘、枇杷、龍眼、荔枝、桃、杏、李、棗、柿、梅、蘋果等等，其中絕大多數原產於楚地。在世界各國廣為栽種的一些果樹中，有不少是從中國引種過去的，如銀杏、中國李、柑、橙、桃、棗、獼猴桃、荔枝、龍眼等等，可見，我國栽培果樹的種類和歷史是世界上最多和最長的，中國是世界上最大的瓜果原產地，而楚國也是瓜果之鄉，食用瓜果在楚人

① 《呂氏春秋 本味篇》載《諸子集成》第六冊，中華書局1986年版，第142頁。

第三章　楚國的副食

飲食生活中占有一席之地。例如，在馬王堆漢墓中就有大量瓜果的種子出土。其中時鮮水果就有近20多種。下面僅就楚地幾種常食的瓜果品種，作一介紹。

甜瓜，古代單言瓜者，一般指甜瓜，是當水果吃的。甜瓜，又稱甘瓜、果瓜。「甜瓜之味甜於諸瓜，故獨得甘甜之稱[①]」

甜瓜是我國最古老的瓜種之一，在浙江錢山漾和杭州水田畈等新石器時代文化遺址中就已出現過甜瓜子，《詩經　生民》中的「麻麥幪幪，瓜瓞唪唪」，《夏小正》中的「五月乃瓜」，均指的是甜瓜，說明在先秦時期，長江下游地區就已栽培甜瓜。1980年，在湖南臨澧縣九里鄉發掘的戰國時期的楚墓中，也出土有甜瓜籽。另外，1972年在長沙馬王堆漢墓的一具保存完好的女屍的食道中，還發現了138粒半甜瓜籽，籽粒外形完整，呈褐黃色，經鑒定，它和我們今天所栽培的甜瓜種子完全相同[②]。這一發現說明，長江中游栽培甜瓜也有悠久的歷史。

甜瓜亦名香瓜，種類很多，王禎《農書》指出：「果瓜品類甚多，不可枚舉。以狀得名者，則有龍肝、虎掌、兔頭、狸首、蜜筒之稱；以色得名，則有烏瓜、黃瓤、白瓤、小青、大斑之別，然其味不出乎甘香。」[③]

甜瓜多為生吃，作膳用的很少。用作膳的是菜瓜，即如李時珍《本草綱目　菜部》所言：「俗名稍瓜，南人呼為菜瓜。」明代王世懋所作的《瓜蔬疏》中認為：「瓜之不堪生啖而堪醬食者曰菜瓜，以甜醬漬之，為蔬中佳味。」其實菜瓜也可生吃，只是滋味比甜瓜稍次而已。這些品種至今在楚國各地都廣為種植。

葫蘆，先秦時期把葫蘆稱為瓠、匏壺、匏瓜等。葫蘆是我國最

---

① 李時珍：《本草綱目》果部卷三十三。
② 《長沙馬王堆1號漢墓出土動植物標本的研究》文物出版社1978年版，第8頁。
③ 王禎：《農書》，中華書局1956年版，第65頁。

古老的用於蔬菜的栽培植物之一，在不少新石器時代遺址中都發現過碳化葫蘆遺物，距今7000年的浙江余姚河姆渡遺址出土的葫蘆種籽，是迄今最早的葫蘆標本。稍晚的杭州水田畈新石器時代晚期遺址，也有葫蘆的遺存。湖北江陵的大量楚墓中，如望山1、2號墓，雨臺山楚墓以及河南信陽長臺關發掘的楚墓裡，都發現有葫蘆籽。《楚辭　招魂》中也有瓠的記載。

葫蘆全身均可利用，匏葉小時可採嫩葉作為蔬食，所以《詩經　瓠葉》中有：「幡幡瓠葉，採之烹之。君子有酒，酌言嘗之」的記載。到了成熟期，葉子老了有苦味，就吃果實，故又有「八月斷壺」之說，瓠乾硬的外殼還可作瓢杓和樂器。張舜徽先生在《說文解字約注》中指出：「今湖湘間稱細長者為護瓜，殆即瓠音之變。又稱圓大而形若壺蘆者為瓢瓜，謂其可中剖為二，用以作瓢也。許以匏訓瓠，猶以瓢訓瓠也。瓢、匏為古雙聲，渾言無別耳。若析言中，則未剖者為瓠，皆狀其形之圓也。」[1]

棗，中國是棗的故鄉，在湖北江陵楚墓和漢墓中，以及長沙馬王堆漢墓中，都保存著較完整的棗乾果。

翻開古代文獻，在《詩經》、《夏小正》、《山海經》、《爾雅》、《廣志》中都有種棗食棗的記載。棗是古代人們非常喜歡的果品之一，營養價值很高，幾乎全身都是寶，李時珍《本草綱目》記載：「大棗味甘無毒，主治心邪，安中養脾，平胃氣，通九竅，助十二經，補少氣，少經液、身中不足，大驚，四肢重，和百藥，久服輕身延年。」棗不僅可生吃，還能調劑主食，代替糧食，又能加工成各種副食品。

農諺說：「桃三杏四梨五年，棗樹當年就還錢。」因為棗樹耐旱，栽培容易成活，一般栽植兩三年或者一兩年就見果了，如果管理

---

① 張舜徽《說文解字約注》「瓠」字注，中州書畫社1983年版。

得好，百年以上的「老壽星」照樣果實累累，可謂「一年栽樹，百年受益」。

栗，我國栽培栗的歷史很早，在湖北江陵楚墓和長沙馬王堆漢墓中都有栗果出土。湖北羅田縣還有板栗之鄉的美稱。

栗自古以來就受到人們重視，被列為五果之一，所謂五果，據宋代羅願《爾雅翼》說：「五果之義，春之果莫先於梅，夏之果莫先於杏，季夏之果莫先於李，秋之果莫先於桃，冬之果莫先於栗。五時之首，寢廟必有薦，而此五果適於其時，故特取之。」

在古代，人們食栗的方法很多，可做成甜食，《禮記　內則》說：「棗栗飴蜜以甘之」；還可以蒸食，《儀禮　聘禮》說：「夫人使下大夫勞以二竹簠方，玄被纁裡，有蓋，其實棗蒸栗擇，兼執之以進。」另外，還可炒食，這種方法後世尤為盛行，風味別具一格。

桃，桃樹是我國最古老的栽培果樹之一，在浙江余姚河姆渡、吳興錢山漾、杭州水田畈、上海青浦縣崧澤等新石器時代遺址中都先後發現過桃核。在湖北江陵的楚墓中，也出土過桃核。2006年在江西省靖安縣李洲坳東周古墓中也出土過桃核。說明楚地桃的種植十分普遍。《左傳》、《爾雅》、《禮記》中都有關於桃的記載，《詩經》中「桃之夭夭，灼灼其華」的詩句，更為人所共知。此外，《詩經》還明確記載「園有桃，其實之肴」。從考古和文獻資料中都反映了我國在先秦時期就廣泛地種植桃樹了。

桃的種類很多，《本草綱目》中說：「桃品甚多，易於栽種，且早結實。其花有紅、紫、白，千葉，二色之殊。其實有紅桃、緋桃、碧桃、緗桃、白桃、烏桃、金桃、銀桃、胭脂桃，皆以色名者也；有綿桃、油桃、御桃、方桃、扁核桃，皆以形名者也；有五月早桃、十月冬桃、秋桃、霜桃，皆以時名者也。並可供食。」

中國桃在西漢初年由我國西北傳入伊朗和印度，再由伊朗傳到希臘，以後再傳到歐洲各國，所以印度現在還把桃稱為「秦地持來」。

舉凡生長桃樹的國家以中國最古，現在國際上公認桃是我國原產。

李，李與桃在古代往往並提，因為它們同屬薔薇科，又同於春天開花，並且都屬古代五果之列。如《詩經　抑》中有：「投我以桃，報之以李。」可見桃李在先秦時，已為人們所並重。在湖北江陵鳳凰山西漢墓葬中曾出土過李核，足證李樹在楚國早已栽培成種。

李以品種多、產量高、口味獨特，深受人們的歡迎。晉文學家傅玄在〈李賦〉中寫道：「或朱或黃，甘酸得適，美逾蜜房。浮彩點駁，赤者如丹。入口流瀍，逸味難原。見之則心悅，含之則神安。」明代王象晉《群芳譜》亦云：「李實有離核、合核、無核之異。小時青，熟則各色，有紅有紫有黃有綠，又有外青內白、外青內紅者。大者如杯如卵，小者如彈如櫻，其味有甘酸苦澀之殊。性耐久，樹可得三十年，雖枝枯，子亦不細。」

李的種類可達數百，在長江流域著名的李種有縹李、麥李、青皮李等。縹李在南北方都有種植，其中長江中游的房陵（今湖北房縣）縹李則為有代表性的良種。晉人傅玄〈李賦〉、潘岳〈閒居賦〉、王廙〈洛都賦〉等作品中，都把房陵縹李作為李子的代表提及，可見其在當時的知名度。

梅，梅原產我國江南，栽培歷史十分悠久，在湖北江陵楚墓中有梅核出土。《詩經　終南》記載：「終南何有，有條有梅。」說明梅在先秦時就已在我國廣泛栽種。

最初人們種梅是食用梅果，後來才發展為一種觀賞的珍貴花木。在商周時期，梅樹果實廣泛用於人們的飲食之中，作為一種調味品，《尚書　說命》中指出：「若作和羹，爾惟鹽梅。」可見梅與鹽一樣重要。

梅果可分為青梅（綠色）、白梅（青白色）、花梅（帶紅色）三種，除供調味和食用外，還可製作蜜餞和果醬。未熟的果經過加工就是烏梅。三國沈瑩《臨海異物志》談到長江下游一帶的楊梅，「其子

大如丸子，正赤，五月熟，似梅，味甜酸^①」。《南方草木狀》也記述了楊梅的性狀，並指出它「出江南、嶺南山谷」。在馬王堆漢墓中就曾出土過楊梅。楊梅出土時仍然呈紫紅色，而且絨刺也非常清楚。有位考古工作者十分好奇地嘗了一顆，發現味道是苦的，因為楊梅已經炭化了。今天楊梅主要產於江南地區，湖北、湖南地區種植也十分普遍。

柰，柰是蘋果的古代名稱，是我國最重要的果樹之一。湖北江陵楚墓中曾出土過柰核。關於柰的最早記載，出於西漢司馬相如的《上林賦》中：「亭、柰，厚樸」之句。古代的柰除指今天的蘋果外，還包括花紅、海棠果（紅果）、林檎等品種。

長江下游的東吳之地，林檎品種較多，據范成大《吳郡志》卷三十〈土物下〉載：「蜜林檎，實味極甘如蜜，雖未大熟，亦無酸味。本品中第一，行都尤貴之。他林檎雖硬大，且酣紅，亦有酸味，鄉人謂之平林檎，或曰花紅林檎。皆在蜜林檎之下。」^②又曰：「金林檎，以花為貴。此種，紹興間有南京得接頭，至行都禁中接成。其花豐腴豔美，百種皆在下風。始時折賜一枝，惟貴戚諸王家始得之。其後流傳至吳中，吳之為圃畦者，自唐以來，則有接花之名。今所在園亭，皆有此花，雖已多而其貴重自若。亦須至八九月始熟，是時已無夏果，人家亦以飣盤。」^③

我國古代的蘋果比較小，現在我國廣泛栽培的大蘋果，是近代從歐美引進的。

柑橘，柑橘在我國種植至少有3000年的歷史，《尚書 禹貢》記載了當時長江流域古揚州栽種「包橘柚」以充賦稅的情況。戰國時楚國詩人屈原曾作〈橘頌〉，對橘樹的高貴品質進行歌頌，藉以

---

① 《齊民要術》卷一○引。
② 范成大撰《吳郡志 土物》，江蘇古籍出版社1986年版，第444頁。
③ 范成大撰《吳郡志 土物》，江蘇古籍出版社1986年版，第444頁。

自況堅貞。

我國柑橘主要產於南方，有橘、柑（甜橙）、柚三大類，我國古代柑橘往往並稱，李時珍《本草綱目》對此作了區別，他說：「橘實小其瓣味微酸，其皮薄而紅，味辛而苦；柑大於橘，其瓣味甘，其皮稍厚而黃，味辛而甘。」

長江中游楚地，自古就以盛產橘柚而馳名。《禹貢》荊州「包匭菁茅」，孔傳認為「包」也是指橘柚。《山海經　中山經》載「荊山」、「綸山」、「銅山」、「葛山」、「賈超之山」、「洞庭之山」等均多「橘櫾（柚）」。《呂氏春秋　本味》：「果之美者，……江浦之橘，雲夢之柚」，都在楚地，故當時楚國的「橘柚之園」為各國所垂涎[①]。《晏子春秋　內篇雜下》記載了晏子使楚，楚王用當地特產橘來招待他的故事。《楚辭》中有屈原著名的〈橘頌〉：「后皇嘉樹，橘徠服兮，受命不遷，生南國兮。……」[②]《史記》卷一二九〈貨殖列傳〉說：「蜀漢及江陵千樹橘」，收入可「與千戶侯等」。表明從戰國到秦漢，蜀楚柑橘生產的規模和收入是很可觀的。在長沙馬王堆西漢墓中，記載死者隨葬品的竹簡上有「橘一笥」字樣，又發現了幾個香橙種核，為楚地自古盛產柑橘類果樹提供了物證。三國時期孫吳丹陽太守李衡，非常讚賞太史公「江陵千樹橘，當封君家」的話，「密遣客十人於武陵龍陽氾洲上作宅，種柑橘千株。……吳末，衡柑橘成，歲得絹數千匹，家道殷足[③]」。六七十年後，即東晉咸康年間，李衡所種的柑橘樹還活著。這一帶的其他地區，如洞庭湖流域，也有一定規模的柑橘種植。隋唐時期荊湘成為柑橘重要產地，就是這一時期打下的基礎。荊湘出產的宜都柑，為當時的著名品種。

---

①　《史記》卷六九〈蘇秦傳〉。
②　屈原：《楚辭　九章　橘頌》，載《楚辭補注》，中華書局1983年版，第153頁。
③　《三國志》卷四八《吳書　孫休傳》。

第三章　楚國的副食

與楚地相鄰的巴蜀地區也是柑橘的傳統產區，三國蜀及晉政府還設有專門的官員負責柑橘的生產和徵收，稱橘官或黃柑吏。據《華陽國志》記載，巴郡江州巴水北（今重慶津江一帶）、魚復（今重慶奉節）、胸忍（今重慶雲陽、開縣及萬州等地直到湖北利川等地）都設有橘官，犍為、南安縣則有柑橘官社。西晉張華《博物志》記載：「成都、廣成、郫、繁、江源、臨邛六縣生金橙。」柑、橘、橙類水果，古代文獻常常混稱。至於巴蜀所產柑橘的品種，文獻記載不多，《廣志》中說成都有「平蒂柑」，「大如升，色蒼黃」；又說「南安縣出好黃柑」。

　　枇杷原產長江流域，最早種植的應是長江中上游一帶。晉人郭義恭《廣志》云：「枇杷，冬花，實黃，大如雞子，小者如杏，味甜酢。四月熟，出南安、犍為、宜都。」[1]宜都在今湖北省宜都縣，屬楚國故地。《荊州風土記》說：「宜都出大枇杷。」現在湖北西部（長陽、恩施一帶）海拔300公尺到1000公尺地帶以及在宜昌北部和南部高山懸崖處有野生枇杷生長。楚國江陵至今還有「枇杷之鄉」的美稱。可見，長江中上游地區是枇杷的原產地，並沿長江向中下游傳播，唐宋時，長江下游的江南地區已普遍種有枇杷。《夢粱錄》卷十八〈物產　果之品〉曰：「枇杷無核者名椒子。東坡詩云：『綠暗初迎夏，紅殘不及春。魏花非老伴，盧橘是鄉人。』」梅堯臣〈依韻和行之枇杷〉詩：「五月枇杷黃似橘，誰思荔枝同此時？嘉名已著〈上林賦〉，卻恨紅梅未有詩。」[2]陳世守〈紹興壬申五月手植綠橘枇杷皆森然出屋，枇杷已著子，橘獨十年不花，各賦一詩〉之一：「枇杷昔所嗜，不問甘與酸。黃泥裹餘核，散擲籬落間。春風折句萌，樸樕如榛菅。一株獨長成，蒼然盛屋山。去年小試花，玲瓏犯冰

---

① 轉引自《齊民要術》卷一〇。
② 《梅堯臣集編年校注》卷二五。

寒。化成黃金彈，同登桃李盤。……」當時荊州、杭州、蘇州等地的枇杷都十分有名，至今也是如此。日本栽培的枇杷就是在唐代由江南地區引入的。

綜上所述，可以看出，蔬菜瓜果在長江流域人民生活中占有不可缺少的地位，人們很早就懂得了「五穀為養，五果為助，五畜為益，五菜為充」的道理 [①]。它們之間是相輔相成的，正如李時珍《本草綱目》中所指出的：「木實曰果，草實曰蓏。熟則可食，乾則可脯。豐儉可以濟時，疾苦可以備藥，輔助粒食，以養民生。」在記載古代長江流域人民生活的文獻中，有關「百姓饑餓，人相食，悉以果實為糧」，「皆以棗栗為糧」，「饑餓皆食棗」之類的記載不勝枚舉，反映出蔬果作物在救災度荒中所起的作用。

《管子　立政》篇中提出：「瓜瓠葷菜百果不備具，國之貧也，瓜瓠葷菜百果備具，國之富也。」管子把蔬菜瓜果的發展狀況作為衡量國家貧富的標準之一。《爾雅　釋天》說過：「蔬不熟為饉，果不熟為荒。」也認為蔬菜瓜果的豐歉是確定整個農業收成好壞的重要依據，可見其重要性。

第三節　水產經濟

俗話說：「靠山食獸，近水食魚。」從長江流域的新石器時代文化遺址的地理位置分布狀況可以看出，當時人們的居址多坐落在傍近小河的丘陵或高地上，這就決定了當時人們的經濟生活除以農業為主外，漁獵仍然是人們飲食生活的輔助手段。大體而言，時代愈早，漁獵經濟在人們的飲食中所占的比重愈大；時代愈晚，農業愈進步，漁

---

① 《內經　素問　髒氣法時論》。

獵經濟在人們飲食中所占的比重愈小。

處在長江流域的楚國湖泊眾多，漁業資源十分豐富。自從人類學會用火之後，魚類便成為人類的主要食物來源之一。在楚地一些新石器時代文化遺址中，魚和龜鱉類遺骨數量很多，淡水魚骨隨處散見，濱海河口的鯔魚骨也不少，說明早在新石器時代長江流域的先民就普遍地在食用魚類。在一些新石器時代的文化遺址中，還發現了多種原始捕魚工具，有帶倒刺的魚骨鏢頭、骨制釣魚鉤、木浮標、魚叉等等，說明這一時期人們的生活是「以佃以漁」。據《竹書紀年》記載，夏王后荒曾「東狩於海，獲大魚」，可見海洋漁業在上古時代也開始興起了。

長江流域淡水魚類的品種極為豐富，據文獻記載主要有鯽、鱖、鯉、鱸、白魚、青魚、鱧、鮒、鰱、鱒、鯇（草魚）、鱭、鱔、鰣、鰍、鮪、鰻、鯿、鰉、魴、鯰、鯛、鱘、蚌、龜、鱉、蜆、蛤、螺等數十種。古楚人偏愛食魚。《風俗通》說：「吳楚之人，嗜魚鹽，不重禽獸之肉。」杜甫《歲晏行》也說：「楚人重魚不重鳥，汝休枉殺南飛鴻。」在這眾多的淡水魚類中，楚人經常食用的有以下幾種：

鰣魚。鰣魚是我國的名貴魚種之一，它在鹹水、淡水中都能生長，為南方水產中的珍品。與刀魚、河豚並稱為「長江三鮮」。每當桃花盛開的時候，鰣魚便成群結隊地從海洋游回陸地的淡水江河，溯江而上繁衍後代，不辭千辛萬苦地將生命延續，然後，再返回大海。如此周而復始地年年不誤，故稱「鰣魚」。鰣魚是一種肉味極其鮮美的名貴魚類，吳自牧《夢粱錄》卷十八〈物產　蟲魚之品〉曰：「鰣，六和塔江邊生，極鮮腴而肥，江北者味差減。」梅堯臣《鰣魚》詩曰：「四月鰣魚逴浪花，漁舟出沒浪為家。甘肥不入罟師口，一把銅錢趁槳牙[1]」。相傳古時楚國有個精明能幹的婆

---

[1] 《梅堯臣集編年校注》卷二五。

婆特地買回一條鰣魚，吩咐新媳婦去燒成菜。新媳婦也想一顯身手，討得婆婆的歡心。她連忙操起刀來，三下五除二將鰣魚的魚鱗全部刮掉。古時的媳婦在家中沒有地位，處處要察顏觀色，她見婆婆非常不悅，便悟出是自己做得不對。於是，她連忙將魚鱗收拾起來，並用絲線穿起放在魚肉上面，然後把魚放在籠屜上用大火蒸。魚蒸熟後，因鱗下肥油慢慢滲入魚體，使魚更加鮮美可口，公婆見了十分高興，並告訴兒媳，為何吃鰣魚不去鱗的道理：因為鰣魚那鮮美的味道都在細小的魚鱗上，烹製時如將魚鱗刮去，魚肉的味道就連普通的魚都不如了，所以一般不去鱗。從此，這位新媳婦獨創的清蒸鰣魚也就名揚天下了。

鱖魚。鱖魚，古稱水底羊、鱖豚、水豚，又稱桂魚、石桂魚、季花魚、老虎魚。1972年，湖南省考古工作者在長沙馬王堆1號漢墓的隨葬動物中，發現了桂魚骨骼，說明楚地已經食用鱖魚。鱖魚分布於楚地的江河湖泊中。肉質潔白細嫩，為楚國著名水產品。李時珍《本草綱目　鱖魚》云：「小者味佳，至三五斤者不美。」

鯉魚。鯉，自古以來，鯉為名貴魚類，《詩經》中有「豈其食魚，必河之鯉」。黃河的鯉魚味道鮮美，北魏楊炫之《洛陽伽藍記》有「洛鯉伊魴，美如牛羊」的讚語，鯉魚是人們最主要的食用魚。實際上在楚國各地，鯉魚也是最常見的食用淡水魚。1973年在湖南省長沙市子彈庫1號墓出土的楚國〈人物御龍帛畫〉，長37.5公釐，寬28公釐，正中畫一男子，側立面左，高冠博袍，腰佩長劍，立於巨龍之背，龍昂首卷尾，宛如龍舟，龍左腹下畫有一條鯉魚，龍尾畫有一立鳥（似鶴），表現了鯉魚已進入了楚人的藝術領域。

鱣。鱣，《說文解字》及一些注釋家認為是鯉魚，是錯誤的。郭璞《爾雅注》指出：「鱣，大魚，似鱘而短鼻，口在頷下，體有邪行甲，無鱗，肉黃，大者長二、三丈，江東呼為黃魚。」張舜徽指出：「鱣之不同於鯉者，以體形特長為異耳。長魚謂之鱣，猶長木謂之梴

也。」①實際上，鱣即今長江中之中華鱘。中華鱘作為食用魚類，是有悠久歷史的。雖然現在中華鱘已成為瀕危物種，但在長江流域的楚地範圍內，還有時可以看到。

鮪。鮪，商周時期以鮪為上品，多用於祭祖。《大戴禮記‧夏小正》說：「二月祭鮪，……鮪之至有時，美物也。」《周禮》：「漁人，春獻王鮪。」《禮記‧月令》說：「季春，薦鮪於寢廟」。鮪是何物呢？郭璞《爾雅注》指出：「鮪，鱣屬也。大者名王鮪，小者名鮛鮪」。李時珍《本草綱目》也說：「鮪，其狀如鱣，腹下色白。」鮪即白鱘，體長一般為2至3公尺，體重10至30公斤，白鱘為半溯河洄游性魚類，棲息於長江幹流的中下層，偶亦進入沿江大型湖泊中。大的個體多棲息於幹流的深水河槽，善於游泳，常遊弋於長江各江段廣闊的水層中；幼魚則常到支流、港道、甚至長江口的半鹹水區覓食。現在主要生活在長江中下游地區，所以白鱘在楚地江段較為多見。

魴。魴，《詩經》中多次提到魴，郭璞《爾雅注》指出：「江東呼魴魚為鯿。」蘇軾〈鯿魚〉詩：「曉日照江水，遊魚公玉瓶。誰言解縮項，貪餌每遭烹。杜老當年意，臨流憶孟生。吾今已悲子，輟箸涕縱橫。」②周密《癸辛雜識》後集《桐羣鯿魚》載：「賈似道當柄日，尤喜苕溪之鯿魚。」鯿與魴亦雙聲一語之轉，鯿魚頭小，縮項，穹脊闊腹，扁身細鱗，腹內有肪，魴類中的團頭魴，即今日膾炙人口的「武昌魚」，以肉質細嫩肥美著稱於世，武昌一帶所產者為最佳。三國以來，不少歷史文獻中以為武昌魚是泛指武昌出產的魚。但近幾十年來經過科學鑒定，確認梁子湖中的團頭魴才是名副其實的武昌魚。梁子湖煙波浩淼，湖水清澈，魚類資源十分豐富，樊口是梁子湖通向長江的出口，這裡的鯿魚最負盛名。清代光緒《武昌縣志》記

---

① 張舜徽：《說文解字約注》「梴」字注，中州書書社1983年版。

② 《蘇軾詩集》，中華書局1982年版，第78頁。

載：「鯿魚產樊口者甲天下，是處水勢迴旋，深潭無底。漁人置罾捕得之，止此一罾味肥美，餘亦較勝別地」。

50年代初，我國魚類學專家、華中農學院教授易伯魯等通過對梁子湖所產鯿魚進行觀察、鑒別，發現了三個鯿亞科魚種，即長春鯿、三角鯿和團頭魴類，前兩種魚廣泛分布於全國各地江湖，唯團頭魴係梁子湖獨有，故稱之為「武昌魚」。團頭魴與三角鯿同屬魴，但據易伯魯的研究，團頭魴有幾個主要特點：一、團頭魴吻端純圓，同三角鯿比較，口略寬，上下曲頜曲度小；二、團頭魴的頭一般略短於三角鯿；三、團頭魴尾柄最低的高度總是大於長度，而三角鯿尾柄的長度和最低高度幾乎相等；四、團頭魴鰾的中室是最膨大的部分；五、團頭魴腹椎和肋骨13根，三角鯿卻只有10根；六、團頭魴的體腔全為灰黑色，三角鯿為白色，帶有淺灰色色素。

武昌魚肉質肥嫩、鮮美，富含脂肪，宜清蒸、紅燒、油燜等，但尤以清蒸為最，它入口鮮美柔嫩、清香可口，回味無窮。故「清蒸武昌魚」被譽為「楚天第一菜」。

鰋。鰋，郭璞《爾雅注》指出：「今鰋額白魚。」李時珍《本草綱目》說：「鰋，偃也；鯰，粘也。古曰鰋，今曰鯰；北人曰鰋，南人曰鯰。」鰋又名翹嘴白，分布較廣，體長200毫米左右，重150～200克，為長江流域楚地常見食用魚類之一。

鯽魚。鯽魚，古稱鮒、又稱鯽瓜子、鯽殼子、喜頭魚、土附魚等①。　因其有兩塊味美的脊肉，故古稱「鰜」，但秦漢以前多稱「鮒」，據說直到東方朔發明「鯽」字後才稱鯽魚。鯽魚屬鯉形目、鯉科、鯽屬，是一種主要以植物為食的雜食性魚，喜群集而行，擇食而居。鯽魚肉質細嫩，肉味甜美，營養價值很高，含有大量的鈣、

---

① 陸佃《埤雅　釋魚》謂鮒似鯉，色黑而體促，腹大而脊隆，即鯽魚。程大昌《演繁露》卷八〈土部　魚〉謂鮒即土附魚，吳興人名此魚曰鱸鯉，以其質圓而長，與黑蠡相似，而其鱗斑駁，又似鱸魚，故兩喻而兼之。

磷、鐵等礦物質。鯽魚藥用價值極高，其性味甘、平、溫，入胃、腎，具有和中補虛、除濕利水、補虛盈、溫胃進食、補中生氣之功效。鯽魚分布廣泛，全國各地水域常年均有生產，以2～4月份和8～12月份的鯽魚最肥美，為我國重要食用魚類之一。以產於湖北梁子湖、江蘇六合龍池者最佳。

鮰魚。鮰魚，又稱江團、肥沱、肥王魚、灰江團魚。主要產於長江流域，為傳統名貴水產品之一。

鮰魚為大型的經濟魚類，其肉嫩味鮮美，富含脂肪，又無細刺，蛋白質含量為13.7%，脂肪為4.7%，被譽為淡水食用魚中的上品。鮰魚在長江流域的漁獲物中所占比重較大，而中下游顯著多於上游地區。鮰魚在長江的產卵場較集中於中游的荊江河曲以及上游的沱江等江段。

鮰魚最美之處在帶軟邊的腹部。而且其鰾特別肥厚，乾制後為名貴的魚肚。湖北省石首市所產的「筆架魚肚」素享盛名。它膠層厚，味純正，色半透明，製作工藝獨特，乾製品的外形和鑲嵌在鰾內的一個美麗的自然圖案，對著光源照看，與屹立在石首市城裡的筆架山酷似，由此得名「筆架魚肚」，並有「此物唯獨石首有，走遍天下無二家」之說，實屬食中之珍。蘇軾〈戲作鮰魚一絕〉詩：「粉紅石首仍無骨，雪白河豚不藥人。寄語天公與河伯，何妨乞與水精鱗。」[1]詩中道出了鮰魚的特別之處：肉質白嫩，魚皮肥美，兼有河豚、鯽魚之鮮美，而無河豚之毒素和鯽魚之刺多。

以上僅是長江流域幾種分布較為廣泛的魚類，人們可食用的魚遠不止這些品種，《楚辭》中出現的魚名，有10多種魚可供食用。成書於西漢的《爾雅》，記載了30多種食用魚，東漢時期的《說文解字》，魚名已達到70多種，魚類品種的名稱不斷增多的現象，反映出

---

① 《蘇軾詩集》卷二四，中華書局1982年版，第1257頁。

人們對於魚已有了比較精細的分類認識，對於食用魚也越來越講究。

　　淡水魚的養殖在商周時已出現，春秋時就十分普及，當時人工養魚的方式有二：一是池塘養魚，見於記載的國家有越[①]和吳[②]。而在越國主持養魚的是楚人范蠡，由此可以推知，楚國開始養魚的時間還要比越國早[③]。二是稻田養魚，這可能是包括楚人在內的南方民族人工繁殖魚類的一個主要方面。有學者推測楚人「飯稻羹魚」的飲食習慣與稻田養魚的生產經營方式密切相關，苗族稻田養魚是對楚國傳統養魚方式的繼承。這一見解比較有說服力。當然，人工養魚只是對捕撈野生魚方式的補充。為了防止竭澤而漁，夏天人們就不從事捕魚，《逸周書　大聚》中指出：「禹之禁，夏三月，川澤不入網罟，以盛魚鱉之長。」夏季魚長勢快，捕魚不利於魚的生長，所以在先秦時，人們在夏季是很少食魚的。而在春、秋、冬三季可以有五次捕魚的機會，人們食魚，也主要在這些季節。

　　魚在中國古代長江流域人民生活中占有十分重要的位置，早在周代，朝廷中設有「漁人」職司[④]，向王者進獻飲食中所需的各種鮮魚、乾魚，還設有「鱉人」這一職司，他的職責是「春獻鱉蜃，秋獻龜魚」。從漁人和鱉人的分工中，說明魚在周人飲食中是不可缺少的副食。鱉人的職務還告訴了我們，先秦時龜、鱉、蚌、蛤、螺都是可以上國宴的美味。事實上，早在商代，人們食龜肉就十分普遍，並把龜甲作為占卜之用，僅目前出土的甲片就達十多萬，其中的龜肉已先被食用。周代用龜甲占卜亦如商朝。春秋時期，龜鱉已作為國家的貴重禮品，《左傳》記載：「楚人獻黿（大鱉）於鄭靈公，公子宋與子家將見，子公之食指動，以示子家，曰：『他日我如此，必嘗異

---

① 《吳越春秋》載越王句踐在會稽時，范蠡說有魚池兩處，可以養魚。

② 《吳郡諸山錄》有吳王魚城在田間當時養魚於上的記載。

③ 參見宋公文、張君：《楚國風俗志》，湖北教育出版社1995年版，第13頁。

④ 參見《周禮　天官》。

味。』及入，宰夫將解黿，相視而笑。公問之，子家以告。及食大夫黿，召子公而弗與也，子公怒，染指於鼎，嘗之而出。公怒，欲殺子公。」[1]後子公先下手，殺了靈公，由分黿不均，導致父子相殺，其黿味的珍美及在他們飲食中的地位可想而知。

中國古代，普通人家平日要改善生活，大約是以魚來補充，因為《禮記》中曾規定牛、羊、豬、狗不得無故宰殺。特別是士階層以下人們的平常食用，多係魚饗。《國語　楚語》指出：「士食魚炙」，《孟子　告子》篇也說：「魚，我所欲也，熊掌亦我所欲也；二者不可得兼，捨魚而取熊掌者也。」可見，魚是可欲之物，也是能經常吃得著的。《戰國策　齊人有馮諼者》：「長鋏歸來乎，食無魚。」鮑彪注解為「孟嘗君廚有三列，上客食肉，中客食魚，下客食菜。」三種人的飲食區別，就形象地說明了魚在古代人民飲食生活中的地位。

總之，從長江流域中下游漁獵業的起源和在人民生活中的地位，可以看出：漁獵是長江流域楚地人民獲得肉食的來源。特別是在先秦時，長江流域的漁獵業和農業是相得益彰，大大豐富了長江流域楚地人民的飲食生活。這一點可以從長沙馬王堆1、3號墓隨葬的大量肉食得到證實。他們不僅食用家禽、家畜，並且大量食用水產品。

---

[1] 《左傳　宣公四年》。

第四章　荊楚的飲食烹飪

　　孕育了長江中游荊楚飲食文化的荊楚大地，由於境內河網縱橫交錯，湖泊星羅棋佈，歷史上有「千湖之省」的美稱，是中國主要的魚米之鄉，因而在飲食上也形成了與此相應的文化習俗。同時，又由於楚地位於九省通衢之地，其飲食文化有相容並蓄的包容性，成為歷史上中國飲食文化融合和創新之地。

第一節　荊楚飲食文化的特色

　　如果說「味在四川」的話，那麼，可以說「鮮在荊楚」似不為過。楚菜在楚文化的影響下，憑藉「九省通衢」和「千湖之省」的地理優勢，形成了水產為本，魚饌為主，口鮮味醇，秀麗大方的特色，適應面十分廣泛。具體而言，楚菜有如下幾個特點。

一、豐富的原料

　　荊楚沃野千里，水網密布，得水獨厚，又地處華中腹地的長江中游，是全國有名的「魚米之鄉」，歷來有「兩湖熟，天下足」之說。全省六山一水三分田，故熊掌、猴頭、木耳、冬筍等山珍無不富有，

稻米、小麥、大豆、牲畜、禽蛋、果蔬等農副食品異常豐富。尤其是淡水魚鮮，其品種之多（常用就有50多種）、產量之大、食用之廣為其他任何菜系所不及。正如《墨子　公輸》云「荊有雲夢，犀兕麋鹿滿之，江漢之魚鱉黿鼉為天下富」。如此豐富的烹飪原料，為楚菜的發展奠定了堅實的基礎。

不僅如此，荊楚各地還有許多獨特的烹飪原料，正如一首楚地民間歌謠唱道：「蘿蔔豆腐數黃州，樊口鯿魷鄂城酒。咸寧桂花蒲圻菜，羅田板栗巴河藕。野鴨蓮菱出洪湖，武當猴頭神農菇。房縣木耳恩施筍，宜昌柑橘香溪魚。」

二、別具一格的風格

眾所周知，各大菜系都有自己獨特的烹調風格，川菜講究調味，以乾煸、乾燒等烹調方法較為擅長。魯菜善於制湯，對扒、爆比較熟練。而楚菜在烹調技法上，蒸、煨、炸、燒應用最廣，也最為擅長。魯菜廚師講究「勺功」（即翻鍋技巧），川菜廚師講究調味，蘇菜廚師講究菜肴外形，這些統稱為勺上功夫（即鍋上功夫）。而荊楚廚師則講究勺底功夫，即注重菜肴火候的掌握，對火候的要求十分嚴格。楚菜的蒸、煨、燒等烹調方法是特別講究火候的幾種烹調方法，如「蒸」，原料在鍋或籠內，人的眼睛無法觀察它的成熟度，全憑廚師的經驗來控制火候的大小和時間的長短，有的菜肴須用大火長時間蒸，如「荷葉雞」；有的用大火短時間蒸，如「清蒸武昌魚」；有的須用中小火短時間蒸，如「雪山魚片」的「雪山」等，否則，不及則生，過之則爛，沒有豐富的經驗是難以掌握的。由此反映了廚師對火候的考究。

楚菜的烹調風格還體現在擅長主、副食結合烹調，這在其他地方菜中是沒有或很少見的。例如粉蒸系列菜（以米粉拌和原料蒸製），珍珠系列菜（以泡製的糯米與原料混蒸），鍋巴系列菜等，具有濃郁的地方風味，特別是江漢平原地區的蒸菜更具特色。

三、繁多的菜品

楚菜有相當數量的菜品，據有關資料不完全統計，楚菜現有菜點品種3000多種，其中傳統名菜不下500種，典型菜點不下100種。如「沔陽三蒸」、「清蒸武昌魚」、「瓦罐雞湯」、「蟠龍卷」、「臘肉菜薹」、「千張肉」、「皮條鱔魚」、「紅燒鮰魚」、「橘瓣魚汆」等等，無不為楚菜之佼佼者。豆皮、湯包、東坡餅、熱乾麵、散燴八寶、面窩等皆為荊楚小吃之精華。而在這眾多的名菜點中，「武昌魚」則被譽為「楚菜之冠」，「老通城豆皮」被譽為「荊楚小吃之王」，至今在國內外還享有極高聲譽。

四、濃厚的楚鄉風味

荊楚位居華中，北接河南，東鄰徽、贛，西依川、陝，地域遼闊，資源豐富。因此在飲食口味上包容性強，正如《楚辭》所言：「大苦鹹酸，辛甘行些。」大苦，豉也，《本草》曰「豉味苦」；鹹，指鹽；酸，指醋；辛，指椒薑；甘，指飴蜜。以上酸甜苦辣鹹五種調料，是烹製楚國佳餚的主要輔料，可見，楚菜是十分重視五味調和的，這與《呂氏春秋》所載基本吻合，《呂氏春秋　本味》認為：「調和之事，必以甘、酸、苦、辛、鹹，先後多少，其齊甚微，皆有自起。鼎中之變，精妙微纖，口弗能言，志弗能喻。若射禦之微，陰陽之化，四時之數。故久而不弊，熟而不爛，甘而不噥，酸而不酷，鹹而不減，辛而不烈，淡而不薄，肥而不膱。」[1]這種美味的境界，也是楚味所追求的。

由於歷史的原因和地理環境的影響，使楚菜形成了許多不同的地方風味流派，其中最有代表性的有鄂州、漢沔、襄陽、荊沙四個地方風味，荊沙風味包括宜昌、荊沙、洪湖等地，這一帶河流縱橫，湖泊交錯，水產資源極為豐富，故擅長製作各種水產菜，尤其對各種小水

---

[1] 《呂氏春秋　本味篇》，載《諸子集成》第六冊，中華書局1986年版，第142頁。

第四章　荊楚的飲食烹飪

產的烹調更為擅長，考究雞、鴨、魚、肉的合烹，肉糕、魚圓的製作有其獨到之處。襄陽風味盛行於漢水流域，這一帶以肉禽菜為主體，對山珍果蔬製作熟練，部分地區受川、豫影響，口味偏辣。武漢菜是漢沔菜的代表，也稱漢沔風味，這一帶平原坦蕩、湖泊較多，故尤其擅長烹製大水產魚類菜肴，蒸菜、煨菜別具一格，小吃和工藝菜也享有盛名。鄂州風味泛指鄂東南丘陵地區，這裡農副產品種類繁多，主副食結合的菜肴尤有特色，炸、燒很見功底。

五、「三無不成席」

楚菜的「三無不成席」（無湯不成席、無魚不成席、無圓不成席）更集中反映了楚菜的特色。荊楚人愛喝湯，也會做湯，瓦罐雞湯、排骨藕湯、鮰魚湯、鯽魚湯、魚圓湯、龜鶴延年湯、峽口明珠湯等，均為湯中傑作。舉凡筵宴，壓軸戲必然是一缽鮮醇香美的湯，「無湯不成席」，已成為一條不成文的規定。

從歷史上來看，地方特色最濃的要數「八卦湯」，所謂「八卦湯」就是烏龜湯。因為楚地巫師往往用龜殼占卦，所以荊楚人便把烏龜肉稱為八卦肉，把龜肉湯稱為八卦湯。在著名的《楚辭　大招》中，有「鮮蠵甘雞，和楚酪只」這道名菜。漢代王逸注曰：「言取鮮潔大龜，烹之作羹，調以飴蜜，復用肥雞之肉，和以酢酪，其味清烈也。」可見荊楚人用龜肉煨湯的歷史何等悠久，烹調方法何等講究！

楚菜魚饌在國內獨樹一幟，其品種之多、烹調之精為其他菜系所不及，大凡楚鄉筵宴，必少不了一條全魚，逢年過節，魚菜更必不可少。《楚辭　大招》中的煎鰿（鯽）是楚宮廷的佳餚。1978年，湖北隨州曾侯乙墓出土一爐盤，盤內就有鯽魚骨骸。

荊楚的「圓子」可謂一絕。其他地方人們只用動物性原料做圓子較多，因為動物肉類含有較豐富的膠原蛋白，具有一定的黏性，便於成型。而楚鄉各地，不僅能用肉、魚作圓子菜，還能用各種植物原料作圓子菜，如藕圓、豆腐圓、糯米圓、綠豆圓、黃豆圓、紅苕圓

等等。圓子同湯和魚一樣，也是各種筵席不可缺少的一道菜，據說在筵席臨近結束時端上一盤圓子菜，有「圓滿結束」、「事事圓滿」之意，這些飲食習俗和烹調特色，均帶有濃郁楚鄉氣息，散發著江漢平原的泥土芳香。

第二節　風味小吃

在歷史的長河中，荊楚人民創造了許多風味各異的風味小吃。這些風味小吃是荊楚文化的物質再現。

一、荊楚小吃的起源與發展

早在戰國時期，屈原在《楚辭　招魂》中記述過楚王宮的筵席點心，如粔籹、蜜餌之類，這也就是甜麻花、酥馓子、蜜糖團子、糕點的雛形。例如粔籹就是如今的馓子，據龐元英《文昌雜錄》云：「今歲時人家作餳蜜，油煎花果之類，蓋亦舊矣。」[1]賈思勰《齊民要術》中也說：「細環餅，一名寒具，脆美。」所謂「細環餅」，就是馓子，因其形狀酷似婦女之環釧而得名。唐代詩人劉禹錫〈寒具〉詩曰：「纖手搓來玉數尋，碧油煎出嫩黃深，夜來春睡無輕重，壓扁佳人臂纏金。」曾經貶謫鼎州（今湖南常德）、夔州（今四川奉節）等地的劉禹錫不但對「寒具」（馓子）的製作、造型十分熟悉，而且還在字裡行間流露出對製作者的同情與共鳴。迨及近現代，馓子一直是荊楚名牌風味小吃之一，有扇形與枕形的兩種。馓子的成絲粗細均勻，質地焦脆酥化，造型新穎別致。它既屬點心，又可當菜食，為南方廣大顧客所喜愛的傳統風味小吃之一。

蜜餌，是用糯米和大米一起加入蜜摻合做成的十分柔軟、可口的

---

① （宋）龐元英：《文昌雜錄》卷一，中華書局1985年版。

食品，鄂湘等地俗稱「團子」。這種食品，歷史古老，先秦古籍《周禮　春官》中已有「饋籩之食，糗餌粉餈」的記載。漢代鄭玄注云：「糗，熬米、麥使之熟又搗之以為粉也。」宋代《東京夢華錄》載述：「冬月雖大風雪陰雨，亦有夜市，……餈糕、團子、鹽豉湯之類方盛。」可見其歷史久遠。

魏晉南北朝時，荊楚已有眾多的節令小吃，《荊楚歲時記》中有楚人立春「親朋會宴啖春餅」和清明吃大麥粥的記述，《續齊諧志》介紹了楚地端午用彩絲纏粽子投水祭奠屈原的風俗，而且荊州刺史桓溫常在重陽邀約同僚到龍山登高、品嘗九黃餅。

二、荊楚小吃的特色

從古至今荊楚匯集了天南海北各地人，同時兼收並蓄了東西南北的飲食文化，荊楚小吃無疑是在相容各地風味的基礎上廣收博采，人為我用中發展起來的，呈現出各地小吃在此薈萃的特色。

概括出以下幾個主要特色：

1.荊楚小吃品種豐富，口味各異。

2.荊楚小吃的主料多為米、豆製品，兼及麵、薯、蔬、蛋、肉、奶。

3.因時而異，輪流上市，一年四季，小吃的上市品種不相同。

4.小吃是荊楚人過早（吃早餐）的主要品種。

5.包容性強，對外來品種大膽移植和改進。

第三節　荊楚飲食民俗

有些學者認為，所謂荊楚文化是一種廣義的概念，「是指昔日楚地疆域上從古至今所形成的文化，是一種歷時性的文化，以內涵言，是物質文化和精神文化的合成，以地區中心論又主要是指兩湖文

化[①]。」筆者同意這一觀點。在本章中的荊楚飲食民俗主要介紹湖北地區的楚地飲食民俗，而湖南地區將在下章介紹。

一、荊楚飲食民俗的特點

荊楚飲食民俗的特點主要表現在以下四個方面：

1.大米和淡水魚鮮是人們日常飲食中重要的主副食原料

所謂「魚米之鄉」是對荊楚地區飲食結構最準確的概括，大米是本地一日三餐不可缺少的主食原料，在一些鄉村地區，早餐是大米粥，中晚餐是大米飯，大米占攝取量的70%～80%以上。大米產量大，食用廣，加工方法也很多，除了常見的大米粥、飯等主食外，還可製成米糕、米豆絲、米粉絲、米麵窩、米泡糕，以及用糯米製成的湯圓、年糕、糍粑、歡喜坨、粽子、涼糕、米酒等小吃品種，還可以將大米做菜，最常見的是做粉蒸菜，如粉蒸肉，肉有粉香，粉透肉味，風味獨特，另外還可以將糯米與其他原料拌合，做出所謂的「珍珠菜」，如珍珠圓子、珍珠魚等等。由此可以證明大米在人們飲食生活中的重要地位。

荊楚民間素有「無魚不成席」之說。魚在荊楚人的餐桌上扮演了十分重要的角色。發展至今，荊楚擁有魚類170多種，常見經濟魚類有50多種，產量約占全國的16%。荊楚人愛吃魚，逢年過節，少不了一道「紅燒鰱魚」，以圖「年年有餘」之大吉；婚慶席上，少不了一道「油燜鯉魚」，以祈「多子多孫」之預兆。荊楚人會吃魚，光魚的烹調方法就不下30種，紅燒、油燜、氽、清蒸、焦溜、水煮等等。加工方法多樣，魚塊、魚片、魚條、魚餅、魚圓、魚面、魚糕等等，光是魚類菜肴多達1000種以上。荊楚人吃魚還積累了許多經驗，什麼季節食什麼魚，到什麼地方食什麼魚，什麼魚的什麼部位最好吃，什麼魚用什麼烹調方法最好，都很講究。

---

① 王建輝、劉森淼：《荊楚文化》，遼寧教育出版社1992年版，第6—7頁。

第四章 荊楚的飲食烹飪

2.以「蒸、煨、炸、燒」為代表的烹調方法和以「鹹鮮」為主的口味特徵

「蒸」是荊楚地區廣泛使用的一種烹調方法，不僅魚能蒸、肉能蒸，雞、鴨、蔬菜也能蒸，尤其是在仙桃市（原沔陽縣）素有「無菜不蒸」之說。荊楚地區蒸菜十分講究，不同的原料、不同的風味要求各有不同的蒸法，如新鮮魚講究「清蒸」，取其原汁原味；肥雞肥肉講究「粉蒸」，為了減肥增鮮；油厚味重的原料講究「醬蒸」，以解膩增香。荊楚名菜「清蒸武昌魚」、「沔陽三蒸」、「梅菜扣肉」是這三種蒸法的代表作。

「煨」也是極富江漢平原地方風格的一種烹調方法。逢年過節家家戶戶少不了要做一道「湯」，湯清見底，味極鮮香。

此外，「炸」、「燒」的烹調方法使用也十分普遍。民間稱做菜叫「燒菜」，謂臘月二十八準備春節食品叫「開炸」，可見炸、燒在楚地民間應用之廣泛。

荊楚口味以「鹹鮮」為主，調味品品種單調，過去許多地方都是「好廚師一把鹽」，基本上不用其他調料。在一些鄉村的筵席菜點中，所有的菜幾乎都只一個味——鹹鮮。這種口味特徵可能與楚人愛吃魚有關，因為魚本身很鮮，烹調魚時，除了需加少許薑以去腥味外，調味品只需鹽則足矣。

3.「無魚不成席」、「無圓不成席」、「無湯不成席」集中反映了荊楚筵宴的風格

「無魚不成席」是因為魚味道鮮美，魚價格便宜，魚營養豐富，更重要的是魚富含寓意，多子、富裕、吉祥、喜慶等，所以「逢宴必有魚，無魚不成席」。

「無圓不成席」是說荊楚人特別喜歡吃「圓子菜」，同魚菜一樣，圓子菜也是各種筵席不可缺少的。在民間，肉圓子是筵席中的主菜，它的大小好壞往往是衡量該桌筵席檔次的重要標準。在鄂東南一

帶還盛行一種「三圓席」——以肉圓、魚圓、糯米圓為領銜菜組成的一種筵席，以連中「三元」（解元、會元、狀元）寓祝福之意。故民間舉辦婚嫁、喜慶筵席必用「三圓席」，以示吉祥如意，事事圓滿。

荊楚人愛喝湯，舉凡筵宴都少不了一缽湯。湯的製法多樣，有氽、有煮、有熬、有煨、有燉，湯的原料豐富，魚、肉、蔬菜、水果、野味、山珍等等都是良好的原料。湯菜品種繁多，高級的有清燉甲魚湯、長壽烏龜湯；中檔的有鮰魚奶湯、瓦罐雞湯、野鴨湯等；低檔的有氽圓湯、三鮮湯、鯽魚湯等等。這種愛喝湯的飲食習慣可能與荊楚人偏愛鹹鮮的口味和荊楚大地冬季寒冷，借湯驅寒，夏季炎熱，借湯以開胃補充水分、鹽分的需要有關。

4.吃魚講究多

荊楚地區筵宴不僅是「無魚不成席」，而且，年節筵宴還講究「年年有魚」，即魚是看的，而不是吃的。魚作為長江中游地區人們日常生活和宴請的一道必不可少的菜肴，其品種也可謂繁多。每逢新春佳節，家家戶戶吃團圓飯的時候，都必然有一盤全魚，取其年年有餘之意。或紅燒、或清蒸、或溜炸，但是，怎麼個吃法，各地有各地的習俗。在我國長江流域的荊楚地區，魚是整個宴席的最後一道菜，基本上是端出來擺擺樣子，誰也不去吃它，這意味著，這條魚是今年剩下來的，留給明年。還有一些地區，一上熱菜就是全魚，一直擺在桌子的中間，直到宴會快結束時，人們才動筷子。這兩種吃魚的習俗，都是人們所寄託的一種期望，希望家業發達，「年年有餘」。

由於楚地夏季比較炎熱，魚存放久了容易變質腐爛，為此，人們就將魚宰殺去內臟後，曬乾或焙乾後保存起來，這種方法謂之「枯魚」。《韓非子　外儲說左下》：「孫叔敖相楚，棧車牝馬，糲餅菜羹，枯魚之膳」，也是楚人重魚的一種寫照。孫叔敖做楚令尹時就經常吃這種枯魚。乾魚一般經醃製後曬乾水分，便於保藏，也可用火烤乾水分，烤乾的魚稱為魚炙，《國語　楚語下》云:「士食魚炙。」

魚炙也就是這種魚。

楚巴交界區域一些山裡人還愛吃一種「熏魚」。就是把魚洗淨晾乾後，吊在灶口上讓煙熏，然後在鍋裡放上少許米或糠，上面架上甑皮（一種用竹片編架起來用來蒸東西的工具），再把經過煙熏的魚洗乾淨後放在上面，用文火慢慢地熏烤，一邊烤，一面在魚身上塗一些紅酒糟，直至鍋裡的米或糠完全燒焦時，便可食用了。這種熏魚味道奇香，帶有濃郁的酒糟味，咬起來帶有彈性，便於保管，所以，山裡人把它切成片後，作為正月裡人來客往的一種最好的下酒菜。

二、荊楚節令婚嫁生育飲食民俗

荊楚地區的節令、婚嫁、生育等活動中，也有豐富多彩的飲食內容，值得回味。

1.節令食俗

春節，俗話說：「臘八過，辦年貨。」家家戶戶醃臘魚臘肉、碾糯米粉、泡糯米打糍粑、做小吃、打豆腐、宰牛雞、福（伏）年豬（民間過年殺豬叫「福」，福作動詞用）。直至臘月二十八晚「開油炸（鍋）」，將年飯食品全部準備完畢。臘月二十九或年三十，將家中水缸儲滿水，以後三天不能挑水。臘月三十除夕夜，家庭舉宴，長幼咸集，多作吉利語，名曰「年夜飯」。關於吃「年飯」的時間，各地不盡相同，有的是早晨，有的是中午，也有的是晚上，但不管什麼時間，其食品之豐盛、進餐禮俗之講究是任何筵宴不可比擬的。

正月初一開始，親戚朋友相互拜年，彼此相邀暢飲，從正月初一至十五止，民間謂之「請年酒」或「吃新年酒」。這段日子裡真是「灶裡不斷火，路上不斷人」。

據武漢大學楊華先生研究，近年來長江流域出土的簡牘材料表明，戰國秦漢時期南方楚地存在著很多里，里皆有其社。里社逢年過節也有一些飲食活動，雲夢睡虎地秦簡《封診式》中記載，該里人士伍丙因擅長「毒言」巫術，所以「里即有祠，丙與里人及甲等會飲

食，皆莫肯與內共杯器」（每年里社祭祠後進行會飲時，無人願與他共用杯器）（簡91—94）。所謂「祠」，當即社祭，說明同里之人一年內有共祭社神的活動，祭祀社神後的會同宴飲是此活動的一個重要部分[①]，一般情況下，春節期間是要舉行社祭的，這也與禮書的相關制度相合。

端午節時在荊楚地區除吃粽子外，在鄂東南地區，端午節還要吃糯米飯或包裹糖餡的糍粑，有的還吃麥面饃。江漢平原地區，端午節興吃芝麻糕、綠豆糕、鹽蛋、鱔魚。家家戶戶要醃一些雞蛋、鴨蛋，農村小孩總是在這天胸前掛上一個用線網裝著的鹹蛋，互相逗樂。端午節還是食鱔魚的最佳時節，這個時候鱔魚肥美味鮮。

三月初三「上巳節」（又名薺菜花節）的飲食習俗尤具地方特色。是日，家家採地米菜煮雞蛋吃，風俗認為上巳日吃了地米菜煮雞蛋可以清毒、防暑、免災、治頭暈。

2.婚嫁食俗

婚嫁食俗是婚嫁活動中的一個重要方面。它的內容十分廣泛，地區差異性也很大，這裡僅對一些比較有特色的食俗內容作一介紹。

婚嫁食俗從相親開始。鄂東南地區，如果丈母娘對新上門的女婿看不中，會做一碗雞蛋麵條給小伙子吃，若是明智的小伙子，他就會知道吃了雞蛋就該「滾蛋」了。如果雙方家長相看中意，則由男方提出訂婚。民間訂婚要備辦訂婚禮物（俗稱聘禮），聘禮中有些食物是必不可少的，茶葉就是其中之一。明人許次紓《茶疏》說：「茶不移本，植必子生。古人結婚，必以茶為禮，取其不移植之意也。」可見聘禮用茶，有「一經訂婚，決不解毀（改悔）」之意。

女兒出嫁，家母要在嫁妝中放一些具有特殊意義的食品，以示期望，如在被子角放上紅棗、花生、桂圓、瓜子等，取其「早生貴子」

---

① 參見楊華：〈戰國秦漢時期的里社與私社〉，載《天津師範大學學報》2006年第1期。

第四章 荊楚的飲食烹飪

之意，或在馬桶（現在一般用痰盂）裡放一些煮熟染紅的雞蛋和筷子，謂之「送子」。

新婚之日，男方要大擺宴席，民間謂之「喜酒」，婚宴一般分兩天舉辦。第一天迎親日，名為「喜酌」，第二天名為「媒酌」。喜酌的赴宴者為三親六戚，媒酌的赴宴者為親朋好友。在鄂東南地區，婚宴正式開始前，要先行一個「茶禮」。新娘在姑子的陪同下，給入席坐定的客人倒「喜茶」（舊時為紅糖水），名為倒茶，實為認親。小姑子給新嫂子介紹客人的稱謂，新娘隨後喊一聲「　　請用茶」，客人站起，接過茶杯喝完後，將早已準備好的紅包放進杯中，新娘收起紅包，再給下一位倒茶。一一倒完，茶禮結束，婚宴開始。

在民間，婚宴菜品的構成都有特殊的規定。農村許多地方，婚宴菜肴還有吃菜、看菜、分菜之別，所謂「吃菜」即是供客人在桌席上吃的菜。按理說，筵席上的菜肴都是可以吃的，但出於某種禮儀，有的菜卻只能看而不能吃，謂之「看菜」。因為這道菜象徵著某一種意義，此時它已成為某種寓意的寄託物。所謂「分菜」是指給赴宴賓客帶回去吃的菜肴。分菜一般是炸製或燒製的無汁或少汁菜，常作成塊狀或圓子狀，便於分裝攜帶。菜肴一上桌，由席長或同席長輩分給每位客人，客人取出早已準備好的布袋或手巾包好帶走。

3.生育食俗

十月懷胎，飲食為要。在民間，婦女懷孕後，為了達到預想的生育目的（生兒或生女）和順利生產，總是採取一些飲食手段來加以影響。如：要求孕婦多吃龍眼（乾品叫桂圓），以為多吃龍眼，生的孩子眼睛會像龍眼一樣又大又明亮。荊沔一帶，長輩總要孕婦吃藕，因藕多孔，多吃藕，希望孩子將來又白又胖又聰明，多長心眼。還有的地方要求婦女多吃豬腳，以求孩子將來走步早，會走路。

民間除了鼓勵、要求孕婦吃某些食物外，還禁止孕婦吃某些食物，如牛肉，說是吃了牛肉，小孩身上會多毛。禁止吃狗肉，以為狗

肉不潔，食後會導致難產。有的地方還忌吃生薑，認為孕婦吃了生薑，出生的孩子可能是六指。此外，有的地方為了達到預期的生兒、生女目的，常採取一些飲食手段加以影響，如「鹹男淡女」、「酸男辣女」等等，不一而足。

產婦進補最主要的方式是喝老母雞湯，所以親戚朋友送禮大多都是送雞，產婦產後一般要吃二三十只雞，有的地方還用紅糖進補，說是紅糖可補血。「產前一盆火，飲食不宜暖；產後一塊冰，寒物要當心」。這是民間對產婦飲食的科學總結。

孩子出生後，親戚朋友都要前往祝賀，主家則要設宴款待。親朋好友送的禮物大多數是吃喝的東西，如雞、鴨、肉、麵條、糯米等。主家則舉行隆重的「滿月宴」或「九朝宴」來款待。

第四節　荊楚名菜擷萃

有著2000多年發展歷史的楚菜，是寶貴的文化遺產，進入了中國十大菜系的行列。楚國的飲食風味世代相承，為了深入了解楚菜的歷史發展過程，現將幾款源於先秦楚國，並傳承至今、鄉土風味濃郁的楚菜，連同它們的歷史典故和民間傳說簡介如下。

一、荊楚魚圓

鮮鱗如玉刮刀甚，
汁和蔥薑得味深。
要向賓筵誇手段，
魚餐做出是空心。

這是晚清《漢口竹枝詞》中的一首描述魚圓製作工藝的詩，詩中

的「魚餐」即「魚圓」，又稱「魚丸」、「魚氽」，是荊楚著名的傳統佳餚，也是楚菜中的佼佼者，深為荊楚人民所喜愛。在楚地民間，每逢年節舉行家宴，或婚喪喜慶宴請親朋，幾乎都要烹製這道菜。且魚圓色澤潔白，質地軟嫩，魚肉鮮美，吃魚不見魚，無骨刺之煩惱，堪稱魚菜之絕作，魚肴之精品。

魚圓這一美味佳餚是如何創製的呢？

相傳，楚文王遷都到郢（今荊州江陵）以後，酷愛吃當地的魚鮮，幾乎達到無菜不魚的地步。但文王卻偏偏是個吃魚不會吐刺的人，每次進膳，總是面對豐盛的魚肴一籌莫展。據《荊楚歲時記》記載：一次，楚文王被魚刺扎喉後，當即怒殺司宴官。此後，廚師每給文王烹製魚宴，首先必將活魚斬頭去尾，剝皮除刺。儘管如此，也難免有時因細刺卡喉而使文王惱火，往往盛怒之下，便喝令處死做菜的廚師，於是，不知有多少御廚名師淪為刀下冤鬼，許多廚師便因此逃往他鄉。時有大臣建議出榜招賢，聘用會烹製無骨刺魚肴的名師。當獲得文王應允後，便立即行文張榜招聘。

張榜數天，有一位名廚應召擔任楚文王的御廚，但他烹製出的魚肴，仍不能令文王滿意。眼見厄運就要降臨到自己頭上，然而，他再也想不出好辦法來，只得木呆呆地站立在案板前，手握廚刀，用刀背狠狠地猛擊案板上的魚塊，以發洩憤恨之情。突然，他卻意外地發現魚肉與刺神奇地分離了，魚肉變成了細茸。這時，已快到楚文王用膳時間，慌忙之中他靈機一動，速將各種調味料和魚茸摻和在一起，然後擠成一個個的小圓子，氽入雞湯中奉獻給楚文王。文王見這漂浮在湯中玲瓏剔透、異常精美的魚圓肴饌時，感到驚奇，當品嘗時，入口即化，無刺無渣，且酥軟香嫩，色質味皆佳。文王頓時大悅，讚不絕口。自此，魚圓這一美肴便產生了。

魚圓這一特殊風味美肴產生以後，楚文王下令定為「國菜」，不許外傳。於是，魚圓便成為歷代宮廷御膳珍品，專供皇室帝王享受。

至元代時，還出現有炸製的魚圓，稱為「魚彈兒」，手藝日趨精湛，品種越來越多，由原先的普通魚圓，發展到現在的灌湯魚圓、空心魚圓、金包銀（肉圓包魚圓）、銀包金（魚圓包肉圓）、橘瓣魚圓等，而且還由魚圓發展為魚面、魚餅、芙蓉魚片、芙蓉抱蛋、魚糕、魚餃等衍生品。如今，魚圓已不再是皇室的專用品，而成為平民百姓的尋常肴饌。

二、江漢平原的蒸菜

孕育於長江中游的天門、沔陽、漢川等江漢平原飲食文化，由於境內河網縱橫交錯，湖泊星羅棋布，是中國主要的魚米之鄉，因而在飲食上也形成了與此相應的文化習俗，其蒸食文化聞名全國。而「蒸」是最能體現中國烹飪獨特的技巧，也是最能保留食物營養的烹調技法，「蒸」還是最能保持食物原味的烹調方法，任何不鮮不潔的菜，蒸製出來後暴露無遺。因此，蒸的好處非常多。

天沔蒸菜的歷史可謂源遠流長，考古資料證明，在距今五六千年前的江漢平原的京山屈家嶺、天門石家河文化遺址中，就出現過陶甑、陶壺、陶罐等陶器。其中甗、甑等都是蒸食器，反映了楚人蒸菜的歷史，所以蒸菜也是楚菜的一個重要組成部分。蒸菜起源於江漢平原天沔一帶，具有濃厚的鄉土氣息，並以其獨特的烹飪技法和風味特色聞名於世。在中國獨特的炊具——甑產生後，「蒸」法才得以問世。有了甑就有了「蒸」，距今已有6000多年的歷史了。《說文》：「蒸，火氣上行也。」這一時期，蒸可用於做飯，《周書》有「黃帝始蒸穀為飯」的記載，《詩經　生民》形容蒸飯說：「釋之叟叟，蒸之浮浮。」《正義》解釋說：「洮米則有聲，故言叟叟之聲，蒸飯則有氣，故言浮浮之氣。」顯然，這是指水吸收火的熱能，使甑的內壓形成百度以上的蒸汽。蒸也可用於做菜，《論語》中已提到「蒸豚（小豬）」，到戰國時楚國有美食「蒸鳧鳥（野雞）」，北魏時有名菜「蒸熊」、「蒸藕」，唐朝時有「醋蒸雞」，宋代有「蟹釀橙」，

係用蒸法。元時有蒸鱘魚，明清時有盞蒸雞、清蒸肉、藏蒸豬蟹丸（放入竹筒內蒸）、乾鍋蒸肉、黃芪蒸雞等。另外，《周禮 天官籩人》中提到的名點「餌」也是蒸成的。

蒸的歷史真可謂源遠流長。但在西方，直至當今，歐洲人也極少使用「蒸」法。像法國這樣在烹調術上享有盛譽的國家，據說法國大廚們連「蒸」的概念都沒有。說來有趣，西方人發明了蒸汽機，使人類進入了蒸汽時代，但東方人利用蒸汽的歷史卻比西方人為早，可見東方早在史前時代就進入了自己的「蒸汽時代」。

飲食文化的興衰與地區的物質文明、生態環境緊密相連。天沔地處荊楚中南部，江漢平原北部，屬長江和漢水交匯而形成的沖積平原。其北與大洪山餘脈的低丘相連，西南有漢水環繞，依山帶水，呈龍盤虎踞之狀。境內天沔河、漢北河橫貫腹地，皂市河、東河、西河等河流縱橫交錯，沉湖、華嚴湖、張家湖、白湖等湖泊星羅棋布，是名副其實的魚米之鄉。在長期的與大自然鬥爭的生產生活實踐中，天沔人民依靠漢江流域富饒的土地和豐富的自然資源，逐漸形成了獨具特色的蒸菜美食文化。

《九歌》是屈原據民間祭神樂歌改作加工而成，收〈東皇太一〉、〈雲中君〉等十一篇。在《楚辭 九歌 東皇太一》中有「蕙肴蒸兮蘭籍，奠桂酒兮椒漿」的詩句。「蕙肴蒸兮蘭籍」，意思是「用蕙草包裹著肉肴，底下墊著芳香的蘭草蒸製」。「肴蒸」，即是蒸肉肴。屈原的《九歌》寫於距今2000多年前，說明「蒸菜」這種飲食文化在2000多年前就進入了楚人的詩篇。

江漢平原蒸菜的產生與其地理有密切的關係。天沔是水鄉澤國，據記載，古代天沔是「一年雨水魚當糧，螺蝦蚌蛤填肚腸」。平民百姓吃不起粒粒如珠璣的大米，只有用少許雜糧磨粉，拌合魚蝦、野菜、藕塊投簞而蒸，以此充饑。久而久之，便發展成了馳名荊楚的傳統名菜。

天沔蒸菜輾轉相傳，代有增益，人們借用「素蒸」的方法進行「葷蒸」，開始蒸肉、蒸魚，並進行葷素「混蒸」。雖然天沔蒸菜過去僅限於「三蒸」——蒸菜、蒸肉、蒸魚，品種比較單一，但它仍然是天沔地區家家喜愛的菜肴。平常日子，逢有客來，東家就用「三蒸」待客。每到過年，在迎春接福之時，沿襲祖輩相傳的習俗，「清香三柱、清酒三樽、盤列三蒸、祀神祭祖」。「三蒸」，一般指蒸肉、蒸魚、蒸青菜，取「魚」與「餘」、「蒸」與「增」的諧音，表達人民年年增收，歲歲有餘的美好願望。

天沔蒸菜是楚菜的代表品種之一，與中國眾多的傳統佳餚一樣，它以厚重的歷史文化積澱，獨特的風味和精湛的技藝，形成了魅力無窮的美食文化。天沔蒸菜最傳統的技法有「粉蒸」、「清蒸」和「炮蒸」這三種。

粉蒸就是將要蒸製的食物原料和米粉或其他穀物類的原料拌在一起進行蒸製。粉蒸由於使用了米粉類的原料，葷素皆宜，米粉可以起到去油膩和增加米香的作用，使菜肴更具特色。其中最具代表性的是粉蒸茼蒿，顏色翠綠，清香鮮軟。粉蒸豬肉，色澤棕紅，滋味鮮美，肥而不膩。粉蒸雞塊，顏色微黃，軟嫩味香。粉蒸甲魚，色澤調和，肉質嫩軟，膠質味鮮。還有一種在天沔很有名的「竹篙打老虎」，亦稱壓桌菜，就是用蓮藕、豬肉相混後拌上米粉、調料上籠蒸熟而成。此菜既有蓮藕的清香軟和，又有豬肉的滑潤。

清蒸是把食物放入調好調料的湯或汁中，再入籠進行蒸製。其中最具代表性的是清蒸全雞和清蒸鯽魚。這兩種菜形態完整，原色原味，肉爛脫骨，醇香可口。

炮蒸，是在粉蒸無鱗類的魚時，用滾燙的食油處理其表皮，使表皮形成一些泡狀。其中最具代表性的是炮蒸鱔魚。

第五章　湖湘飲食文化

　　湖南古為楚國之地，如果說今日的鄂菜源於楚菜的話，那麼湘菜與鄂菜是同出一脈，也是以楚菜為母體演化而來。在歷史的長河中，湖湘人民憑藉優越的自然資源，以超人的智慧才能，創造出了享譽世界的飲食文化，這就是湘菜。

第一節　湖湘飲食文化的起源

　　湖南地處長江中游，湘資沅澧水系網貫全境，總匯入洞庭湖。土地肥沃，氣候濕潤，有著人類賴以繁衍生息的優越自然條件。考古發掘材料證實湖南是我國古代文化發達的地區之一。湖南因為大部分面積位於洞庭湖以南，故名湖南。

　　湖南在夏、商時期地屬天下九州之荊州；春秋戰國時期為楚國屬地；自秦王朝建立，便出現獨立的長沙郡和黔中郡（戰國時期楚國置，秦代獨立，治所在今常德一帶，時為臨沅縣，漢代改為武陵郡）；後屢有改置，但始終是一個獨立的地理行政區劃。境內民族構成複雜，除後來形成的漢民族外，還有古稱「苗蠻」、「五陵蠻」的諸多民族。這一獨特的地理、歷史、民族、風俗等文化因數，共同奠

定了湖南飲食文化的基礎。

一、先秦時期的湖湘飲食文化

湖南新石器時代遺址以洞庭湖一帶最為密集，重要的有澧縣彭頭山、宋家臺、丁家崗、華容車軸山等，在湖南新石器時代華容車軸山遺址中，發現了稻穀殼、炭化的大米和儲存大米的窖穴。另外，在澧縣彭頭山，八十壋新石器時代遺址中亦發現稻穀遺存，這些稻穀遺存的出土，證實了湖南先民們在8000年以前，除了以採集和狩獵獲得食物外，稻米亦作為飲食的一個來源。在這些文化遺存中發現了大量精美的飲食器具和與飲食有關的陶器。陶器在湖南先民生活上的使用，標誌著人們的飲食生活由「食草木之實，鳥獸之肉」向蒸煮熟食生活演變，對人類的進化有重大意義和深刻影響。

湖南新石器時代遺存中還發現許多鹿、豬、狗等家畜骨骼和捕魚用的網墜，狩獵用的石球和箭鏃，在發現古栽培稻的道縣玉蟾岩新石器時代遺址中，同時還出土了大量的動植物化石。這些動物化石大致可以分為哺乳類、鳥禽類、魚類、龜鱉類、螺蚌類、昆蟲類等。經鑒定，其中哺乳動物有熊、貉、靈貓、鹿（鹿類動物有水鹿、梅花鹿、赤鹿、小麂、麝）、豬、牛、羊、竹鼠、青鼬、豪豬、水獺、豬獾、狗獾、食蟹獴、斑靈狸、花面狸、椰子狸、野貓、大靈貓、小靈貓、獼猴、兔、鼠等28個種屬；鳥禽類動物有雁、鴨、天鵝、鷺、鶴、鴛鴦等27個種屬，其中水棲禽類有18種；魚類有鯉魚、草魚、青魚、鱤魚等，今天四大家魚中的三種已經位列其中；龜鱉類有鱉、隱頸龜等；螺蚌的種類為數眾多，蚌類有7種，螺類有26種以上，其中肯定作為人類食物的有5種。由此可見，湖南先民們在飲食種類上除食用大米、瓜果外，各種肉類和魚也是他們主要生活的食料[①]。這說明在新石器時代，湖南先民的食物種類是很豐富的。這為湖南飲食文化的

---

① 熊傳新：〈新石器時代湖南飲食器具的發現及其特徵〉，載《中國烹飪》1989年第8期。

發展，特別是湘菜的形成奠定了深厚的基礎。

　　春秋戰國時期，湖南為楚國南境，因此，飲食風貌帶有很深的楚文化烙印。這時，屈原放逐沅湘，在顛沛流離中他廣泛地接觸到楚地民間的宗教、飲食等風俗民情，並寫下了《楚辭　招魂》，從〈招魂〉中，我們不僅能看到楚地食品之豐富，選料之精細，烹飪技藝之高超，還可以體察到其調味的考究。〈招魂〉雖說是一部文學作品，但其表現出的飲食文化是源於現實生活的，至少可以反映這一時期上層貴族奢侈的飲食生活。尤其重要的是，通過〈招魂〉，我們依稀可以看到湖南飲食喜酸嗜辛風俗的淵源。與此同時，在楚國民間，飲食製作還保留著原始古樸的一面。例如，在煮食米飯時，除採用一般的炊具外，有時還就地取材煮食。荊楚多竹，山民在外幹活，往往以竹筒為炊具，鑿一小孔將淘洗好的大米和水置於其中，堵實，捆以草繩，外塗稀泥，直接置於火中燒烤。熟後將竹筒洗淨，一劈為二，一截竹筒，既為炊具，又為盛器，簡省方便，且飯食特別清香。又往往折竹枝、木條為筷。由是推測中國特殊進食工具筷子的起源，可能與此有關。

　　以樹葉、草葉包裹米、麥煮食，亦為荊楚民間一大特色。楚地多闊葉植物，為包裹米麥提供了方便。如粽子，是用嫩蘆葦葉（湖區）或粽竹葉（山區，其長尺餘，闊6～8公釐）包糯米，用棕樹葉繫牢，然後煮食。農家所做糍粑，往往以芭蕉葉裹嚴，放於炭火中燒烤。還有蕎麥餅，往往以油桐樹葉包嚴煮食。用此法做出的食物，帶有樹葉、草葉的清香，特別可口。從世界食物炊煮方法的發展譜系看，這種方法相當原始，且極為簡便，應該是在鼎、釜、甑、鬲等炊器發明以前，原始時代人們將小顆粒的穀米加工成熟食時所常用的方法。至於大塊莖的植物如紅薯、芋頭，不必包裹可直接燒烤至熟，食用時較米、麥、粟等方便得多。因此，南方民族常見的五月端午包粽子，應該是人們對於遠古時代野地生活的美好回憶。

第五章　湖湘飲食文化

民間副食的製作，亦不乏原始的成分。熟食禽獸魚蚌，也見有不用鍋釜炊具者。湘西獵人獲得獵物，往往直接以火烤食。民間一些偷魚賊在偷魚前，先取一魚，盜首以此魚祭神，然後以荷葉之類包裹，置柴火中燒烤食用。據說行此巫術之後，滿池大魚盜盡而不會被人發現。此當為原始捕魚巫術之殘餘。古代荊楚，地廣人稀，出外狩獵捕撈，皆人跡罕至之處，又不便攜鼎釜瓢盆，只能因地制宜，隨處取竹木草葉，以為炊具，以供熟食。這種古老的方法，今日只在特殊場合偶而為之。

　　以上這些材料，都為《楚辭　招魂》中所謂「食多方些」提供了充分的證據，也說明頗具特點的湘菜正在孕育之中。

二、秦漢時期的湖湘飲食文化

　　到秦漢時，湘菜的烹調技術漸趨成熟，已經完全從楚菜中分離出來，逐步形成了一個從用料、烹調方法到風味風格都比較完整的體系。其使用原料之豐盛，烹調方法之多彩，風味之鮮美，都是比較突出的。1972年從湖南長沙馬王堆的軑侯妻辛追墓出土的隨葬遣策中可以看出，在2000多年前的西漢時，湖南的精美肴饌已達百餘種，遣策中共計有103個品種屬於菜肴和食物，僅鹿肉食品就有8種，如：

　　鹿雋一鼎（簡27），鹿肉鮑魚筍白羹一鼎（簡28），鹿肉芋白羹一鼎（簡29），小菽鹿脅白羹一鼎（簡30），鹿臘一笥（簡31），鹿脯一笥（簡32），鹿炙一笥（簡33），鹿膾一器（簡34）。

　　鑒於馬王堆漢墓中與鹿有關的隨葬食品較多，王子今先生在〈馬王堆1號漢墓出土梅花鹿標本的生態史意義〉一文中指出：「馬王堆1號漢墓出土動物骨骼中，梅花鹿的數量僅次於家雞，位列第二。考慮到有竹笥籤牌寫明「鹿脯笥」，卻未能作出相應鑒定的情形，則實際上以鹿肉為原料的隨葬食品共10件，與雞同樣居於首位。鹿肉製品列於『大羹』之中，也反映鹿在當時飲食生活中的地位。馬王堆1號漢墓出土梅花鹿骨骼和相關資料，有益於增進對生態史的認識。結合長

沙走馬樓簡牘皮革徵斂以『麂皮』、『鹿皮』數量最多等資料，也可以推知當地生態環境的總體形勢。」[1] 這說明湖南當時的環境是很溫和的。

肉羹的種類也很多，可分為五大類24個品種，如用純肉燒的叫太羹，是羹中品質最好的，有9個品種均為濃湯；用清燉方法煮的湯叫白羹，如牛白羹、鹿肉芋白羹、鮮鱖藕鮑白羹等7個品種；加芹菜燒的肉羹叫巾羹，有狗巾羹、雁巾羹、鯽藕巾羹3個品種；用蒿燒的肉羹叫逢羹，有牛逢羹、豕逢羹；用苦菜燒的肉羹叫苦羹，有狗苦羹和牛苦羹兩種。

此外還有70餘種食物，如「魚膚」是從生魚腹上割取的肉，「牛膾」、「鹿膾」等是把生肉切成細絲狀的食物，「熬兔」、「熬鵪鶉」是乾煎兔或鵪鶉之類。

從出土的長沙馬王堆西漢遺策中還可以看出，漢代湖南飲食生活中的烹調方法比戰國時期已有了進一步的發展，出現了炙、煎、熬、蒸、濯、膾、臘、炮、娶、醢、苴等多種烹調方法，烹調用的作料有鹽、醬、豉、曲、糖、蜜、韭、梅、桂皮、花椒、茱萸等。

另外，這時馬王堆1號漢墓出土的矮足漆案上放置的一雙竹箸，說明箸已成為楚地人們日常生活的主要食具。據先秦文獻記載，箸是用來夾取羹湯中的食物的。《禮記　曲禮》：「羹之有菜者用梜，其無菜者不用梜。」但是該漆案上除了放置1個漆卮和5個漆杯外，只放置5個漆盤。而漆盤是不適宜用來盛放羹湯的，應是盛放不帶湯水的菜肴。可見，至少到了西漢時期，箸已用來夾取其他食物，是人們進食時的主要器具。考古實物也證實這一情況，如湖北江陵鳳凰山167號西漢墓出土10件竹箸，長24.5公釐、徑0.3～0.5公釐，還出土裝竹

---

① 　王子今：〈馬王堆1號漢墓出土梅花鹿標本的生態史意義〉，載《古代文明》第2卷，文物出版社2003年版。

箸的箸籠。一墓出土10件竹箸以及箸籠的出現，也表明箸已不是偶然使用的器具。

繼長沙馬王堆漢墓後，1999年，考古工作者又在沅陵虎溪山發掘出湖南地區第二座未被盜掘的王侯墓，這是湖南西漢考古的又一重要發現。該墓最重要的發現是在頭箱和北邊箱中出土了千餘支（片）竹簡，約3萬字。竹簡文字清晰可辨，字體秀美，保存完好。內容有圖書、刑德、黃籍、「美食方」四大類。以黃籍和「美食方」最為重要。黃籍記載了沅陵侯國所屬各鄉的戶口人數和分次調查統計的變化及變化原因，為研究西漢前期侯國的戶籍檔案制度提供了重要材料；「美食方」簡則出土於北邊箱，無一完整，其完整的簡長當在40～50公釐，寬0.6公釐，三道繩編切口，每簡書寫60～70字，它記載了當時許多種植物或動物的加工製作方法，其中有關米飯的製作方式就有好幾種，由此可見當時對「美食」的講究和重視。此一發現填補了古籍中有關古代食物製作流程記載的空白，成為中國飲食史上難得的文字記載。

明清以降，湖南烹飪進入黃金時代。海禁大開，貿易發達，長沙、岳州開埠，商旅雲集，物產暢通，大大地促進了市場的繁榮，湘菜也有了長足的發展。湖南官吏迎接京都大臣時，皆以湘味筵席招待。清代中葉以後，長沙城內出現了專營湘味的菜館，他們還經常聚會，互相切磋烹飪技藝，傳授弟子，初步形成了湘菜的烹飪技術理論，也研製了一批頗有特色的名菜，成為全國八大菜系中一支具有鮮明特色的湘菜系。

第二節　湖湘飲食的特色

湘菜不僅有多樣的烹飪方法，而且由於湖南的自然資源豐富，物產眾多，洞庭、三湘既是漁米之鄉，又饒山珍野味（湘西、湘南盛

產蕈、筍、雉、兔）。殷實豐厚的物產資源為湘菜及湖南飲食提供了良好的條件。《呂氏春秋　本味篇》載：「菜之美者，雲夢之芹。」「魚之美者，洞庭之鱄，東海之鮞，醴水之魚。」其讚美絕非過譽。自古以來，湖南確實擁有農林漁副牧諸方面眾多的名貴特產，比如洞庭金龜、武陵甲魚、祁陽筆魚、桃源（或東安）雞、臨武鴨、武岡鵝、寧鄉（或長沙）豬、湘蓮、香米、銀魚、娃娃魚……應有盡有。名廚的工善其技，為湘菜的獨具一格及飲譽中外奠定了堅實的基礎。

湘菜具有用料廣泛，取材精細，刀工講究，烹飪技法重煨、烤、溜、炒、爆、燉，味別多樣，菜式適應性強等特徵。

一、嗜酸喜辣

首先，湘菜尤重酸辣，是與其地理環境及氣候特點有密切關係的，因湖南河流多、山區廣，空氣中濕度大，人體散濕不暢，所以湖南人習慣吃酸辣，用以去濕、祛風、去寒。

正如清人寫的《保靖志稿輯要》中所云：「土人於五味，喜食辛蔬。茹中有茹椒一種，俗稱辣椒，每食不徹此物。蓋叢岩邃谷間，山泉冷列，嵐瘴鬱蒸，非辛味不足以溫胃健脾，故群然資之。」[1]另外，受地理環境的影響，湖南大部分地區適用於辣椒的栽培，吃的人多了，便促進了辣椒的種植，供需良性循環，因而逐漸形成了嗜辣的習慣。

其次，喜酸辣與楚文化的飲食傳統有關。楚人嗜食酸味，早在先秦兩漢便有了口碑，《淮南子》曰：「煎熬焚炙調齊和之適，以窮荊吳甘酸之變。」[2]高誘注云：「二國善酸鹹之和。」《黃帝內經》中亦云，東方之民「食魚而嗜酸」，南方之民「嗜酸而食胕」，這些證明重酸味是先秦乃至後世楚與吳菜系的一大特色。楚人喜酸的飲食特點，在考古中也有反映，馬王堆漢墓遣策中記錄了9種羹，其中酸羹有7種：

---

① 《保靖志稿輯要》卷四〈風俗〉。
② 《淮南子　本經》。

「牛首誇（菇）羹一鼎」、「羊誇羹一鼎」、「承誇羹一鼎」、「豚誇羹一鼎」、「狗誇羹一鼎」、「雉誇羹一鼎」、「雞誇羹一鼎」[①]。

六朝時期，宗懍《荊楚歲時記》對荊楚一帶（今湖北、湖南）食俗嗜酸亦有載述：「仲冬之月，採擷霜蕪菁、葵等雜菜乾之，並為鹹葅。有得其和者，並作金釵色。今南人作鹹葅，以糯米熬搗為末，並研胡麻汁和釀之，石笮令熟，葅既甜脆，汁亦酸美，呼其莖為金釵股，醒酒所宜也。」此文獻對酸菜的做法、功能及其色、香、形、味均作了具體而生動的描述，宛如歷歷在目。早在1000多年前，楚地民眾就能做出如此技藝高超的酸菜，確實令人讚賞不已。

從長沙馬王堆漢墓中還出土了多種調味品，反映出西漢時期湖南地區居民喜歡吃酸、香、苦、辣的飲食習慣。湖南氣候潮濕，氣溫偏熱，而辣椒、生薑等食物有提熱、去濕、祛風的功效。再加上湖南人以米飯為主食，酸辣之味可以刺激唾液分泌，令人食欲大增。豆豉是豆類加工而成的調味品，如果以豆豉炒大蒜、辣椒，或者蒸臘味，味道猶為鮮美，是湖南人喜愛的家常菜。馬王堆漢墓中出土大量豆豉，說明湖南人用豆豉作調料的習慣已有2000多年了。

從以上的材料中，可以看出，湖南人嗜酸喜辣的飲食風習，雖然直接淵源於先秦時期的楚國飲食文化傳統之中，但更多是湖南特定的地理和社會文化環境的作用。地理位置及社會文化因素影響了湖南對食鹽的需求，又因氣候多雨潮濕因素形成嗜辣之習，最終使湖南嗜酸喜辣之風得以定型並形成自己的飲食特色。

二、臘味清香

湘菜還有一個重要特色，就是善於運用臘味製品做各式菜肴，俗稱臘菜。這種方法也是源於楚人的傳統，在《楚辭　招魂》中的「露雞臛蠵，厲而不爽些」，所謂「露」，即暴露風吹；「露雞」，就是

---

① 宋公文、張君《楚國風俗志》，湖北教育出版社1995年版，第26頁。

以鹽漬後的雞，暴露於露天而風乾之雞，即今日之所謂「風醃雞」，包括風醃鴨、風醃肉等。

臘菜有煙熏的清香，色澤美觀，香味濃醇。經過煙熏的臘製品，有防腐作用，易於保藏。煙熏方法有敞爐熏（即熏缸熏），以及密封熏（即熏鍋熏）兩種。

敞爐熏，即在普通火爐內（或火缸）放幾根燒紅的木炭，上面蓋上一層核桃木屑、茶葉、稻殼、橘子皮和糖等，冒出濃煙，將食品掛在鉤上，或用篾箕盛著在煙上薰製。

密封熏，即把上述燃料放在鐵鍋裡，上面找一鐵絲熏籃，將食品放在籃內加蓋，然後將鐵鍋放在火上烘，使鍋內燃料冒煙來薰製。

湘菜臘味名肴是「臘味合蒸」，它是以臘雞、臘肉等為主料蒸製而成。其製作方法是：將臘雞、臘肉、臘雞肫、臘舌用溫水洗一下，上籠蒸熟取出，稍涼。臘雞砍成5公釐長、2公釐寬的條，臘雞肫切成6毫米厚，臘肉切成4公釐長、4公釐寬、6毫米厚的塊，臘舌切成6毫米厚的片，分別扣入碗內，加入料酒，或加入豆豉、乾紅椒末，然後上籠蒸一小時左右，取出翻入盤中，淋香油即成。這道菜的特點是顏色深紅，鹹香多味，肥而不膩，具有獨特的煙熏風味，是湖南民間冬春季節餐桌上常食的菜肴。

從《楚辭 招魂》所記載之「露雞」，到今天湖湘民間流傳製作的傳統臘味製品，都可以看出，湖湘特色食品和楚國飲食文化的源遠流長，一脈相承。

第三節　湖湘風味小吃

一、湖湘風味小吃的起源

湖湘小吃，歷史悠久，早在2000多年前，楚地就有諸多膾炙人

口的風味小吃。在長沙馬王堆西漢墓中,也就出現過各式糕餅等小吃品種,如簡122「㩆足(焙炷)一笥」,簡123「卵粲一器」。據《集韻》所言,㩆足或作焙炷,屬餅類。卵,蛋也。粲,《說文解字》曰:「稻餅也。」由此可知,卵粲為米類加工的蛋餅,㩆足則為麥麵粉製成的餅子[1]。這些小吃品種為後世湖湘小吃的發展奠定了良好的基礎。

經過長時期的歷史發展,到清代時,湖湘小吃已從民間家庭製作轉向商業性經營,據清末出現的《湖南商事習慣報告書》中介紹,當時湖湘小吃就分有米食、麵食、肉食、湯飲、鮮食、豆製品等類,數十個品種,市肆出現「朝則油條之類,夜則河南餅之類,皆提籃唱賣。又有餃餌擔,兼賣切面、湯圓。夜行搖銅粲,敲小梆為號,至四、五鼓不已」的景象。此時的食攤和小賣店較注重品質,以自己的獨特風味相號召。

二、食粽習俗的來歷

我國食粽習俗的起源,也來自湖湘。

農曆五月初五,是我國傳統的節日——端午節,又叫端陽節。每逢端午節這一天,大江南北,到處酒粽飄香,尤其是江南廣大地區,素有吃粽子的風俗習慣。

為什麼要在端午節吃粽子?民間流傳的說法頗多,而最廣泛,也最為人們所樂道的,當數關於屈原的典故了。

屈原是戰國時的楚國人。他自幼刻苦學習,是我國歷史上偉大的詩人。由於他處在楚國的衰落時期,一生坎坷。

戰國中期,楚曾是秦之外最強大的國家,它與齊結成聯盟,成了秦吞併六國的最大障礙。秦為了拆散楚齊聯盟,便派主張連橫的國相張儀出使楚國,對楚懷王許願說,楚若與齊絕盟,秦將劃出600里之

---

① 宋公文,張君《楚國風俗志》湖北教育出版社1995年版,第21頁。

地送歸楚。楚懷王對秦國明顯的欺騙沒有識破，信以為真地準備和齊絕交。更為可悲的是，許多大臣都知道楚懷王會上當，但為了自己的榮華富貴，還是慫恿楚懷王按張儀說的去做。屈原知道後，就立即出面勸阻，指出秦國在楚、齊之間斷絕關係後，一定會採取各個擊破手段，對楚國下毒手。誰知楚懷王不僅不聽屈原的忠告，反而疏遠他，免除了他的官職。不出屈原所料，楚懷王果然上當，不僅沒有得到秦許諾的土地，還因背盟遭到齊國的攻擊。秦國更是兇狠，將楚懷王騙到秦國做人質，兩次派兵攻打楚國，奪去了大片楚地，楚懷王最後也客死秦國。楚頃襄王即位以後，忠心愛國而又剛毅耿直的屈原又受到朝臣小人誣陷，被流放江南。

西元前278年，秦昭王派大將白起攻陷楚國已有幾百年歷史的首都——郢（今荊州江陵），楚國百姓飽受戰火和顛沛流浪之苦。這時流亡到汨羅江邊的屈原，看到君臣逃亡，國家殘破，首都陷落，人民受難，他「哀州土之平樂兮」，「悲江介之遺風」，心如死灰，農曆五月初五那天，懷著憂傷心情寫了他的最後一篇詩歌〈懷沙〉，便抱恨投湖南汨羅江自殺。

老百姓看到忠心愛國的屈原投江殉國，都無比悲憤，他們紛紛駕著舟船到汨羅江裡去打撈屈原，將米飯、雞蛋投入江中讓魚蝦蟹鱉吃飽，不使其傷害屈原的屍身，還有一位老醫生拿來一罈雄黃酒倒進江裡，想醉暈蛟龍水獸，防止它們咬壞屈原軀體。以後每逢這一天，人們都要劃龍舟，向江裡投食物，喝雄黃酒來紀念屈原。由於投向江裡的米飯太零散，老百姓就用竹筒貯米做成筒粽，也有用箬葉包上糯米，用五彩線纏紮成菱形角粽，扔進江裡，使其迅速下沉。這種風氣很快向各地傳播，並歷代相傳，將嘗黍祭祖先演變為端午節食粽祭屈原。因為屈原是農曆五月初五投江，人們便把這一天定為端午節，並在這一天裹粽子，吃粽子。

唐人文秀〈端午〉詩云：「節分端午自誰言，萬古傳聞為屈原。

堪笑楚江空渺渺，不能洗得直臣冤。」在屈原故里鄂西秭歸，人們更是懷著對愛國詩人深摯熱愛的崇敬之情，每逢端午節，都以「賽龍舟」、「吃粽子」來紀念屈原。南宋大詩人陸游在西蜀返回東吳途中，經過秭歸時，恰逢端午龍舟盛會，即興賦〈歸州重五〉詩一首，詩云：「鬥舸紅旗滿急湍，船窗睡起亦閑看。屈平鄉國逢重五，不比常年角黍盤。」至今，秭歸民間還流傳這樣的歌謠：「有棱有角，有心有肝，一身潔白，半世煎熬」，「大水茫茫，眼淚汪汪，淹死懷王，莫死忠良。」歌謠充分表達了人民對含冤負屈而死的屈原的同情和懷念。

食粽習俗，歷代相傳，時至唐宋，食粽尤為盛行。唐明皇有「四時花竟巧，九子粽爭新」的詩句，唐人姚合有「渚鬧漁歌響，風和角粽香」的詩句。北宋蘇東坡也寫有「不獨盤中見盧橘，時於粽裡得楊梅」之詩。由此看來，在當時，粽子已經成為宮廷和民間的節令食品。

食粽之俗，經久不變，以至後來連港澳、日本、東南亞等地都非常盛行，因為粽子具有「香糯甜美」的特殊風味，故越傳越廣。自古以來，粽子名品逐漸增多，如今常見的粽子有赤豆粽、紅棗粽、柿乾粽、洗沙粽、鹹肉粽、火腿粽、鮮肉粽、排骨粽、雞肉粽、脂油粽、八寶粽、什錦粽……數不勝數，實在是品類繁多，風格各異。

第六章　楚國周邊民族飲食文化

楚國周邊的少數民族以土家族和苗族為主，他們生活在楚國的西部，俗稱鄂西和湘西，這裡是古代巴人生活的地方，如今這裡的民族主要為土家族和苗族。

第一節　鄂西飲食風味

在鄂西土家族人民世世代代生息繁衍的這塊廣袤的土地上，山勢雄偉，河流縱橫，物產豐饒，風景秀麗。氣勢磅礴的武陵山脈，山巒起伏，雲霧繚繞，珍木遍布，奇花叢生。大大小小縈回環繞的河溪，曲折逶迤，特別是800里清江水，波浪翻滾，奔流不息，兩岸風光秀美雄奇。

清江古名夷水，又稱鹽水。因流域內岩溶地貌廣布、植被覆蓋率高，江水清澈而得名。

清江是荊楚境內除長江、漢江幹流外的第一大河，源頭位於利川齊嶽山脈、福寶山麓清水塘。幹流自西向東橫貫鄂西土家族苗族自治州和長陽土家族自治縣，在枝城市陸城鎮北注入長江，全長425公里，河源海拔1430公尺，河口海拔48公尺，幹流總落差1382公

尺，平均坡降1.88%。

清江流域面積16 700平方公里，呈狹長形，幹流兩岸支流呈羽毛狀排列，比較短促。河長超過100公里的支流只有忠建河和馬水河，集水面積500平方公里以上的支流有7條。

清江流域位於西南氣流通道上，水汽來源比較充足，降水豐沛，是荊楚暴雨中心主地區之一。全流域多年平均降水量超過1400毫米，比湖北全省均值高出250毫米左右。其中位於武陵山區鶴峰縣的太平站多年平均雨量達2175毫米，為全省之冠。五峰3日暴雨量為1076毫米（出現於1935年7月），長陽都鎮灣站24小時雨量達630.4毫米，12小時雨量達545.6毫米（1975年8月9日），三項記錄均為長江流域之冠。

由於鄂西清江流域氣候溫暖濕潤，雨量充沛，因而具有發展農業經濟的優越自然條件。武陵山脈峰嶺重疊，蘊藏著相當豐富的植物資源。大面積的原始森林裡，密集著溫帶——亞熱帶落葉喬木樹種，堪稱世界上少有的綠色寶庫，是國家重點植物保護區。珙桐的大面積混交群落，植物學界譽之為孑遺植物的「中國鴿子樹」。水杉的母樹叢林，有「生物活化石」的美稱。銀杏、香榧、鵝掌楸、紅花木蘭、伯樂樹、紅豆杉、林蓮等數十個珍稀樹種，根深葉茂，常年旺盛。在清江流域的良田沃土裡，種植著水稻、包穀、薯類、麥類等農作物。漫山遍野之中，油桐、生漆、茶葉、烤煙等經濟作物應有盡有。鄂西的「壩漆」，都是享譽中外的名產。

從大量文物考古資料看，鄂西土家族地區也是我國早期人類發祥地之一。鄂西的建始、巴東等縣的「南猿」化石，是更新世地質年代的遺存。長陽縣的「長陽人」化石，說明清江流域在10萬年以前，已有古人類繁衍生息，也說明遠在有關巴人的記載之前，該地區就有古人類活動。在長期的歷史發展中，鄂西土家族人民依據清江流域富饒的土地和豐富的自然資源，逐漸形成了獨具特色的飲食習俗。

一、地域飲食特色濃郁

鄂西土家族人以包穀、土豆、紅苕、大麥為主食，這與居住深山有關。「鄉人居高者，恃包穀為接濟主糧；居下者，恃甘薯為接濟正糧。」「收藏甘薯必挖土窖，欲其不露風也」，這是一種保鮮防腐技術，窖中甘薯食用如鮮。「收藏包穀及雜糧，或連穗自懸屋角，或於門外編竹為困，上覆以草，欲其露風也。」[①] 露風晾乾的包穀雜糧比放在屋內炕烘而乾的食用起來香醇得多。高山鄉民用包穀熬糖，再用包穀、稻穀炒製的米花製作成「糖包穀托」和「鮮穀餅」，加上核桃、板栗、葵花子（向日葵）等，成為高山特有的點心。無稻穀的高山地區人民把包穀泡脹後用石磨梭成穀「米」，作為節日食用和待客的佳品。低山地區的人民用糯米做米酒，又稱醪糟，用糖和芝麻做餅以及柿子曬晾成餅，成為低山特有的點心。城裡人用芝麻、陰米和糖製作各式各樣的糕點糖食就更為豐富。地域性還表現為豐富多彩的風味菜肴與食譜。土家族在長期的日常生活中，根據本地的物產，造就出許許多多獨具地方風味的菜肴佳品，素淨而味美。

土家族的飲食習俗受地理環境的影響很大。土家族居民所居之地氣候潮濕，所謂「高處不勝寒」，需驅寒散濕，故有喜食辣椒的習慣。又因山路崎嶇，交通不便，購物較難，為解決日常飲食之需，民間都採用醃漬貯存的方法，每家每戶都有一些酸菜罈子。因醃製的食物含有酸味，又能刺激人的食欲，所以形成了以酸辣為明顯特徵的飲食風味。

人們日常所食，幾乎餐餐不離酸菜和辣椒，酸菜是用青菜、蘿蔔、辣椒等用鹽水醃泡而成，成品酸脆爽口。土家族常將辣椒作為主料食用，而不是做調配料。他們習慣用鮮紅辣椒為原料，切開半邊去籽，配以糯米粉或包穀粉，拌以食鹽，入罈封存一段時間，即可隨時

---

① 李勖《來鳳縣志　風俗志》，清同治五年刻本。

食用。因配料不同稱為「糯米酸辣子」或「包穀酸辣子」。烹調時用油炸製，光滑紅亮，酸辣可口，刺激食欲，為民間常備菜。

土家族的酸肉、酸魚、臘肉別具風味。酸肉是以肥膘為原料，切成重約二兩的塊，配以食鹽、五香、花椒粉醃漬數小時，再拌和包米粉，入罐存放半月即成，食時配以其他佐料燜製，其味微酸有黏性，油而不膩。酸魚的製法是：在春耕季節，土家族農戶購回魚種，當地稱它為「呆魚」，利用稻田養殖，秋收捕撈，每條約重半斤以上。製作時，去內臟洗淨，肚內填以包米粉或小米、燕麥粉、麵粉均可，拌以食鹽，置罈中密封，存放一二年之久而不變質，生熟可食。一般用油炸製，色澤金黃，具有焦、香、酸、脆的特點，不加佐料，民間常備，以待賓客。

每年春節前夕，土家族家家戶戶紛紛用豬肉薰製臘肉，為新的一年開始而作貯備，或作為禮物饋贈親友。當地稱為「土臘肉」的製作方法，世代相傳。製法是將豬肉切成大條塊，用食鹽、花椒、山胡椒醃漬一星期，再煙熏兩三天，抹灰除塵，將植物油燒沸，澆淋在臘肉的整個表層，放在陰涼處吹乾，存放在稻穀堆內埋藏，也可放在植物油內浸泡，兩三年內不變質。薰制好的臘肉，炒回鍋肉片，肥而不膩，色澤橙黃；精肉色嫣紅，肉鮮嫩，味清香，是宴中佳品。土家族的臘羊肉特別香，炒時加以辣椒、生薑、大蒜、橘葉，是下酒的好菜。

二、節日飲食豐富多彩

鄂西土家族人民十分講究節日的飲食，不同的節日，飲食品種和方式具有不同的特色，漸演成俗。下面我們擇其主要食品作一介紹。

逢年過節或來了至親好友，土家人的餐桌上往往會擺上一碗血豆腐。血豆腐是土家族的傳統菜，用新鮮的豆腐加上乾淨的豬血，拌以食鹽、辣椒、花椒、橘皮、肥肉末，用手捏成塊狀，放在柴草煙上熏烤，以表面稍黑，內質稍硬為度。食用時可以切成薄片，加以豬肉爆

炒，也可以切成細絲，加上辣椒、香蔥炒製。入口時令人覺得清香酥軟，大開胃口，是一道下酒佐食的佳餚。

土家族逢年過節，都要打糯米糍粑。先將糯米洗淨（也有用小米、高粱和糯米拌包米的），泡上一兩天，再濾乾蒸熟，盛在粑槽內，用錘打爛，捏成坨子，大小均勻，壓成圓形，上下面塗有食用油，製成風乾幾日，泡在罈子裡，十天半月換一次水，這樣，可以放到端午節，經久不壞。吃時只需文火烤熟，又方便又快速，再蘸上芝麻糖粉或酸菜、醬豆腐之類小菜，酸甜鹹辣各隨己欲，吃得津津有味。

土家族為兒子定親或走親拜年，一對宛如明月的大糍粑是不可少的，這也是團圓的象徵。土家族在招待客人時，也可以把糍粑切成一小塊一小塊的與甜酒一起煮著吃，吃時也別有風味。

有人在打糍粑時，將豆粉包在中間，然後用油炸，這種糍粑脆香鬆軟，卻不膩人，非常可口。平時，用猴梨葉包糍粑，糍粑內包豆粉或豬肉，再在鍋內蒸熟，也是一種味美的食品和待客的佳品。

一些地方的土家族人還有吃「社飯」的習慣。所謂「社飯」，就是在山坡上挖來一種叫「白蒿芝」的野菜，洗淨切碎，加上肉丁，與糯米拌勻，放適當的鹽，用蒸籠蒸熟即成。社飯很有風味，做社飯的時間在二月初五到三月十五，稱為「社日」。在「社日」中，集市上會有大量的「白蒿芝」出售，如今住在城鎮的土家族人不必去野外採集，花費幾塊錢就可買到一大筐。

栽秧雖稱不上土家族的正式節日，但屆時山村也像過節一樣熱鬧，大人小孩喜氣洋洋，節日氣氛十分濃郁。鄂西一帶的土家族農民，在每年栽秧那天，家家吃「栽秧湯圓」。湯圓的成分是90%的糯米加上10%的黏米，分別以糖和豬肉做餡，香甜鮮美。吃時，每碗盛四個或五個，分別象徵四季發財和五穀豐登。

團饊是土家人特有的風味食品，它是選用色白粒狀的大糯米製

101

成。先將糯米淘洗乾淨，浸泡一夜後入甑蒸熟。以圓形竹圈作模，用飯勺取熱騰騰的糯米飯在模內邊團邊揉，製成瓷盤大小的圓餅，放在竹架上用微炭火烘乾或曬乾，再用品紅品綠寫上字或畫上花草。土家以團馓作禮品或供品，若是供祖先用，則寫「福祿壽禧」、「五穀豐登」之類；喬遷則以「竹苞松茂」等詞致賀；「望月」則是用「玉燕兆瑞」、「石麟呈祥」來區分性別以賀喜；若是婚娶用，則要做幾個模圈特大超過籮筐上圈的蓋麵團馓，上寫大紅雙「喜」字。食用前以茶油浸炸，酥香膨脆，或乾食，或以開水加蜂蜜沖泡，酥脆甜香可口。烘乾而未經油炸的叫生團馓，多作「望月」用。吃時先燒開油湯，再煮團馓，盛入碗中常蓋上兩個荷包蛋，再撒上胡椒，吃起來清淡香糯，土家產婦多以此作早餐。

鄂西部土家族同胞，有提前過年或稱「過趕年」的習俗，月大二十九，月小二十八過年，提前過年有多種傳說。

一種說法是在明嘉靖年間，湖廣土司奉調征討倭寇，率兵戰於江浙前線，有次到了年底，預計倭寇可能在過年時，趁我不備，突然襲擊。於是土家人就提前一天過年，作好應戰準備，嚴陣以待。大年三十那天，倭寇果然來犯，土家軍隊突然反擊敵人，大獲全勝。以後土家族就提前一天過年，來紀念祖先這次赫赫功勳。

另一種說法是土家族準備過年時向敵人發動突然襲擊，於是提前一天過年，為防止走漏消息，過年時不准添客。過年那天乘敵不備，把敵人打得大敗。後來，土家族吃年飯時不許外人參加也就成了傳統。

還有一種說法是土家族祖先在一次戰鬥中失敗了，於是提前一天過年，準備撤退。在過年時，偷偷在堂屋裡殺豬，並藏在門背後，用蓑衣蓋起，以免被敵方發現。在團年的席上只坐三方，朝大門的一方空著，以觀察敵情。席上備有大肉，每人一塊，如敵人來了，好拿著邊走邊吃，這就是殺豬藏在門後和過年吃坨子肉的來由。坨子肉，是把豬肉切成大坨大坨的，拌上小米和灌腸，一同放在大米飯上蒸。

過去，鄂西土家族人過年還有吃大肉的習俗，大肉亦稱刀頭肉，或年肉。大肉也真大，小的每塊有半斤，大的一塊有一斤。大肉是長方形，用各種香料拌好，同糯米一道蒸熟的。土家族老人說：「吃得大肉的就是我土家的好兒孫。」到土家族人家過年作客，最難過的關莫過於吃大肉了。為什麼吃大肉，說法不一。有的說當初土家人的祖先逃難出門，從老家帶來的就是一塊大肉；有的說祖先逃難到此地，正逢過年，當地人給了一塊肉，因沒菜刀，就用鐮刀各人割了一大截；有的說從前土家族兒孫打了勝仗，賞賜的就是大肉。總之，吃大肉是為了紀念祖先。

土家人的「團年飯」除了要吃大肉外，還要吃合菜。合菜是用蘿蔔、炸豆腐、白菜一鍋炒，豬下水、海帶等一起放在鍋中煮，並加以調料而製成的多料合烹菜肴。

三、玉液瓊漿處處飄香

茶文化是鄂西土家族飲食文化的主要組成部分，這裡也是中國茶葉最早種植的區域。陸羽《茶經》中記載：「其巴山峽川有兩人合抱者，伐而掇之，其樹如瓜蘆，葉如梔子……其名一曰茶，二曰檟，三曰蔎，四曰茗，五曰荈。」可見鄂西盛產茶葉，而且加工製作技術精細，歷史悠久。茶葉成為鄂西地區向中央王朝朝貢的馳名方物，又是鄂西民間饋贈交際的上等禮品。

茶葉是鄂西土家族地區的家常飲料，也是人們生活的主要必需品，人們在長期的飲茶過程中，形成了一些獨特的飲用方法。最具有民族風味特點的是油茶湯。土家族的油茶湯有悠久的製作飲用歷史。陸羽在《茶經》中轉引《廣雅》云：「荊巴間，採茶葉作餅，葉老者，餅成以米膏出之，欲煮茗飲，先炙令赤色，搗末，置瓷器中，以湯澆覆之，用蔥、薑、橘子芼之，其飲醒酒，令人不眠。」[1]

---

[1] 陸羽：《茶經》卷下〈七之事〉，上海古籍出版社1993年版。

Error

103

第六章　楚國周邊民族飲食文化

土家族人至今還沿襲著喝油茶湯的傳統習俗。每逢佳節或喜慶日子，土家族群眾往往煮上油茶湯，闔家暢飲，並獻給自己最尊敬的客人。油茶湯以茶葉、陰米（糯米蒸熟曬乾製成）或包穀、花生米、乾豆、芝麻，再加上薑、蔥、蒜等佐料，用茶油炸焦，然後用水煮沸。油茶提神解渴，驅熱禦寒，呷上一口，清香味美，別具風味。

鄂西土家族釀酒的歷史也十分久遠，並創造了獨特的咂酒。土家族古籍中記載了不同的釀造咂酒的方法。「其釀法於臘月取稻穀、包穀並各種穀配合均勻，照尋常釀酒法釀之。釀成攜燒酒數斤置大甕內封緊，於來年暑月開甕取糟，置壺中沖以白沸湯，用細杆吸之，味甚醇厚，可以解暑。」[1]《咸豐縣志》亦云：「鄉俗以冬初，煮高粱釀甕中，次年夏，灌以熱水，插竹管於甕口，客到分吸之曰咂酒」。「飲時開罎，沃以沸湯，置竹管於其中，曰咂。先以一人吸咂，曰開罎，然後彼此輪吸，初吸時味道甚濃厚，頻添沸湯，則味亦漸淡。蓋蜀中釀法也，土司酷好之。」

酒滲透於土家族人民整個生產生活之中，它與土家人民的宗教信仰、禮尚往來、民族性格、民風民俗結下了不解之緣，最有意思的是姑娘出嫁時喝的「戴花酒」。

鄂西來鳳縣土家族姑娘出嫁時，一般要哭三天，有的還由十個姐妹陪哭。哭嫁時不僅姑娘自己哭，伴娘和所有到姑娘家吃「戴花酒」（因為姑娘出嫁時要戴花，故名）的女客都要陪哭。按土家人習慣，姑娘哭嫁的三天中，凡是姑娘家的親戚、鄰里、朋友都要到姑娘家去賀喜吃「戴花酒」。「戴花酒」第一天稱「起酒」，第二天稱「正酒」，第三天稱「出嫁酒」。第三天凌晨，姑娘要哭出離別父母和親人的詞。哭完後被親人用一條五尺長的大紅帶子背到堂屋。這時堂屋已擺好酒席，姑娘見了酒席，首先要哭桌子、凳子、筷子，然後才能

---

① 《長樂縣志 習俗》。

入席。入座後對酒席上每一道菜必須依次挨個哭到，如見了茶，即哭「吃了父母一杯離娘茶，家也發來人也發」，見了酒則哭「吃了父母一杯離娘酒，家也有來人也有」。但是姑娘只哭不吃。宴罷，新娘就被送上轎，哭嫁也就結束了。

四、宴請客人熱情純樸

鄂西土家人平時粗茶淡飯，生活儉樸，不講排場，但十分好客。

據廖思樹《巴東縣志》記載：「惟家裡人客至，則系豚開酒罈泡之以為敬……（豬）肘至膝以上全而獻之，謂之腳寶，特以奉尊客，切肉方三寸許，謂之拳肉。酒以碗酌，非此不為敬。」窮戶人家如有酒、肉、蛋類，必留存有客至才食。「邑中風氣，鄉村厚於城市，過客不裹糧，投宿尋飯無不應者。入山愈深，其俗愈厚。」①

請客吃酒席或有客臨門，均要用美酒佳餚，盡其所能地款待。客至，夏天先請客喝一碗糯米甜酒，冬天則請客吃一碗開水泡團饊，再待以酒菜。鄂西土家人待客還喜用蓋碗肉，即以一片特大的肥膘肉蓋住碗口，下面裝有精肉和排骨。為表示對客人尊敬和真誠，待客的肉要切成大片，酒要用大碗裝。無論婚喪嫁娶、修房造屋等紅白喜事，均要置辦酒席，一般習慣於每桌七碗菜、九碗菜或十一碗菜，但不設八碗菜酒席。由於八碗菜酒席被稱為叫花子席，十與石同音，八碗與十碗被視為對客人不尊。

鄂西土家族的酒席分水席、參席、酥扣席、五品四襯席等。水席只有一碗水煮肉，其餘均為素菜，多為正期前或過後辦的便席；參席有海參；酥扣席有一碗米麵或油炸面做成的酥肉；五品四襯席有四盤五碗，均為葷菜。入席時座位分輩分老少，上菜先後有序。

清江源遠流長，鄂西土家族歷史悠久，飲食文化內容豐富，醇美宜人。唐代詩人韋應物〈酒肆行〉中有「終歲醇釀味不移」，讓我們

---

① 李勖：《來鳳縣志 風俗志》，清同治五年刻本。

一起來品嘗鄂西土家族飲食文化的醇釅之味吧！

第二節　湘西飲食風味

　　湘西地區主要包括張家界、吉首、鳳凰、懷化、古丈、桑植等地，這裡與鄂西相鄰，地形地貌也與鄂西基本一致，多為崇山峻嶺。自古以來，湘西為湘川咽喉之地，歷史悠久，山水奇異，民風淳樸。境內自然景觀絢麗多彩，人文景觀獨特神奇。湘西峰巒疊嶂，林木參天，溪河縱橫，洞穴成群，名勝迷人，既有全國落差最大的流沙瀑布，又有工藝精湛、風格獨具的古建築老司城祖師殿。大自然的鬼斧神工，造就了這塊洞天福地。

　　湘西的美在於山。巍巍武陵是湘西的脊樑。高聳入雲的八面山呈現出林海綿亙，蔭天蔽日，珍禽異獸不絕於野；四季綠意誘人的南華山，猶如一隻棲息於湘西山地的金鳳凰。湘西的美在於水。山清水秀，滔滔酉水是湘西亙古不息的血脈。湘西的美在於人。「智者樂水，仁者樂山」，奇山異水賦予了湘西人這種神韻。湘西人既有著「紅燈千盞人萬疊，一片纏綿擺手歌」的輝煌藝術，又有著誼俠尚義的古道熱腸和淳樸的民情。

　　最重要的是湘西的美在於食。神奇的土地自有其神奇的物產。古丈毛尖、保靖嵐針茶，香飄四海；黃連、杜仲、黃柏、天麻等使湘西成了華中著名的天然藥庫。湘西自古以來就產好酒、好菜。由於湘西地處山區，因而山珍野味眾多，所以人們擅長製作山珍野味、煙熏臘肉和各種醃肉，口味側重於鹹香酸辣，常以柴炭作燃料，有濃郁的山鄉風味。

　　這裡常見的山珍野味有：寒菌、板栗、冬筍、野雞、野鴨、斑鳩等。因此，有代表性的菜品也多與此有關，如「重陽寒菌」、「臘味

合蒸」、「焦炸鰍魚」、「麻辣泥蛙腿」等等。

　　湘西是苗、土家、侗、瑤等少數民族聚居地，各少數民族由於受共同的地理環境的制約，飲食習慣上有許多共同之處，如都是以大米、包穀、紅薯等為主食，都表現出嗜酸和好異味的習慣等。

　　歷史上由於苗、土家、侗、瑤族所處的地理環境導致得鹽頗不易得，且蔬菜和禽畜的供應有一定的季節性，為緩解對食鹽的依賴性和平衡淡季的供給，製作酸味食品和煙熏禽畜肉類逐漸成為這一地區的一大奇觀。

　　湘西酸類製品繁多，如酸魚、酸肉、酸辣椒等，都是民間喜愛的菜肴。土家族、苗族、侗族製作酸魚之方法大同小異，先將魚去內臟，用鹽和調料稍醃，再拌以大米或玉米粉裝罐，一月後便可食。但土家族一般用油炸後食用，色澤金黃，具有焦、香、酸、脆的特點，不加佐料。而苗族有時直接取出生食或煎食，製作不如土家人精美。湘西土家族與鄂西土家族的酸菜製作風俗基本一致，苗族和侗族製作酸菜的風俗有其特色。

一、苗族與酸菜

　　湖南各地苗民普遍喜食酸味菜，苗族幾乎家家都有醃製食品的罈子，統稱酸罈，蔬菜、魚、肉、雞、鴨都喜歡醃成酸味食用。到了蔬菜淡季，多食用當家菜。所謂當家菜，是指青菜酸、辣子酸、蘿蔔酸、豆莢酸、蒜苗酸等醃酸菜。

　　酸肉的製法是先將鮮肉切成大塊，然後一層肉、一層鹽、一層層相壓。三天後生鹽溶化浸入肉內，再做些糯米飯同甜糟酒混合，和肉塊一起擦搓，最後放一些辣椒粉及其他配料，把罈口密封，倒撲於淺水盤內，使之不通空氣。經兩周後，略變酸性，食之可口，美味異常。

　　苗鄉雖無大河，也有魚食。土魚（俗稱蠢魚）產量甚多。生於田間，易於蓄養。如在春季二三月將秧、魚分種，至秋季七八月間，每

條魚長至半斤、一斤、斤餘不等。如果長到一兩年，小的可長至一兩斤，大的可達三四斤。每年初秋，苗家人競相醃酸魚。他們從田間或河裡捕回鮮魚，剖腹去內臟，加入食鹽、辣椒粉，拌勻後醃兩三天，然後放進罈子內，一層魚加一層糯米粉、包穀面，密封半個月左右即成。有的苗家將魚鹽漬三五日，曬乾後往魚肚內裝滿半熟的小米或粗米粉，然後裝入罈中，密封罈口，倒置淺水盤內。經半月後鹽浸透，性變酸，色澤橙黃，肉質酥嫩，取出生食，未聞腥臭，且酸香可口，津津有味。

苗家將醃魚、醃肉、醃菜的罈子均置於堂上或地樓之上，富裕家庭醃魚、肉、菜的罈子為數甚多。生人入門，觀罈多寡，家之富貧，可不問而知。

二、侗族與酸菜

「侗不離酸」概括了湖南侗家飲食習慣的一大特點。侗族家家醃酸，四季備酸，天天不離酸，人人愛吃酸，正如歌謠中所唱的那樣：「做哥不貪懶，做妹莫貪玩。種好白糯米，醃好草魚酸。人勤山出寶，家家酸滿罈。」

侗民日常所食蔬菜，大部分為酸菜。如酸黃瓜、酸刀豆、酸蘿蔔、酸蕨菜等。除酸蔬菜之外，還有酸魚、酸雞、酸鴨、酸肉、蝦醬等醃酸製品。製作醃酸食品有罈制和筒制兩種，分別採用陶罈、木桶、楠竹筒醃製。製法是：先洗淨要醃製的魚、肉、菜等，用糯米酸成酒或用鍋將糯米炒至乾熟拌勻，隔層鋪放。根據不同品種的醃製時間，加上不同分量的食鹽（有的還要加辣椒等其他調料）。在放入酸罈時，魚肉類放在罈底的墊架上，使其濾水沉底，以保持魚肉的乾爽。醃製草魚酸，要放入特製的酸缸，將草魚攤開鋪平，隔層放好加工的糯米和各種作料。用重石頭壓在魚上。醃罈封嚴以後，在罈裡水槽中注入油或水，防止透氣變味，以延長保存時間。蝦醬的製法是先將生蝦與辣椒面拌合，搗碎，再加粥、豆粉、生薑末、桂皮

和鹽，攪勻入罈，發酵而成。食用時再以油煎炒，其味鮮酸酥辣，最能開胃佐飯。

醃酸食品不僅味美可口，而且保存期長，一般酸菜可保存一兩年，酸肉可保存數年，酸魚有時可保存一二十年之久。侗家人平時不輕易食用，只是在款待貴賓和婚嫁、葬禮時才開罈嘗用，其肉色鮮亮透紅，味醇質脆。在侗族，誰家缺了草魚酸，即會被人瞧不起。侗民愛吃酸味食物，與其生活環境和當地物產有關。當地盛產糯米，吃酸可助其消化，而且糯米也是醃製食物的好佐料。加之侗民每天的飯往往是早上一起床就蒸足，中晚餐一般不再另煮，也不再炒菜，取些現成的酸菜就飯吃十分方便。每天上山幹活，午餐是一包糯米飯，另加一兩樣酸菜，既方便又實惠。此外，侗民熱情好客，但交通不便，購買食品較困難，如果家中有了醃酸食品，一旦賓客臨門，便有了方便的待客食品。

第三節　巴楚飲食習俗之比較

從文化類型上分析，川東與鄂西、湘西屬於古代巴文化的範疇，而在此下游地區的湖南、荊楚之轄地，則屬於古代楚文化的範疇。如果說巴人的飲食習俗形成於高山峽谷的特殊自然環境的話，那麼楚人飲食之嗜好，則是由坦蕩的平原，眾多的河流、湖泊孕育而成的。

巴、楚由於各自所處的自然環境不同，文化背景各異，因此兩地飲食習俗各有特色，並且在許多方面存在著明顯的差異。從傳承至今的飲食民俗事象來看，這種差異性主要表現在以下幾個方面。

一、食料的「文」、「野」之別

這裡所謂的「文」是相對「野」而言的，它特指食物原料的大眾、普通，並有精細之意。而「野」（或曰「土」）特指在其他地方

很少使用而為本地所特有的食物原料，亦指原料的粗野之意。就主食而言，如果我們把大米、麵粉視為「文食」，那麼包穀、小米、紅苕等即為「野食」。就副食而言，我們把雞、鴨、魚、肉（豬肉）、園種蔬菜、大宗水果視為「文食」，則可把野禽、野獸、野菜、野果等視為「野食」。

眾所周知，中國素有「南米北面」之說，長江流域地區主食以大米為主，而在黃河流域地區主食以麵粉為主，大米和麵粉構成我國南北兩大主食系統。古楚國的主要區域在長江流域地區，因此大米成了楚地最重要的主食原料。就副食而言，以黃豆為原料製作的系列豆製品，以家庭種植的蘿蔔、白菜、瓜果等為主的季節性蔬食，雞、鴨、魚、肉為禮贈、待客、節慶飲食的葷食品，構成了楚地副食結構系統，這些食物原料都可稱之為「文食」。

而在巴地，雖處在長江流域，但多為山地，不適宜種水稻，其主食比較粗野，包穀、小米、高粱、洋芋、紅苕等在巴人主食結構中占有十分重要的地位。巴地民謠：「好玩不過鶴峰州，包穀洋芋是對頭。要想吃碗大米飯，八月十五過中秋。」即是這一事實的寫照。巴地副食充分利用山區優勢，採集野果、野菜，狩獵野禽、野獸，清人顧彩在〈容美記遊〉中對巴地飲食做過這樣的記載：「入饌，以野豬臘為上味，鹿脯次之，竹鼬即筍根，稚子以穀粉蒸食……甚美，然不恆得。洋魚味同魴魚，無刺不假調和，自然甘美，尤溪江所產也……麂如鹿無角而頭銳，連皮食之……」

上述的野豬、鹿脯、竹鼬、稚子、洋魚、麂等都是楚地難得的「野食」。

巴人用料的「野」，還表現在他們能巧妙地利用本地資源，製作一些外地不曾製作的地方食品，例如「桐樹粑粑」和「橡子豆腐」。「桐樹粑粑」是將包穀面經發酵後，用桐樹葉包裹蒸熟，剝葉而食，帶有濃郁的桐葉味，「橡子豆腐」是用橡樹的果實——橡栗，經浸

泡磨漿後，做成如同楚地黃豆豆腐的一種食品，這是在其他地方未曾見過的巴地特產，由此可見巴人在食物原料的用料方面「野」的特點。

二、加工的精、粗之異

從菜點的加工烹調來看，楚地菜點加工製作比較精細，而巴地菜點製作則比較粗、簡。首先從菜肴刀工成型來看，巴地「年肉，一塊足有四兩半斤重」、「尺魚斤雞鮮羊羔，半百豬娃兒五香烤[①]」，可見其菜肴比較粗獷。楚地菜肴在刀工成型方面，片、丁、絲、條、塊、段、茸、末、粒、花，均因菜定型。特別是楚地茸泥類菜肴，使用廣泛，且頗費刀工。如：魚圓、魚糕、魚線等加工複雜，技術性強，是楚地精細菜肴的代表。就拿「魚圓」來說，據說起源於楚文王時期，在荊楚傳承2000多年，如今在荊楚民間，僅魚圓就能做出幾十個品種。「空心魚圓」、「芙蓉抱蛋」（魚圓中間包蛋黃）、「銀包金」（魚圓中間包肉圓）、「橘瓣魚圓」等都是絕妙精細的楚鄉名菜。

巴地菜肴的「粗」還體現在另一層含義上，那就是原料的「混雜」，也就是習慣於用多種不同原料混合烹調，類似「大雜燴」。例如巴人後裔土家族之名菜「年和菜」，又稱「合菜」，就是將粉條、豆腐、白菜、香菇、豬肉、下水等多種原料混合燉製而成，味鮮辣而雜，往往一燉就是一大鍋。川東名菜「羊雜絮」，是利用山羊內臟，如肚、腸、肺、蹄及頭等物，配上陳皮、八角、茴香、乾辣椒、花椒等佐料，混合煮製而成。巴地主食也同樣喜歡摻雜，如常見的「包穀飯」，是以包穀為主，摻少許大米蒸製而成。「豆飯」，是將綠豆、豌豆等與大米混合烹製。「合渣」是將黃豆磨漿，漿、渣不分，煮沸澄清加青菜等其他配料煮熟而食。民間還常常將豆飯、包穀飯加合渣

---

① 廖康清：〈鄂西土家食俗探源〉，載《楚俗研究》第二集，湖北美術出版社1995年版。

第六章　楚國周邊民族飲食文化

湯一起烹食。

楚地菜肴雖不乏用多種原料混合烹調的例子，但楚地菜肴多有主、配料之分，每道菜都以一種原料為主，其他原料量少為輔，並重在配色、調味。主食則強調原料的單一性，不過多摻雜其他原料，如大米飯、麵條等。

表現為精、粗之異的第三個方面，則是巴地菜點多為一次烹調，而楚地菜點有許多是二次、三次烹調。如楚地魚圓、肉圓，先必須經過糶熟或炸熟，然後或燴或燜。楚地名菜「虎皮扣肉」，先要煮肉斷生，再要炸製上色，繼而扣碗蒸熟，最後調汁上味，要經過四次加熱過程，這種複雜的工藝過程，正說明楚菜工藝「精」之所在。

三、調味的「鮮」、「辣」之分

就巴、楚兩地的口味特徵來看，巴地味型偏重酸辣，楚地味型偏重鹹鮮，這是千百年來受自然地理環境和本地物產資源等因素影響的結果。

巴人居住的地區以山地峽谷為主，在這些懸岩峽谷中，森林茂密，降水豐富，日照不足，空氣陰冷潮濕。而辛辣食品具有除濕利汗，溫胃健脾的作用，於是當地居民在烹調時總喜歡放些辣椒或花椒，嗜辣成了當地一大飲食習俗。

據考證，辣椒是在16～17世紀由海路傳入中國的新植物品種，在此之前巴人主要是用花椒和胡椒增辛調味。巴地山區盛產一種野生山胡椒，《本草綱目》卷三十二載：山胡椒「似胡椒色黑，顆粒大如黑豆，味辛，大熱，大毒，主心腹冷痛，破滯氣，俗用有效」。至今在川東地區，每年端午前後，山胡椒收穫季節，家家戶戶都要加工、貯存一些山胡椒，以供來年調味之用。

巴地菜肴的辣，不是單一的辣，而是麻、辣、香兼備的複合味，這正是巴人及其後裔土家人擅於將花椒、辣椒混合使用的結果，也是巴地調味的特殊之處。

巴人除嗜辣外，口味還偏酸，這是山區水質硬、鹼性大，吃酸菜則可中和的緣故，所以巴地的許多菜都具有「酸辣」的味型特徵。

　　楚地口味總的來說以「鹹鮮」最為普遍，這可能與楚地盛產淡水魚有關。鮮本作「鱻」，本義為魚名，引申為「新鮮」，再引申為「滋味好」，現成為一種固定的味型。楚地常用的副食原料雞、魚、豬肉，都含有豐富的鮮味物質成分，而且烹調時只需加適量鹽，味道就十分鮮美，楚地民諺「好廚師一把鹽」，既說明鹽在烹調中的重要性，同時也說明楚地調味比較單一。

　　然而，反映古代楚人飲食風貌的楚辭〈大招〉、〈招魂〉中，卻未有楚人「好鮮」的記載，難道今日楚地流行「好鮮」習俗是後來「移植」演變而來的？其實在屈原時代，本沒有「鮮味」的概念，今人理解的「鮮味」，在當時往往以「甘」、「旨」等其他詞彙來表示。楚辭中未記有「鮮味」，並不等於楚人「好鮮」的事實就不存在，有人曾對《荊楚菜譜》進行過統計，其中70%以上的菜肴以鹹鮮味為主，而搜集的楚地傳統菜90%以上是鹹鮮味道，這足以說明楚人「好鮮」的習俗是有一定的歷史淵源和廣泛的群眾基礎的。

四、食效的療、補之差

　　飲食除了具有充饑、飽腹的功能外，人們往往還追求更高層次的功用——養生、治病等。巴人注重飲食療疾，楚人講究滋補養生，這是巴、楚兩地追求高層次飲食功用上的又一區別。

　　巴人注重食療，這與巴人所處地理環境不無關係。據《吳船錄》載：「至峽州路……山水皆有瘴，而水氣尤毒，人喜生癭，婦人尤多，自此至秭歸皆然。」[①]《華陽國志》亦云：「（巴）郡治江州，時有溫風，遙縣客吏多有疾病。」[②]可見川東鄂西歷來陰冷潮濕，

---

① 范成大：《吳船錄》卷下。
② 常璩：《華陽國志　巴志》，巴蜀書社1984年版，第48—49頁。

瘴氣彌漫，疾病流行，這給巴地人民生活帶來了嚴重威脅。因此古代巴人所開發的藥用物產，多有袪濕、散寒、驅蟲等功效，並且都有味道辛香的特點，這些用來治病的藥物同時又可用來作為調味品，《華陽國志　巴志》中記載的巴地名產，其中有許多是兼作調料的天然藥物。例如，胡椒科，巴人和鹽、蜜漬以為醬，味辛香，能下氣，消穀；芳蒻，即今之魔芋，能消腫、攻毒；巴戟天，能壯筋骨、袪風濕；天椒，即花椒，能溫中、袪寒、驅蟲；薑為「禦濕之菜也」，它的散寒功能，對於多霧、潮濕的巴蜀地區尤為重要。

巴人還擅長以茶療疾，陸羽《茶經》載：巴國境內有一種較粗的瀘茶，「其味辛，性熱，飲之療風」。《輿地紀勝》卷181載：大寧監（今巫溪）「地接朐忍，多瘴，土人以茱萸煎其飲之，可以避嵐氣。」可見巴人在食療方面積累了豐富經驗。

與巴人不同的是，楚地多平原，地勢開闊，日照充足，沒有明顯的因地理因素帶來的疾患。楚人飲食的目的是為了滋補養生，強健身體，所以楚人十分重視食物的滋補作用。

楚人滋補重在湯補、粥補。民諺：「飯前若是先喝湯，強似醫生開藥方。十冬臘月喝熱湯，暖身活血身體壯。」楚地民間的瓦罐雞湯、八卦湯、奶湯鯽魚、甲魚湯等均是常見的滋補佳品，大凡老人身體羸弱，小孩營養不良，婦女產後補身均離不開湯補。楚地產婦生小孩，坐月子一般每天要吃一隻老母雞湯，直至滿月。

楚地粥補也十分講究，僅李時珍在《本草綱目》中收載的楚地藥粥即達62種之多。用五穀糧食製作的種種藥粥，可「充養後天之氣，補益氣血之源，強身壯體，防病治病」。如楚地「蓮子粥」具有「補中、養神、益氣力」的作用；「山藥粥」有「補脾胃，益肺腎之功」；「桂圓紅棗粥」具有「補脾、養心、益智」之效。

楚人在飲食養生方面還積累了許多經驗，如：民諺「冬吃蘿蔔夏吃姜，不勞醫生開藥方」、「大蒜是個寶，常吃身體好」、「魚生

火，肉生痰，青菜豆腐保平安」、「寧可一日無肉，不可一日無豆」等等，均是楚地人民千百年養生智慧的結晶。

五、巴人寓「戰」於食，楚人寓「情」於食

古巴國的歷史，基本上是由戰爭構成的歷史，在短暫的時期內，竟在川東鄂西沿江一線留下近十個都城，這反映了巴人在戰爭中求生存的一種近似於「行國」的生活方式，這種生活方式自然給他們的飲食生活帶來影響。

在今日巴地土家族飲食生活中，仍然遺留著「戰爭」的痕跡。例如：土家族有過「趕年」的習俗，即提前一兩天過年，這是因為古代巴人為了抗擊外侮，提前過年設伏迎防。過「趕年」要吃大塊的「年肉」和切細合煮而食的「年合菜」，據說「年肉」切大塊是為了打仗便於攜帶。「年合菜」是因戰情緊急，合煮而食，省時，以便緊急趕路。過年的酒宴上也富有「烽火硝煙」的味道，如糍粑上插滿梅枝與松針，上掛紗布，表示征戰的「帳篷」。坐席時大門一方不設席位，這是為了便於「觀察敵情」。相傳土家族「咂酒」也與戰爭有關。明代土家族士兵赴東南沿海抗倭，為讓壯士們臨走喝上一口餞行的家鄉酒，同時也不誤戰期，村長遂將酒罈置於道口，插上竹筒管，每過一個士兵咂上一口。後來這種飲酒法成為土家人招待貴客飲酒的一種方式。

相比之下，楚人的宴飲生活卻顯得安寧、祥和，富有人情味。楚地過年，稱「吃團圓飯」，全家人圍坐宴飲，辭舊話新。即使家中有人因故不能團聚，家人也要在席桌上為他擺上一套碗筷，以示團圓。

年席菜肴也極富有吉祥意、人情味，如：全家福、元寶肉、如意蛋捲、金果、銀絲捲等，家家戶戶少不了肉圓、魚圓、全魚，寓意團團圓圓、年年有餘、新年發財。楚地名菜點的傳說，也大都帶有人情味。如「楚鄉母子會」表達了母子倆災後重逢、母子團聚的深情；「西山東坡餅」記述了蘇東坡與靈泉寺長老的友誼；「楚鄉元寶肉」

謳歌了出身監利的臺灣宜蘭縣令朱才哲廉潔治政的功德；「安陸狀元油」描述了安陸兄弟倆雙中狀元的喜悅；「武當山凍豆腐」讚美了武當道人張三豐的善良美德。總之，楚地食品寄寓的濃郁情感與巴地飲食遺留的征戰痕跡，形成鮮明對照，從一個側面折射出巴、楚兩地不同的歷史文化背景[1]。

六、巴、楚飲食文化的交融

巴、楚飲食習俗雖然存在著一定的差異性，但是巴、楚畢竟是兩個相鄰的文化區，不僅在鄰近地區其飲食習俗往往相互滲透，難分彼此，即使在巴、楚腹地，常常由於戰爭遷徙、民間往來、商品貿易等原因，相互交融，你中有我，我中有你。

古代巴人以山區特產如木品、果品、竹品、草品、藥品、乾貨、野味等通過長江、清江，運往荊楚，換回江漢平原的糧食、絲綢、麻類及地方食品，以互通有無。

清代改土歸流，大量漢民及其他民族人口遷入巴地，給巴地帶去了先進的生產技術、優良的作物種子和烹調技術，也給巴地飲食習俗帶來一定的衝擊和影響。及至近代，巴、楚飲食文化交流達到水乳交融的境地，我們從土家族民間歌手載歌載舞的民歌〈端公招魂詞〉中即可窺視一斑，歌詞唱道：

堂屋為你設宴席，火坑為你把湯熬。
武昌廚子調甜醬，施南廚子烹菜角。
熊掌是你槍下物，團魚（鱉）是你各人釣。
山珍海味辦得齊，川廚子專把麻辣焦。
白狸子尾巴燉板栗，小米年肉五指膘。
仔雞合渣酸酢肉，尺魚斤雞鮮羊羔。

---

① 參見姚偉鈞〈從物質生活管窺楚文化〉，載《中華文化論壇》1999年第1期。

半百豬娃兒五香烤，獐麂兔肉配合酸廣椒。

梳子扣肉炸得皮香脆，斑鳩竹雞兒鹵得香味飄。

高粱包穀釀美酒，山泉美酒把參藥泡。

天麻燜雞香千里，醉蝦香醋火酒嫖。

泥鰍鑽豆腐味鮮美，油茶湯過後嘗醪糟。

糖食糕點盡你逮（吃），水果品後又飲料。

魂梭、魂梭快回來，好吃夥兒等你樂逍遙。

　　歌詞中既有「武昌廚子」獻藝，又有楚地食物原料，同時在烹調方法、菜點味型等方面都體現了楚地飲食文化對巴地的影響。

　　中華人民共和國成立以後，隨著交通條件的改善、國家政治的穩定、民族政策的改善，特別是近些年旅遊事業的發展，巴、楚飲食文化交流進一步密切，楚地居民逐漸開始接受麻、辣、酸，巴地辣椒、花椒源源不斷運往楚地城鎮。巴地的辣子雞丁、纏蹄、天麻燉雞、酸菜魚、和菜火鍋在楚地城市十分盛行。作為巴、楚結合點的宜昌市，其飲食風俗更是分不清巴楚，巴中有楚，楚中有巴，難辨你我。

　　總之，巴、楚飲食習俗的交融一方面有利於本地人民生活水準的提高，促進了飲食文化的發展，另一方面，融合後的巴、楚食俗其地方特色並沒有被抹滅，反而更增添了它的獨特風韻。

第七章　楚國的飲食器具

楚國的飲食不但講求色、香、味、形的美，而且還非常重視飲食器具的美。色、香、味、形、器是楚國飲食不可分割的五個方面，美食與美器的和諧、統一，也是中國飲食的優良傳統。

早在新石器時代，楚國的先民就已經會製造和使用陶製的炊食器，並開始注意到它的美觀，在上面畫有寫實意味的彩色魚紋、鹿紋、鳥紋和蛙紋等動物紋飾，還有各種各樣的抽象幾何紋。這些線條流暢的紋飾，顯示出早期飲食器具所特有的古樸之美。殷商時期又發明了青銅製飲食器，這些青銅器，其器形紋飾或雕琢，或刻鏤，紋樣精麗，形制端莊。春秋戰國時期又出現了木雕漆食器，其形制之精巧，紋飾之優美，令人驚歎不已。秦漢以後出現的金銀、陶瓷食器，使楚國飲食器具達到了頂峰。

楚國飲食器具的精湛製作技藝和鮮明的繼承關係，是世所罕見的，楚國飲食器具是我國傳統文化的重要組成部分，也是人類物質文化史上一個重要的研究對象。

第一節　古樸典雅的青銅飲食器

隨著歲月流逝、時代的變遷，人類的飲食器具也在不斷地改進和

完善，每一種炊具和食具的問世，都標誌著中國古代社會生產力有了新的發展，因為只有當社會發展到新的階段時，新的飲食器具才能出現。在新石器時代，人們還是飯於土簋，飲於土杯，食器的製作停留在陶土質的階段。但是到了商周時期，便一躍而為輝煌燦爛的青銅時代，飲食器具的製作材料由陶土為主逐步過渡到以青銅為主，飲食器具日趨完整和配套。所謂青銅，是指純銅和其他化學元素的合金，最常見的是銅與錫、銅與鉛的合金，顏色呈青灰色，因而得名。這些青銅製作的飲食器具，是中華飲食文化中的瑰寶。近幾十年來，隨著楚國各地考古的大量發掘，青銅飲食器具的出土是層出不窮，使我們對這些精美的器具有了更直接的認識。

在發明青銅以前，商代飲食器具先有一個使用紅銅（純銅）的時期，紅銅質軟，遠不如石器堅硬。青銅與紅銅相比有三大優點：一是熔點低，易於鑄造；二是根據需要加減錫、鉛的比重，得到不同的硬度；三是溶液流暢，少氣泡，可鑄精美的花紋。所以青銅的發明對於生產工具、貴族飲食器具而言，都是一個劃時代的創造。我國古文獻中常稱商周時代的青銅為「金」或「吉金」，吉金就是指精純美好的青銅。

商周時代，青銅鑄造業全部被貴族們所占有，權貴們用青銅製作鼎以盛肉，做簋或敦以盛黍、稷、稻、粱，做盤或匜以盛水，做爵或尊以盛酒。他們用這些青銅食具「以蒸以嘗」、「以食以烹」，演繹為權力的象徵。例如，在武漢市黃陂區盤龍城周圍楊家嘴、楊家灣和樓子灣都先後發現了製銅作坊的遺跡，而且在盤龍城周圍還發現了四座貴族墓，表明這些貴族是這些製銅作坊的主人，據皮明麻先生主編的《武漢史稿》指出：「盤龍城遺址發現不少煉銅陶片，還發現銅渣、木炭、孔雀石、紅燒土等，這正是冶鑄銅器的遺物。表明這座城本身就是古代冶銅基地。在盤龍城附近一二百里地內，銅礦等蘊藏量很大。在附近的鄂城也有冶銅礦遺址和煉銅器物出土，這說明，商文

化傳播到南土，使江漢地區的手工業、農業和冶礦業有了長足的發展，正是在這些初具規模的鑄造作坊裡，誕生了燦爛的盤龍城青銅文化。」[1]

由此可見，盤龍城是商代一個極其重要的青銅生產基地，生產出來的銅及其青銅器，通過盤龍城南面的府河及其幹流向北越過大別山、桐柏山與當時王都相聯繫，又可以由長江進入漢水，經南陽盆地抵達關中地區。沿長江上下，到達的地區就更為廣泛了。

青銅飲食器具主要分為三大類：即炊器、食器、酒具，這三類飲食器具在楚國各地均有出土，1976年，湖北省博物館對盤龍城出土的青銅器作過一次統計，在武漢黃陂盤龍城商代文化遺址中，這三類飲食器具都有出土，如鼎、鬲、觚、爵、尊等。

炊器是商周貴族煮肉、調味和蒸煮黍、稷、稻、粱等主食的器具，主要有鼎、鬲、甗等等。

鼎是商周王室最常用的炊器，相當於現在的鍋，用於煮肉盛肉，形態大多是圓腹、二耳、三足。也有四足的方鼎。最早的青銅鼎都是仿照陶鼎製作的，但又具備陶鼎所沒有的某些特徵，如鼎的兩耳一般立在口沿上，目的是在取用鼎時，用鉤將鼎鉤起。

在武漢黃陂盤龍城商代文化遺址中，就出土過幾個圓腹鼎，如李家嘴二號墓出土的一件大圓鼎，高達55公釐，口徑50公釐，是僅次於鄭州出土的商代早期大鼎。要鑄造如此規模的青銅器，必須許多坩堝同時熔銅，從燒炭、觀火色到運輸等，需要幾十個人協同動作，如果沒有統一有效的技術指導，沒有一定規模的作坊，是無法勝任這一澆鑄任務的。

鼎隨著時代或地域不同，其形制也有所變化。商代前期的鼎多為圓腹尖足，也有柱足方鼎和扁足鼎。商代後期尖足鼎逐漸消失，分檔

---

[1] 皮明庥、歐陽植梁主編：《武漢史稿》中國文史出版社1992年版，第36頁。

鼎增多。到西周後期，扁足鼎和方鼎基本消失，鼎足呈蹄形。戰國至漢代的鼎多為斂口（口沿向內收縮），大多有很短的蹄足並有蓋子，蓋上多有鈕或三小獸。

從用途上來說，商周王室的鼎又分為鑊鼎、升鼎和陪鼎三大類。鑊鼎形體較大，多無蓋，用來煮牲肉。《周禮　天官　烹人》曰：「掌共鼎鑊。」鄭玄注云：「鑊所以煮肉及魚臘之器，既熟，乃脀於鼎。」升鼎是把鑊中的熟肉放到這一類型的鼎中去，這又稱之為「升」，故名為「升鼎」，也稱「正鼎」；陪鼎是升鼎之外的另一種鼎，盛放佐料的肉羹，與升鼎相配使用，故稱陪鼎。

在古代，鼎還是一種權勢的象徵。《周禮》規定，天子九鼎，諸侯七鼎，卿大夫五鼎，元士三鼎。

鼎後來發展成為一種禮器，所謂禮器，就是帝王貴族在進行祭祀、宴會等活動時，舉行禮儀使用的器物，具有濃重的宗教巫術色彩。後世甚至還把鼎視為國家政權的象徵，傳說大禹收九州大金，鑄為九鼎，遂以為傳國之重器，所以後世把國家的棟梁大臣稱為「鼎輔」，就好像鍋底下的足烘托著大鍋一樣，取得政權叫「定鼎」，其名均由飲食器具引申而來。

鬲也是商周王室中的常用炊器之一。《爾雅　釋器》說：「鼎……款足者謂之鬲。」鬲的作用與鼎相似，屬於鼎類。最初形式的青銅鬲就是仿照陶鬲製成的，它的形狀是大口，袋形腹，其下有三個較短的錐形足，這種奇特的設計是為了使鬲的腹部具有最大的受火面積，使食物能較快地煮熟。商代鬲的袋腹都很豐滿，上口有立耳，頸微縮。因為三個袋腹與三足相連，而且鬲足較短，習慣上把袋腹稱為款足。在江西、安徽、湖北等地都有青銅鬲出土。江漢流域曾出土過一種三鳩鬲，袋足上各有一鳥作鳩形，屬西周中期的器物。

商周時期，鬲也是國家禮器之一，到春秋晚期，鬲已基本上退出禮器的行列。而到戰國晚期，不論在祭器或炊具的範圍內，都不見

鬲。因此，容庚在《殷周青銅器通論》中指出：「鬲發達於殷代，衰落於周末，絕跡於漢代，此為中國這時期的特殊產物。」

甗亦是商周王室的炊器，相當於現在的蒸鍋。全器分為上下兩部分，上部為甑，放置食物，下部為鬲，放置水。甑與鬲之間有箅，箅上有通蒸汽的十字孔和直線孔。青銅甗也是由陶甗演變而來，青銅甗流行於商代至戰國時期。

商代至西周的甗是把甑和鬲鑄成一件，圓形，侈口（口沿向外撇），有兩直耳（或稱立耳，耳直立口沿之上），如1958年在江西余干黃金埠出土的應監甗。春秋戰國的甗是甑和鬲可以分開，直耳變為附耳（耳在器身外側）。這一時期還出現了四足、兩耳、上下可以分合的方形甗，如1972年湖北隨州熊家老灣出土的波曲紋方甗。有的方形甗上部甑內加隔，可同時蒸兩種食物。甗盛行於商周時期的飲食生活中，至漢代和鬲一起絕跡。

青銅食器是指商周貴族盛飯菜和進食的用具，主要有以下幾種：

簋是商周時最常用的食器。長江流域的青銅食器的紋飾和形制也在承襲中原青銅文化的基礎上初步形成了自己的風格。比如無耳或雙耳簋等青銅器，就以胎薄勻稱，花紋綺麗而見長。銅器銘文中的簋字一般都寫作「毀」。簋是用來盛放煮熟的黍、稷、稻、粱等飯食的，形體猶如大碗。西周貴族與民眾在宴饗時均是席地而坐的，簋放在席上，人們再用手到簋裡取食物。至今，還有一些少數民族沿襲著這種生活習慣。

陶簋在新石器時代就已出現了，青銅簋是在商代中期發展起來的。簋的形態變化最多，起初是流行無耳簋，大口，頸微縮，腹部均勻地膨出，下承圈足。在此形制的基礎上，出現了器側裝有一對手執的耳，商代晚期，已盛行雙耳簋。西周和春秋晚期的簋常帶蓋，有二耳或四耳。這一時期還出現了加方座或附有三足的簋。戰國以後，簋就很少見到了。

商代中期，簋與鼎等飲食器具的性質一樣，也曾作為象徵王室貴族等級的器物。據考古發現，簋往往成偶數出現；禮書也規定，天子九鼎配八簋，諸侯七鼎配六簋，大夫五鼎配四簋，元士三鼎配二簋，一鼎無簋。可知，簋的多少也是區別等級的重要標誌。

簠也是西周的食器，為長方形，口外侈，四短足，有蓋。蓋與器的形狀大小相同，合上成為一器，分開則成為相同的兩個器皿。鄭玄在《周禮　地官　舍人》的注中解釋了它與簋的區別：「方曰簠，圓曰簋，盛黍、稷、稻、粱器。」湖南、湖北、安徽等楚地出土較多。

簠的用途，與後世的盤子相似。簠主要流行西周中期，戰國以後逐漸衰退。商代和秦漢時，都未見有簠。

敦主要是東周時期的食器。敦是從鼎演變而來，其器形較多，一般有三短足、二環耳、圓腹、有蓋。因敦為盛黍、稷、稻、粱之器，黍、稷宜溫，所以有蓋。有的敦為「上下圓相連」形，即蓋與器形狀完全一樣，只不過器下足長一些，使用時可分一器為兩器用，提高了器物的使用價值，即通常說的「球形」或「西瓜形」敦。敦最初有三足，下邊可以燒火，後來漸成短足，以至無足，遂為盛器。

瓿，古代器名。青銅或陶製，圓口、深腹、圈足。用以盛飯食，盛行於商代。

豆是商周時期的食器。青銅豆是陶豆演變而來。從甲骨文中的「豆」，金文中的「豆」等字來看，字形像奉豆而內盛黍、稷，可知豆最初用來盛飯食。西周時期又用來盛肉醬、肉羹一類食物，所以《說文解字》釋「豆」為「古食肉器也」。豆的形狀如後世的高腳盤，大多數有蓋。蓋可仰置，腹間兩側有環形耳，通體刻畫各種紋飾，如1989年江西新淦大洋州商墓出土的獸面紋豆，及1978年湖北隨州曾侯乙墓出土的鑲嵌鳥首龍紋蓋豆。另外還有把柄較長的豆。

此外，還有盤。盤現在一般用於盛菜，但在商周時，主要用於飲

食前或行禮前盥洗手，楚國以江蘇儀征出土的四鳳盤，安徽繁昌出土的蟠龍魚紋盤，江蘇武進淹城出土的雙獸三輪盤，江西靖安出土的徐王義楚盤較為著名。

酒器是指商周權貴用來飲酒、盛酒、溫酒的器具，有些酒器還兼有盛水的功能，酒器主要有以下幾種：

爵是殷商時期的飲酒器，相當於後世的酒杯。早期的爵是陶製的，商代貴族開始使用青銅爵。爵的名稱十分雅致，有讓人聽其名而知其高貴的感覺，它是商王或貴族舉行宴飲時使用的酒具。在湖南、荊楚、安徽等商代墓葬中均有爵出土。

爵的名稱是由宋代人定的，取雀的形狀和雀的鳴叫之義。爵的形制是圓腹，前有傾酒用的流，後有尾，旁有鈕（把手），口上有兩柱，下有三個尖高足。古代文獻記載，爵的容量為一升，但事實上商代爵的容量懸殊很大，甚至有大型或特大型的。

尊是酒器的共名，凡是酒器都可稱尊。青銅器中專名的尊特指侈口、高頸、似觚而大的盛酒備飲的容器。也有少數方尊和形制特殊的尊，模擬鳥獸形狀，統稱為鳥獸尊，主要有鳥尊、象尊、羊尊、虎尊、牛尊等。在中國古代的青銅禮器中，尊佔據著僅次於鼎的重要地位。唐代詩人李白曾有：「金樽清酒斗十千，玉盤珍饈值萬錢」的著名詩句，這裡的金樽就是泛指一般用金屬製作的盛酒用具。因為後來尊又專指酒杯，在指酒杯這個意義上，尊又寫作「樽」。

1978年，湖北隨州曾出土過一件曾侯尊盤，這是迄今在楚國出土所見最為精緻的一件尊盤。

尊是盛酒器，盤則為盛水器。曾侯尊出土時，尊置於盤內，拆開來是一尊一盤兩件器物，放在一起又渾然一體。尊作喇叭狀，高30.1公釐，口徑25公釐。唇沿外折，下垂，形成寬沿。口沿上飾玲瓏剔透的蟠虺透空花紋，這種花紋又分上下高低兩層，形如一朵朵雲彩。尊的頸部較高，附飾有四隻豹形爬獸，皆由透空的蟠螭紋

構成獸身，作攀附上爬狀，返顧吐長舌。在四獸之間，飾有四瓣蕉葉，蕉葉向上舒展，與器頸往上微張的弧線相適應，顯得柔和而協調。在圓鼓的尊腹和高圈足部位，於淺浮雕及鏤空的蟠螭紋上，各加飾四條高浮雕的虯龍，從而突破了春秋時期滿飾蟠螭紋的銅器所帶有的僵滯、繁縟的格調，取得了層次豐富、主次分明的裝飾效果。同出的銅盤，高23.5公釐，口徑58公釐。盤口外折下垂，直壁平底，下附四隻龍形蹄足，口沿上另附四個方耳，耳的兩側為扁形鏤空夔紋；在四耳之間，各有一條龍攀附。總之，從整體上看，具有與同出的尊相一致的藝術風格。

不難看出，曾侯尊盤最為驚人的地方，在於那千絲萬縷、藤連瓜懸、鬼斧神工的透空附飾。這種透空附飾由表層紋飾和內部多層次的銅梗所組成。表層紋飾不同於其他青銅器上連續的鏤空花紋，互不接續，彼此獨立，全靠內層銅梗支承，內層的銅梗又分層聯結，構成為一個整體，高低參差與對稱排比相結合，寓變化於整齊之中，達到了玲瓏剔透、節奏鮮明的藝術效果。重要的是，附飾是用錫青銅（銅和錫的合金）鑄成，沒有經過鍛打，也不曾留下鑄接和焊接的痕跡，而形制的高度細密複雜又排除了渾鑄或分鑄的可能，因此，鑄造這種透空附飾必須要使用失蠟法。考古學家和中國機械工程學會及鑄造學會的專家們曾經為此進行了反復的研究和鑒定，證明這一結論是正確的。

失蠟法的工藝，是先將易熔化的黃蠟製成蠟模，然後用細泥漿多次澆淋，並塗上耐火材料使之硬化，做成鑄型。再經烘烤使黃蠟熔化流出，形成型腔，最後澆鑄銅汁成器。曾侯尊盤是我國第一件得到科學鑒定的先秦失蠟法所鑄標本。過去，人們以為中國秦以前不曾掌握失蠟法這種先進工藝，至遲要到西漢才出現，曾侯尊盤以無可辯駁的事實，推翻了這種觀點。從曾侯尊盤紋飾的纖細、精緻、鑄作的齊整、精到來看，失蠟技術已經較為成熟，它的最初出

現顯然早得多 ^①。

鈁為古代器名。即方形壺，或有蓋，青銅製，用以盛酒水或糧食。盛行於戰國末至西漢初，陶製的多是明器。

壺是商周時期的盛酒和盛水器。河北平山中山王墓出土的銅壺內保存2300年前的古酒，可見壺最早是盛酒的，後來也用來盛水。壺是長頸容器的統稱，其變化的式樣甚多，商代的壺多扁圓，貫耳（耳像筒子），圈足。周代的壺圓形、長頸、大腹、有蓋、獸耳銜環，湖南、江西等地商、周時期墓葬中均有壺出土。

春秋時的壺為扁圓、長頸，肩上有二伏獸、有蓋，蓋上裝飾蓮瓣，中立一鶴，作振翼欲飛的姿態，造型生動，工藝精湛，是我國古代酒器中的傑作。戰國時期的壺有圓形、方形、扁形和弧形等多種形狀。圓形壺到漢代稱為鍾，方形壺則稱為鈁。

卣是商周王到的盛酒器，古代文獻中常有「秬鬯一卣」的話，秬鬯是商代權貴們特別愛飲的一種香酒，卣是盛這種香酒的酒器。卣在考古發現中數量很多。器形是橢圓口、深腹、圈足、有蓋和提梁，腹或圓或橢圓或方，也有作圓筒形。

鍾是古代器名，即圓形壺，用以盛酒水、糧食，盛行於漢代。

盉是商周時期盛酒或調和酒味之器。王國維在〈說盉〉中云：「盉之為用，在受尊中之酒與玄酒（水）和之而注之於爵」。其意是說，在進行祭祀時，將尊中的酒倒入盉中，加水以調和酒味濃度。盉的形狀較多，一般是深腹、圓口、有蓋。前有流，後有鋬，下有三足或四足，蓋和鋬之間有鏈相連接。

方彝是商周王室的盛酒器，形體為高方身，帶蓋，蓋上有紐，蓋似屋頂，有的方彝上還帶有扉棱。腹有直的，有曲的，下連方圈足，現存於中國國家博物館的周王室的方彝為眾多方彝中的成功之作。

① 參見梁白泉主編：《國寶大觀》，上海文化出版社1990年版，第304頁。

第七章 楚國的飲食器具

罍為商周時期中的大型盛酒和盛水器。《詩經　周南　卷耳》中有：「我姑酌彼金罍。」《儀禮　少牢饋食禮》中有：「司宮設罍水於洗東。」說明了罍有盛酒、盛水的兩種功能。罍有方形和圓形兩種。方形罍寬肩、兩耳、有蓋。圓形罍大腹、圈足、兩耳。兩種形狀的罍一般在一側的下部都有一個穿繫用的鼻。一般認為，罍在西周晚期便基本消失了，但1933年在安徽省壽縣楚王墓中出土過獸耳罍，這是一件戰國時期少見的青銅藝術品，現珍藏於安徽省博物館。該罍為圓口、直頸、廣肩、鼓腹、圈足，高30公釐，口徑23.5公釐，腹圍124公釐，足徑22.5公釐，重9.6公斤，兩側有對稱獸耳銜環，腹部飾模印羽紋（有稱雲紋），罍體較矮胖，是一件大型盛酒器，在造型結構和花紋裝飾上，大膽地改變了昔日複雜形體與面目兇惡的紋樣，而成為端莊大方、紋飾簡潔和風格清新的具有東南文化特徵的青銅藝術品。戰國青銅罍，經歷2000多年歷史，仍完好無損，對研究酒器的演變和探討傳統歷史文化有著重要的意義和價值。

　　以上青銅飲食器具，在楚國許多地方均有出土。

　　由於楚國是春秋戰國時期一個幅員遼闊、國力強盛的南方大國，其青銅飲食器因具有獨特的形制而自成一系。楚國青銅飲食器的發展大抵可分為三個階段：第一階段為西周晚至春秋早、中期；第二階段為春秋晚期至戰國早期；第三階段為戰國中、晚期。第一階段的楚國青銅飲食器深受中原地區影響，形制上與中原器相似或相同，如湖北當陽趙家湖8號墓所出的一鼎一簋，形制上雖有自己的特點，但與中原地區西周晚期至春秋早期的同類器相似。春秋中期器如趙家湖4號墓、金家山9號墓、鄭家窪子23號墓等所出的銅器，與同時期的鄭國銅器極為相似，尤其是帶蓋的三足圓簋，形態幾乎完全一致。第二階段，楚國青銅飲食器已形成自己的風格。這時重要的楚墓如春秋晚期的河南淅川下寺1、2號墓。戰國早期的固始侯古堆1號墓和白獅子山1號墓、長沙瀏城橋1號墓等，所出器物都極富特徵，眾多的圓腹鼎，

足細高而外撇，至戰國初期時腹更深、蹄足也更長而外撇，是中原所罕見而楚國所特有的；此外如爬獸鼎、罐形鼎、尊缶、盥缶等，也是楚文化的典型器物；紋飾則多繁縟的浮雕狀花紋和立雕狀的附加裝飾（早於中原地區），已顯示出楚器的特色。屬於楚文化範圍內的戰國早期隨縣擂鼓墩1號墓所出繁複剔透的盤尊等器物極為精美，達到了這一時期青銅飲食器製作的頂峰。第三階段戰國中期的楚國大墓，如湖北江陵藤店1號墓、望山1號墓和沙塚1號墓，湖南湘鄉牛形山1、2號墓，河南信陽長臺關大墓等，所出青銅飲食器多為素面，時代屬戰國晚期，墓主可能是楚幽王。安徽壽縣李三孤堆大墓所出器物卻又有繁複美觀的紋飾，可能與該墓屬王陵有關。江蘇無錫前洲出土的幾件同時期的器物器形則比較簡單，而且是全素面的。

另據2011年6月14日《河南日報》報導：在人們的普遍認知中，青銅器一般都是暗綠色的。但這絕不是唯一的顏色。6月12日，記者在河南省文物考古研究所看到一組極為珍貴的國寶級文物——楚國青銅飲食器皿，這是一組發出金子般璀璨光芒的青銅器。

這組飲食器皿包括10件平口圓盤、8件折沿圓盤和4個兩兩相扣的圓盒，盤與盒大小套合，擺放規則，盛裝在一個扁圓形的銅壺內。細看這件扁壺，通高27.6公釐，腹徑9.9～22.7公釐，壺的腹部以黑漆為底，用銀粉作畫，繪有一隻線條流暢、身姿柔美的鳳鳥。

河南省文物考古研究所所長孫新民告訴記者，在扁壺的腹部兩側，各有一個鳥首和圓環，當轉動鳥首和圓環時，扁壺就從中間開啟，青銅飲食器也隨之展現，像這種類似現代器皿的組合盛裝方式，在目前已知的楚國文物中更是獨一無二的，在中國古代飲食器具中也極為罕見。此外，青銅器是包括銅、錫、鉛、鋅等金屬元素的合金，一般經過若干年的埋藏之後，出土時呈現出綠色，顯得古色古香。但這組青銅飲食器皿卻呈現出金光燦燦的外觀，顛覆了傳統概念中的青銅文物的外觀形象。專家們認為，這種現象，一方面與成分配比、埋

藏環境有關，一方面，還有尚未知曉的因素有待於進一步的破解。

圖7-1　信陽長臺關七號楚墓「彩繪銅扁壺」

　　遙想當年，是誰用如此精緻富麗的青銅器皿擺設了一場盛宴？當時的發掘者——信陽長臺關7號楚墓項目考古發掘領隊陳彥堂介紹說，2002年10月在對一座墓葬進行搶救性發掘時，發現墓內出土各類文物700多件，其中最令人驚歎的就是這組青銅飲食器。在同一墓葬還出土了一件戰國盾牌，上面刻有銘文「集」。考古專家初步推測，「集」可能是楚國的封邑，墓主人是楚國中晚期的一個封君。

　　信陽長臺關境內的城陽城是當時楚國的軍事重鎮，大批楚國的奴隸主貴族也聚集在這裡，過著奢侈豪華的生活。這組青銅飲食器的出土，展示了楚國北部和中原南部文化的完美交融 [①]。

第二節　色彩豔麗的漆飲食器

　　殷商時期，中國進入青銅時代，但漆制飲食器也在不斷發展，這時，漆液裡不僅已開始摻和各色顏料，且出現了在漆器上粘貼金箔和

---

① 參見陳茁等：〈楚國青銅飲食器皿：發出金子般光芒——展示楚國北部和中原南部文化的交融〉，2011年6月14日《河南日報》。

鑲嵌鑽石的做法，開漢唐「金銀平脫」技藝之先河。歷西周、東周，漆器製作技術日精，漆器之優良品質越來越被人們所認識、掌握，它輕便、堅固、耐酸、耐熱、防腐，外形可根據用途靈活變化，裝飾可依審美要求花樣翻新。於是，在這時各諸侯王的生活領域中它逐漸取代了青銅器皿，形成了中國漆飲食器發展的一個高峰。

圖7-2　楚地出土的漆器

　　這時的漆食器以楚國最多，楚漆食器分布在楚國長江中游一帶，其中又以荊楚江陵為最。這些漆食器類別繁多，應用廣泛，有碗、盤、豆、杯、尊、壺、鈁、羽觴、卮、匕、勺等。出土楚國漆器中，彩繪漆器占有相當大的比重，或者大筆寫意，或者工筆勾勒，用黑紅兩色寫出輝煌的畫幅。這些漆器反映了「楚人生活在一個漆的王國中，生離不開漆，死也離不開漆。其生時使用的日常生活實用器具和娛樂用品是漆品，死後喪葬用品也多用漆品。生活用具如漆杯、漆碗、漆豆、漆盒、漆卮、漆盤、漆勺、漆方壺、漆案、漆俎、漆几、漆杖、漆箱、漆床等；娛樂用具如漆鼓、漆瑟、漆琴、漆竹笛等；工藝品有如漆鹿、漆座屏；喪葬用品有漆鎮墓獸、漆木俑、漆棺等[①]」。

① 張正明主編：《楚文化志》，湖北人民出版社1988年版。

第七章　楚國的飲食器具

圖7-3　江陵望山1號戰國楚墓出土的酒具盒

　　春秋時期，楚國貴族的中型墓中出土的方壺、簠、盨、豆、俎等漆器，是作為禮器而製作。戰國時期，楚國一些酒具盒與食具盒，就比較注重實用與審美相結合。例如江陵望山1號墓發現的酒具盒，盒裡分四格放置酒壺兩件、耳杯9件、大小盤各一件，非常緊湊實用，整器作長方形而圓其四角，器外又浮雕渦紋，造型也很美觀大方。

　　秦代楚地漆生活用具的器類與數量有較大的增加，其器皿造型也很巧妙，雲夢睡虎地13號秦墓出土的一件漆耳杯盒，外作橢圓形，內作耳杯形，能緊湊地平置五件漆耳杯，十分講究實用價值。漆卮、樽、壺和扁壺等酒器的造型，也各具特色：卮為圓筒狀、平底，器外附單環形鋬，少數還有蓋；尊的造型與卮相類似，但平底下有三蹄足，大多有蓋（蓋上一般有三個S形鈕飾）；壺為圓口、圓頸、圓鼓腹、圓圈足、圓蓋；扁壺則是扁腹，長方形圈足，並有圓口圓蓋與方

口盞狀蓋兩種。漆圓奩、橢圓奩、筍等，造型特點都是器身與蓋相套合，蓋頂隆起，體現了既有規則又有變化的藝術特點。

西漢時期的楚地漆器，在繼承秦代的造型藝術基礎上又有一些發展。例如江陵鳳凰山168號西漢墓發現的一件漆耳杯盒，整個盒的內外均近橢圓形，平底，蓋頂隆起，造型別致；盒裡空間恰好豎置10件對扣的漆耳杯，比秦代耳杯盒平置耳杯更可充分利用盒裡的空間；盒外有繁麗的彩繪花紋。它的構思巧妙，更注重實用，造型也顯得美觀大方[①]。這也反映了楚國漆器由禮器到食器，注重實用性這樣一個過程。

下面就出土的幾件飲食器具珍品作一介紹。

鳳鳥形雙聯漆杯。出土於楚國江陵境內的紀南城，紀南城是春秋戰國時楚國的國都郢所在地。楚漆器中最多見的是形色各異的鳳鳥形象，被稱為「楚藝術的裝飾母題」。該器作鳳鳥負雙杯狀，前端為頭頸，後端為尾翼，中間並列兩個桶形杯，杯高9.2公釐，長17公釐，杯之間有孔相通。杯的鳳鳥形狀經雕刻而成，昂首展翅，似在飛翔，口中銜有一珠，珠為黑漆地，繪紅、黃相套的圓環紋，胸腹下二爪正好作器足。鳳鳥的頭、頸、胸、尾遍刻象徵羽毛的鱗狀紋，全身除尾翼底面為紅色外，其餘皆髹黑漆地，再用紅、黃、金三色漆繪圓圈紋、點紋、卷雲紋、放射狀線紋等，用筆細膩，描摹逼真，體現了很高的繪畫技巧。

此外，鳳鳥的頭頂、頸側、兩翼、下胸部還嵌有銀色寶石八顆，使鳳鳥更顯得華貴俏麗。雙杯內髹紅漆，杯口繪黃色卷雲紋，外壁上口及近底部一段用紅、黃色相間繪波浪紋，外壁中部以黑色繪相互纏繞的雙龍，龍頭伸向兩杯相連處，龍身加繪金色的斑紋和紅黃色的圓圈紋等，龍紋外的空白處填紅色，繪黃色雲紋。杯底髹黑漆地，又以

---

① 參見陳振裕主編：《楚秦漢漆器藝術　導言》，湖北美術出版社1996年版。

紅色分別繪兩蟠龍。龍鳳形象集於一杯,有「龍鳳呈祥」之意。

兩杯底外側各接一雛鳥形足,皆髹黑漆地,用紅、黃、金三色畫羽紋,鳥雙翅上展,雙足蜷曲,似在使盡全身力氣頂扛雙杯,神情令觀者憐愛。同時,這一裝飾手法也讓人們覺得碩大的雙杯好像變得輕盈了不少。

這種鳳鳥形雙連漆杯不僅做工精美,裝飾繁縟,而且還凝聚著深刻的民俗含義。胡應麟《甲乙剩言》說:「都下有高郵守楊君家藏合巹玉杯一器,此杯形制奇怪,以兩杯對峙,中通一道,使酒相過,兩杯之間承以威鳳,鳳立於蹲獸之上。」這裡所說的合巹玉杯與雙聯漆杯均為婚禮儀式上的一種飲酒器。因此,有人認為漆杯可能是墓主人喜愛的結婚紀念品。

彩漆鴨形木雕豆。出土於江陵楚墓之中。此豆通高25.5公釐,由盤、柄、座三部分組成,盤深5公釐,座高4.4公釐,柄徑3.5公釐。柄和座一木刻成,柄上端鑿榫頭與盤部卯眼相接。豆盤較深,蓋凸起,柄座上彩繪工整對稱的三角形雲紋與卷雲紋,顯得莊重而沉穩。最巧妙處是蓋與盤合為一體,被雕成一隻鴨,頭、身、翅、腳、尾均刻得惟妙惟肖。

此器鴨的尾部兩側還繪有兩隻對稱的金鳳,鳳鳥作為吉祥、幸福的象徵,深化了器物的主題內涵,使此豆更顯貴重。該器雕刻精美,造型奇特,鴨的全身各個部分用金、黃、朱紅、黑諸色精細描繪,雕刻與彩繪相得益彰,色彩斑斕,富麗堂皇。作為一件食器,它絕不是為一般宴會所用,而可能是楚國王室舉行隆重宴會,如婚禮之類才用的器具,寄託了時人的美好嚮往。

另外,在隨州曾侯乙墓中,還出土了一件彩繪樂舞圖鴨形盒。它有可轉動的頭頸,羽毛描畫甚精。尤為奇特的是鴨腹兩側各畫有一個方框,左腹繪撞鐘擊磬圖,右腹繪鼓舞圖,就像鑲嵌了兩幅裝飾畫。此器可能是盛食物的用具,足可見當年曾國君主「鐘鳴鼎食」的生活

情景。

　　雲紋漆案及杯盤。出土於長沙市馬王堆。1972年1月，湖南省博物館在長沙市東郊馬王堆發掘了一座西漢墓，因出土一具歷時2000年而未腐的女屍而轟動國內外。該墓出土各類文物達千餘件，其中漆器量多質精，尤值稱道。這裡所介紹的雲紋漆案及杯盤，即屬漆器裡的佼佼者。這是一套長沙國丞相侯利蒼家中的餐具，包括漆案一件及置於案上的五盤、一杯、二巵，五件盤內還盛有食物。

圖7-4　長沙馬王堆出土的雲紋漆案及杯盤

　　五件食盤，其造型、裝飾均一致，口徑18.3公釐。旋木胎平底，內髹紅漆，中心黑漆地，朱繪卷雲紋四組，紋飾間嵌黑漆書寫「君幸食」三字，相互構成一個圓形的圖案。「君幸食」者，意為希望主人多進飲食，這頗令進食者愜意。全器底、腹、口各部分用朱、墨二色，朱色輕巧，墨色凝重，顏色搭配極為合理。

　　兩件巵，一為卷木胎，無蓋，有耳，外壁以紅、褐二色漆繪三道卷雲紋，耳上朱繪獸面紋，器內黑漆書「君幸酒」三字，器底紅漆書「二升」。另一件巵造型極為精緻，夾紵胎，有蓋有耳，耳、紐上均有鎏金銅杯。蓋和器壁的黑漆地上針刻雲氣紋，雲氣間有兩個龍頭怪

獸，線條細如遊絲，流暢奔放。《鹽鐵論 散不足》篇中所說「銀口黃耳」，即指這類鑲有鎏金銅耳紐的漆器，十分貴重。

耳杯一件，內髹紅漆，用黑漆書寫「君幸酒」三字，外壁和杯底只髹黑漆。耳杯，文獻中多稱「羽觴」，「羽觴」最早見於《楚辭招魂》「瑤漿蜜勺，實羽觴些」，墓中木簡上稱「小具杯」，用於盛酒，間或盛羹，因這件耳杯上明確寫有「君幸酒」三字，肯定是一件酒器。

第三節　精美絕倫的金銀食器

中國使用黃金的時間很早，根據考古發現，早在距今3000多年前的商代就已開始使用黃金了。一般來說，秦以前的金銀器工藝尚未脫離青銅器鑄造工藝的範疇，到了兩漢，特別是在東漢以後，由於金加工的發展，就使得金銀器製作從青銅器製作傳統工藝中分離出來，成為一種獨立的工藝門類了。

唐代是我國金銀食器製作的繁榮時期，各地出土的唐代飲食器的數量相當豐富。宋代的金銀器製造業有了進一步的發展，而且更為商品化。不僅皇室宮廷、王公大臣、富商巨賈享用著大量金銀食器，甚至一些庶民和酒肆餐館的飲食器皿都使用金銀器。清代金銀器工藝空前發展，宮廷用金銀器更是遍及生活中的各個領域。下面我們就楚國歷代金銀飲食器具的珍品，擇要作一介紹：

金盞、金勺。1978年，湖北省隨州市擂鼓墩附近發掘的戰國早期曾國君主曾侯乙的墓內，出土了一批盞、杯、器蓋等金製器皿，其中金盞和金勺製作最精。像這樣大宗的金器發現，在戰國墓葬中並不多見。

金盞高10.7公釐，口徑15.1公釐，足高0.7公釐，重2150克，是

迄今我國出土最早，並且最重的一件金質飲食器皿，其含金量高達98%。盞蓋為方唇，折沿，蓋頂中央有環式提手，環下以四個短柱與蓋面連鑄一起，把環架空以防止傳熱，避免提取時燙手。蓋的口沿兩側安有兩個定位的邊卡，與盞口相扣合。盞身為直口，腹壁稍斜漸內收成圜底，腹外有兩個對稱的環狀耳，底部有三個倒置的鳳形足。蓋上環式提手飾雲紋，蓋面鑄有精細的蟠螭紋、陶紋和雲雷紋，盞腹上部鑄寬頻狀蟠螭紋。金勺置盞內，通長13公釐，重50克。勺端略呈橢圓凹弧形，內鏤空雲紋，附扁平形長柄。

圖7-5　隨州曾侯乙墓出土的金盞和金勺

　　金盞造型端莊穩重，鑄造工藝十分複雜，採用鈕（提手）、蓋、身、足分鑄，即器身與附件分別鑄成，然後再合範澆鑄或焊接成器，與青銅器的鑄造方法很相似。器表鑄造紋飾也十分精細，特別是蟠螭紋上浮雕凸出的尖狀雲紋，有的細如毫毛，其鑄造工藝之精，遠遠超過中原地區同期的蟠螭紋飾。過去，有人認為中國金銀器的製作技術是從西方傳入的，但此器無論從形制上還是花紋上，均屬典型的楚國風格。因此，可以說中國古代金銀器製作技術，應是在中國傳統的青銅鑄造工藝基礎上發展起來的一種新的工藝。

137

這套金盞、金勺等食具，是墓主曾國君主曾侯乙生前豪華的飲食用具。金盞內盛放食物，金勺有鏤孔，是專為從湯汁中撈取食物用的。

　　曾侯乙墓還出土了1件雙耳素面金杯，金杯呈圓桶狀，束腰，有蓋有耳，通體素面無紋，杯壁較厚，蓋足圓拱形，顯得敦厚莊重。杯通高10.65公釐，蓋徑8.2公釐，重789.9克，係錘工藝製作而成，亦為先秦重器。

圖7-6　隨州曾侯乙墓出土的雙耳素面金杯

　　雙耳金杯出於曾侯乙墓主棺下，有蓋，出土時蓋已打開，置於杯旁。杯腹上部有兩個略不對稱的環形耳。蓋呈圓拱形，蓋邊有三個等距的銜扣，可卡在杯內。它以造型見長，通體無任何紋飾，打磨光潤，給人敦厚莊重之感。雖已深埋2400餘年，出土時仍光可鑒人，金質燦爛，可見冶煉工藝之高超。其造型與楚國青銅酒杯相同，但裝飾卻與當時占主流的雕刻繁縟之風格迥異，此件金杯內弧似矮青銅瓠般的器身、隆凸的器蓋弧面，乃至光素無紋的器表，組合在一起，在視覺上不免給人以怪異甚而陌生的感覺，然而楚地文化正是以奇譎、瑰麗而著稱的，這或許預示一種新的審美趣味的出現。然其造型的素樸簡約與材質的美感相得益彰。

圖7-7　安徽壽縣出土的楚王銀匜

　　楚地工匠不僅製出了中國最早的金質器皿，同時也是中國最早銀質容器的开风气之先者。戰國時為銀容器初始階段，傳世及出土銀器極少，且大部分為小件銀器飾物及青銅器上鎦銀。這件楚王銀匜，中華人民共和國成立前出土於安徽壽縣，出土時器物上還附有銅銹和朱砂：一則說明戰國時銀器因為無法達到融煉純銀的技術，故為銀和銅的合金，故出土時定有銅銹。二則說明此器在墓主棺槨之內，有棺槨的朱砂粘連。銀匜高4.9公釐，口徑12.5～11.8公釐，重100克，現為故宮博物院藏。這是我國目前發現時代最早的銀質容器。銀匜無足，形制略似瓢形，通體光素無紋。流下腹刻款「楚王室客為之」六字，外層刻「室客十」三字，筆道纖秀婉轉，看得出與楚國銅器銘刻及楚簡墨書是一脈相承的。據銘辭內容，知此銀匜實係楚王為室客作器，所謂的「室」，乃指上層人物活動的地方或用來招待賓客的場所。中國古代的匜，是一種盥洗用具，多以青銅製作，故宮博物院所藏楚王銀匜形制較小，故不大可能作水器使用，而是招待賓客宴飲的酒器，說明楚國在戰國末期就已經能夠製作比較高水準的銀酒器了。

第八章　楚國宴會禮儀

　　宴席是菜品的組合藝術，具有聚餐式、規格化、社交性的特徵。所謂聚餐式，是指多人圍坐暢談，愉情悅志的一種進餐方式；所謂規格化，是指宴席庖製精細，肴饌配套，餐具漂亮，禮節有秩；所謂社交性，是指通過飲宴來加深彼此了解，敦睦親誼。宴席在西周時就已具雛形，古漢語「燕」通「宴」，所以《儀禮》與《禮記》中的「燕禮」，即為「宴禮」。「燕禮」比「鄉飲酒禮」的菜肴遠為豐富。《儀禮》和《禮記》中所記述的「鄉飲酒禮」主要發生在西周鄉民之間，王公貴族的宴席則有「燕禮」和「公食大夫禮」。楚國的王公宴席，既有「燕禮」的基本特徵，也有楚國的特色。

第一節　品類多樣，「食多方些」

　　先秦文獻中常以「食前方丈，羅致珍饈，陳饋八簋，味列九鼎」來形容春秋戰國王室宴席的豐盛，而楚國的宴會更為講究，文獻記載子路「南遊於楚，從車百乘，積粟萬鍾，累茵而坐，列鼎而食 [①]」。

---

① 《孔氏家語　致思》，北京燕山出版社2009年版。

這在《楚辭　招魂》中得到了印證，其中屈原為招楚懷王之魂，列舉了楚國王室的各種美食。林乃燊先生在《中國飲食文化》一書中把這首詩譯為：「家裡的餐廳舒適堂皇，飯菜多種多樣：大米、小米、二麥、黃粱，隨便你選用；酸、甜、苦、辣、濃香、鮮淡，盡會如意伺奉。牛腿筋閃著黃油，軟滑又芳香；吳廚師的拿手酸辣羹，真叫人口水直流；紅燒甲魚、掛爐羊肉，蘸上清甜的蔗糖；炸烹天鵝，紅燜野鴨，鐵扒肥雁和大鶴，喝著解膩的酸漿。鹵汁油雞、清燉大龜，你再飽也想多吃幾口。油炸蛋饊，蜜沾粱粑，豆餡煎餅，又黏又酥香。蜜漬果漿，滿盞閃翠，真夠你陶醉。冰鎮糯米酒，透著橙黃，味酸又清涼。為了解酒，還有玉漿的酸梅羹。歸來吧!老家不會使你失望。」

　　《楚辭》的〈招魂〉和〈大招〉各給我們留下了一個品類多樣的功能表，黃壽祺、梅桐生在《楚辭全譯》中將〈大招〉有關楚國的飲食部分譯為：「這裡有很多精細的食糧，用菰米做飯真香。食鼎滿案陳列，食物散發芬芳。肥嫩的鶬鶊鴰鳩天鵝肉，還調和著豹狗的肉湯。魂魄啊!回來吧!任你品嘗。鮮美的大魚燉肥雞，再放點楚國的乳漿。豬肉醬和苦味的狗肉，再切點苴蒪加上。吳國做的酸菜，淡淡正恰當。魂魄啊!回來吧!任你選擇哪樣。烤烏鴉，蒸野鴨，鵪鶉肉湯陳列上。煎鯽魚，炒雀肉，味道鮮美令人口爽。魂魄啊!回來吧!味美請先嘗。一起成熟的四缸醇酒，純正不會刺激咽喉。酒味清香最宜冷飲，奴僕難以上口。吳國的白穀酒，摻入楚國的清酒。魂魄啊!回來吧!酒不醉人不要害怕。」

　　在楚國最具傳統特色的酒是香茅酒。楚人向周天子進貢，祭祀神靈都使用香茅酒。楚人有兩種飲酒方法，「凍飲」和「酎清涼」，「凍飲」是將冰塊置於酒壺外使之成為凍酒，「酎清涼」則是將酒壺浸入冷水中使之成為涼酒。這都是楚人在夏季的飲酒方法。1978年湖北隨州曾侯乙墓出土了兩件冰（溫）酒器，這種器物是由兩種容器組合而成，裡面的方壺形容器是盛酒的，每個方壺中均有一把銅勺，外

面的方鑒形器在夏季裡用來盛冰或涼水，在冬季則用來盛熱水。

從以上兩個功能表可以看出，楚國國君的飲食中，有主食，有點心，有飲料，有冷飲，有調味品，有菜肴，有羹湯，可謂飲食多種多樣。

楚國宴會不僅品種多，而且品質高。僅據《楚辭》「二招」的記述，楚王享用的有名菜肴就有十多種。據宋公文、張君的研究，這些菜肴：一是「肥牛之腱，臑若芳些」；二是「和酸若苦，陳吳羹些」；三是「胹鱉炮羔，有柘漿些」；四是「鵠酸臇鳧，煎鴻鶬些」；五是「露雞臛蠵，厲而不爽些」；六是「內鶬鴿鵠，味豺羹只」；七是「鮮蠵甘雞，和楚酪只」；八是「醢豚苦狗，膾苴蒪只」；九是「吳酸蒿蔞，不沾薄只」；十是「炙鴰烝鳧，黏鶉陳只」；十一是「煎鰿膗雀，遽爽存只」。上述十餘道美食佳餚非常講究，烹飪技藝，用了臑、羹、炮、醢、膾、炙、蒸、黏、煎等10種手法[1]。

楚國貴族的飲宴，不僅在席位、進食等方面有禮儀之規，同時在不同的宴會上，饌肴和飲品、醢醬等物的擺放上，也有一定的規矩，不得錯亂。一般宴席的肴饌食序，大抵是先酒、次肉、再飯。後世人們宴客，也是先上茶，再擺酒肴，最後是魚肉飯食，每次食完將席面清潔一次，仍繼承著西周時宴會禮儀的食序。

鄒衡、徐自強在《商周銅器群綜合研究　整理後記》中說：

據禮書記載，當時的奴隸主貴族用列鼎的數目因其身分的高低而有所不同，從而形成了一套比較嚴格的用鼎制度。關於各級貴族用列鼎的數目，按其規定，大體說來，可以分為五等：

一鼎　據〈士冠禮〉、〈士昏禮〉、〈士喪禮〉、〈士虞禮〉和〈特牲〉的記載，「一鼎」的鼎實是豚，並規定為「士」一級用。

---

① 參見宋公文、張君《楚國風俗志》，湖北教育出版社1995年版，第21—23頁。

三鼎 據〈士昏禮〉、〈士喪禮〉、〈士虞禮〉、〈特牲〉和〈有司徹〉等記載，情況比較複雜，鼎實也不完全一樣，〈士喪禮〉說是豚、魚、臘，〈特牲〉說是豕、魚、臘，而〈有司徹〉則說是羊、豕、魚，即所謂「少牢」。這是「士」一級在特定場合下用的。《孟子　梁惠王下》也說到士用「三鼎」。

五鼎 〈聘禮〉、〈既夕〉、〈少牢〉、〈有司徹〉、〈玉藻〉等都有「五鼎」的記載，其鼎實大概是羊、豕、魚、臘、膚五種，亦稱「少牢」。《孟子　梁惠王下》：「前以士，後以大夫；前以三鼎，而後以五鼎。」這與〈少牢〉、〈有司徹〉等記載相合，可見「五鼎」是「大夫」一級用的。

七鼎 〈聘禮〉、〈公食大夫〉和〈禮器〉都有記載，其鼎實為牛、羊、豕、魚、臘、腸胃、膚七種，即所謂「大牢」，是「卿大夫」用的。

九鼎 〈聘禮〉、〈公食大夫〉都有記載，其鼎實為牛、羊、豕、魚、臘、腸胃、膚、鮮魚、鮮臘九種，亦稱「大牢」。《周禮　宰夫之制》記載：「王日一舉，鼎十有二。」鄭《注》：十二鼎為牢鼎九、陪鼎三。可見「九鼎」是天子用的，但東周的國君宴卿大夫時也用「九鼎」。

春秋戰國時期國君宴請前來訪問的其他國家的賓客，就是按照這個標準執行的，以鼎的多少來象徵賓客的身分、在已出土的楚國食器中，簋按一定數量與鼎配合使用，以表示貴族的身分等級。通常為八、六、四、二偶數組合，九鼎八簋為諸侯以上級別，七鼎六簋為卿和上大夫以上級別，五鼎四簋為大夫以上級別，三鼎二簋或一鼎一簋為士以上。從這些禮器組合中可以發現一個規律，即高級別的食器充當禮器，往往是以奇數出現，寓意以九封頂，象徵長久和頂級尊貴。而次一級的食器則往往偶數出現，偶數在傳統中國人心目中一般認為比較吉利。

曾侯乙墓出土了國內最完整的九鼎八簋禮器組合。九鼎本來為國君所專享的規格，這時卻在楚國的一個屬國出土，該禮器為楚王贈予曾國國君陪葬，則應為楚國所製。

在商周時期所形成的一套按照貴族身分和禮儀隆重不同而使用不同的飲食禮器的制度中，用鼎制度是其中的核心。用鼎多少是「別上下、明貴賤」的標誌。鼎不僅是一種禮器，而且是政權的象徵，在《左傳》、《逸周書》、《墨子》等文獻中，有夏禹收九州之金，鑄為九鼎，遂以為傳國之重器的記載。所以後世稱取得政權叫「定鼎」，國家的棟梁大臣稱為「鼎輔」。正是因為鼎在社會政治生活中有如此重要的價值，所以，在商周飲食禮俗中，用鼎的制度也就成了其中的主要內容，楚國也一直在沿襲這套用鼎制度，到西漢以後，這套用鼎制度才逐漸退出歷史舞臺。

第二節　場面宏大，「以樂侑食」

春秋戰國時期，王公宴席的各種飲食禮節已經十分完善，這時不少宴會的禮儀，都可以在《禮記》中看到其形式。以「燕禮」為例，所謂「燕禮」，即國君宴請群臣之禮，其節文與形式同「鄉飲酒」大同小異，不同的是場面更加宏大，來賓更眾，歌唱、吹奏的樂曲更多，飲食更為豐富。其形式為：「獻君，君舉旅行酬，而後獻卿；卿舉旅行酬，而後獻大夫；大夫舉旅行酬，而後獻士；士舉旅行酬，而後獻庶子。俎、豆、牲體、薦、羞，皆有等差，所以明貴賤也。」[1]這就是說，飲酒時，宰夫（宴會主持人）先敬獻國君，國君飲後舉杯向在坐的來賓勸飲；然後宰夫向大夫獻酒，大夫飲後也舉杯勸飲；然

① 《禮記　燕義》。

後宰夫又向士獻酒，士飲後也舉杯勸飲；最後宰夫獻酒給庶子。燕禮中應用的餐具飲器、食物點心、果品醬醋之類，都因地位不同而有差別。由此可見，席位有尊卑、獻酒有先後、食用有差別，都是用來分別貴賤的，故曰：「燕禮者，所以明君臣之義也。」這也反映了楚國宴會的基本內容和形式。

樂舞相伴也是楚國王室宴會的一大特色。《左傳　成公十二年》：「晉郤至如楚聘，且蒞盟。楚子享之，子反相，為地室而縣焉。郤至將登，金奏作於下。」楊伯峻先生解釋「為地室而縣焉」說：「『縣』同懸。於地下室懸掛鐘鼓。地下室當在堂下。」又解釋「金奏作於下」說：「金奏，金指鐘鎛（似鐘），奏九種〈夏〉樂，先擊鐘鎛，後擊鼓磬，謂之金奏。」這是楚國國君設享禮招待其他大國來聘問的大臣，在地下音樂廳奏樂。

樂舞與飲食相伴可以追溯到先秦時期，當時人們獲得了豐收，以及獵取了美味以後，常常設慶功喜宴，殺牛、宰羊，並載歌載舞，以祈求祖先、天地、神靈保佑他們，希望風調雨順，五穀豐登，牲畜興旺，免除災難。由此形成了詩歌，早期詩歌一般都配合樂器，帶有扮演舞蹈的藝術，多數詩篇都是反映勞動人民飲食生活狀況的。此後，宮廷宴會也必須行禮舉樂，以樂侑食。《周禮　天官　膳夫》云：「王日一舉，⋯⋯以樂侑食，⋯⋯卒食，以樂徹於造。」其意是說，每天為王者供給其菜肴所需。進食的時候，要奏樂，以調和氣氛。待王者進食完畢，再奏樂，並負責將剩餘的菜肴收入廚房之中。又《禮記　王制》記載「天子食，日舉侑樂」。周王室遇有重要宴會，還必須舉樂唱詩。可見，這種「以樂侑食」之風盛行於西周與東周。天子、諸侯進而大夫舉行宴會時，都要以樂侑食，以活躍氣氛，培養情緒，增進食欲。據有關專家研究，《詩經　大雅》是用於周王室大典宴會的歌辭，〈小雅〉是用於諸侯國宮廷宴會的歌辭。

《楚辭　招魂》中也有這種記載：「肴饈未通，女樂羅些。敶鐘

按鼓，造新歌些。〈涉江〉、〈采菱〉，發〈揚荷〉些。美人既醉，朱顏酡些。娭光眇視，目曾波些。被文服纖，麗而不奇些。長髮曼鬋，豔陸離些。二八齊容，起鄭舞些。衽若交竿，撫案下些。竽瑟狂會，搷鳴鼓些。宮廷震驚，發〈激楚〉些。吳歈蔡謳，奏大呂些。」其意是說：豐盛的酒席還未撤去，舞女和樂隊就羅列登場。安放好編鐘設置好大鼓，把新作的樂歌演奏演唱。唱罷〈涉江〉再唱〈采菱〉，更有〈揚荷〉一曲歌聲揚。美人已經喝得微醉，紅潤的面龐更添紅光。目光撩人脈脈注視，眼中秋波流轉水汪汪。披著刺繡的輕柔羅衣，色彩華麗卻非異服奇裝。長長的黑髮高高的雲鬢，五光十色豔麗非常。二八分列的舞女一樣妝飾，跳著鄭國的舞蹈上場。擺動衣襟像竹枝搖曳交叉，彎下身子拍手按掌。吹竽鼓瑟狂熱地合奏，猛烈敲擊鼓聲咚咚響。宮殿院庭都震動受驚，唱出的〈激楚〉歌聲高昂。獻上吳國蔡國的俗曲，奏著大呂調配合聲腔。

　　《楚辭》中的這段描寫，反映出此風在楚國貴族間也頗為流行。但是，楚人的以樂侑食又明顯具有自己的獨特性。這主要表現在宴會所用音樂為地方民樂、俗樂，不在《詩經》中；其節奏鮮明，風格明快活潑。《楚辭》中所記的音樂有〈涉江〉、〈采菱〉、〈揚荷〉、〈激楚〉，王逸注曰：「楚人歌曲也。」這些都是楚地地方性的音樂。「吳歈蔡謳，奏大呂些」，指吳地和蔡地的歌謠；「大呂」為音樂調值名，並不指特定的音樂。蔡早在春秋時期已為楚所滅，到楚懷王時期，吳越之地也進入了楚國版圖。因此，此時的吳地和蔡地的民間音樂已經成為了楚國音樂的一個組成部分。

　　而中原地區的宴飲用樂，記載諸侯與群臣宴飲用樂都固定選用《詩經》曲目：〈鹿鳴〉、〈四牡〉、〈皇皇者華〉、〈南陔〉、〈白華〉、〈華黍〉、〈魚麗〉、〈由庚〉、〈南有嘉魚〉、〈崇丘〉、〈南山有台〉、〈由儀〉均出自〈小雅〉；〈關雎〉、〈葛覃〉、〈卷耳〉，均出自〈國風　周南〉；〈鵲巢〉、〈采蘩〉、

147

〈采蘋〉出自〈國風　召南〉；〈新宮〉鄭注以為〈小雅〉逸篇；用於舞蹈伴奏的〈勺〉，即〈周頌　酌〉。這些音樂曲目固定，早被編入《詩經》之中。而《詩經》至少在孔子時代就已經編定，其音樂與「吳歈蔡謳」不同，到戰國末已經成了「古樂」，失去了鮮活的民間性。而且，這些曲目被規定下來成為禮，在北方各諸侯國通用，可以說具有「國際性」。

相比之下，楚人的宴飲使用地方音樂，則更具楚國文化特色。同時楚人還使用俗樂和創造出的「新歌」，曲目似乎不固定，更為自由。劉向〈九歎〉云：「惡虞氏之簫〈韶〉兮，好遺風之〈激楚〉。」王逸注曰：「惡虞舜簫〈韶〉之樂，反好俗人淫泆〈激楚〉之音也。」可知令「宮廷震驚」的〈激楚〉屬於俗樂。宋玉〈對楚王問〉曰：「客有歌於郢中者，其始曰〈下里巴人〉，國中屬而和者數千人。」可見楚人好俗樂，〈激楚〉與〈下里巴人〉一樣流行於當時的楚國。楚人「鏚鐘按鼓，造新歌些」，而在中原地區音樂與道德建立起聯繫，由於不符合道德規範，「新歌」、「新聲」被限制使用。《國語　晉語》記「平公說新聲」，師曠便反對說，聽音樂應注意「修詩以詠之，修禮以節之。」《樂記》中子夏曰：「今夫新樂，進俯退俯，奸聲以濫，溺而不止」。更是稱新樂為「奸聲」。這說明在音樂方面，楚人純以娛樂看待音樂，並未賦予音樂太多道德性的內涵。其次，楚人宴飲用樂不需要配合宴會各步驟，形式輕鬆自由。中原宴飲規定了「賓及庭，奏〈肆夏〉；賓出，奏〈陔〉；主人答謝賓的進酒時音樂就停止……音樂的表演配合著宴飲儀式等等」[①]。

---

① 參見楊雯：《楚辭風俗研究》，四川師範大學碩士學位論文，2009年，第59頁。

第三節　席地而食，「士女雜坐」

　　在先秦時期，中國先民習慣於席地而坐，席地而食，或憑俎案而食，人各一份，清清楚楚。西周以後，隨著生產力的發展，工藝技術水準的提高，必然引起人們日常生活的面貌發生一些變化。在室內用具上，席的使用已十分普及了，並成為古代禮制中的一個規範。當時無論是王府還是貧苦人家，室內都鋪席，但席的種類卻有區別。貴族之家除用竹、葦織席外，還有的鋪蘭席、桂席、蘇熏席等，王公之家則鋪用更華貴的象牙席，工藝技巧已達到十分高超的地步。

　　鋪席多少也有講究。西周禮制規定天子用席五重，諸侯三重，大夫兩重。且這些席的種類、花紋色彩均不相同。後來，有關用席的等級意識逐漸淡化，住房內只鋪席一重，稍講究一點的，再在席上鋪一重，謂之「重席」。下面的一塊尺寸較大，稱為「筵」，上面的一塊略小，稱為「席」，合稱為「筵席」。鄭玄在《周禮》注中云：「鋪陳曰筵，籍之曰席。」[1]賈公彥疏曰：「凡敷席之法，初在地者一重即謂之筵，重在上者即謂之席。」筵鋪滿整個房間，一塊筵周長為一丈六尺，房間大小用多少筵來計算。席因為鋪在筵上，一般質料比筵也要細些。

　　先秦民眾無論是平時進食或舉行宴會時，食品、菜肴都是放在席上或席前的案上，一些留存下來的禮器，如俎、豆、簠、簋、觚、爵等飲食器，都是直接擺在席上的。文獻與考古資料都證明先秦之民是席地而食的，一二人是如此，就是大宴賓客也是如此，主人和客人也都是坐在席上，無席而坐是被視為有違常禮的，後世的筵席、席位、酒席等名稱就是由此發展而來的。

　　西周禮制規定，席子要鋪得有規有矩，所以後來孔子曾說：「席

────────────

① 轉引自賈公彥《周禮　春官　司幾筵》疏。

不正，不坐。」「君賜食，必正席先嘗之[①]。」《墨子 非儒》篇說：「哀公迎孔子，席不端，弗坐，割不正，弗食。」《晏子春秋 內篇雜上》說：「客退，晏子直席而坐。」由此看來，所謂「席不正」，就是席子鋪得不端正，不直，歪歪斜斜，或坐席擺的方向不合禮制。

席地而食也有一定的禮節，首先，坐席要講席次，即坐位的順序，主人或貴賓坐首席，稱「席尊」、「席首」，餘者按身分、等級依次而坐，不得錯亂。其次，坐席要有坐姿。要求雙膝著地，臀部壓在後足跟上。若坐席雙方彼此敬仰，就把腰伸直，是謂跪，或謂跽。坐席最忌隨隨便便，《禮記 曲禮上》曰：「坐毋箕。」也就是說，坐時不要兩腿分開平伸向前，上身與腿成直角，形如簸箕，這是一種不拘禮節、很不禮貌的坐姿。因此，這時很注重人的坐姿，如殷墟甲骨卜辭中說：「王占曰：不若茲卜，其往，於甲酒鹹。」[②]其中字就像一人跪坐在筵席之上，也反映了西周時酒筵上是有坐席的。

這時，富貴人家的席前還常置有俎案，其制式一般都非常矮小，這是為了與坐席高度相適應而設計的。案的起源較早，在山西襄汾陶寺新石器時代晚期文化遺址中，考古工作者曾在此發現了一些用於飲食的木案[③]。木案平面多為長方形或圓角長方形，長約1公尺，寬約30公釐左右，案下三面有木條做成的支架，高僅15公釐左右。木案出土時都放置在死者棺前，案上還放有酒具多種，有杯、觚和用於溫酒的斝。稍小一些的墓，棺前放的不是木案，而是一塊長50公釐的厚木板，板上照例也擺有酒器。陶寺文化遺址還發現有與木案形狀相近的木俎，也是長方形，略小於木案。俎上放有石刀、豬蹄或豬肘。這是我們現在所見到的最早一套反映飲食方式的實物，可以看出，當時人

① 《論語 鄉黨》。
② 郭沫若主編：《甲骨文合集》，中華書局1979年版。
③ 高煒、李健民：《1978—1980年山西襄汾陶寺墓地發掘簡報》。

們進食與烹飪都是坐在地上的。

這種小食案都是與分食制相聯繫的，我們在發掘出的漢代畫像石、畫像磚以及壁畫上，常常可以看到一人面前一個食案，席地而食的進餐場景。為什麼在商周乃至漢唐這樣一個很長的歷史時期中國都盛行分食制呢？我們認為這個問題不僅與遠古社會平均分食的傳統飲食方式有關，而且，由於這時能影響它發生變化的外部條件也不成熟，因為合食、會食制的形成，是與新傢俱的出現以及烹飪技術的發展、看饌品種的增多有關的。

《史記》中有段記載也從側面反映了東周以來分食制的情況，其中說：「孟嘗君在薛，招致諸侯賓客及亡人有罪者，皆歸孟嘗君。孟嘗君舍業厚遇之，以故傾天下之士。食客數千人，無貴賤一與文等。孟嘗君待客坐語，而屏風後常有侍史，主記君所與客語，問親戚居處。客去，孟嘗君已使使存問，獻遺其親戚。孟嘗君曾待客夜食，有一人蔽火光。客怒，以飯不等，輟食辭去。孟嘗君起，自持其飯比之。客慚，自剄。士以此多歸孟嘗君。孟嘗君客無所擇，皆善遇之。」[1]

如果不是實行分食制，而是眾人在一起同桌合食的話，就不會出現客人以為「飯不等」而導致自殺的悲劇了。

楚國宴席不僅是席地而食，而且是男女雜坐。《楚辭　招魂》曰：「士女雜坐，亂而不分些。放陳組纓，班其相紛些。鄭衛妖玩，來雜陳些。」宴會上有來自鄭國、衛國等地的美女陪座侍酒，所有人不分男女，間雜坐在一起。

宴會中無論君臣、不分男女坐在一起，也是楚人獨特的風俗。《韓詩外傳》卷七記錄了這樣一個故事：楚莊王與群臣飲宴，有人竟能趁大殿上燭火熄滅的間隙，去拉王后的衣服，並能在燭光亮起前回

---

① 《史記　孟嘗君列傳》。

到原位，且不被人發現。從這個故事我們可以了解，楚王與群臣宴飲王后也參與其中，並且與宴者彼此距離相當接近。這樣的故事在楚國發生，它說明〈招魂〉中描繪的酒酣耳熱場面實在是楚國宮廷的實況。然而，這樣的故事也只能在楚國發生。中原地區的宴會是座次井然、威嚴恭敬的。首先，據周人的宴飲禮俗，男女不能一同進餐。《禮記　內則》：七歲，「男女不同席，不共食。」又《禮記　曲禮上》：「男女不雜坐，不同椸枷，不同巾櫛，不親授。」這些禮書極為細緻、極為嚴格地制定了人一生中各個階段的行為要求，男女從七歲開始就不能在一起吃飯，雜坐在一起更是不被禮制允許的。

其次，中原的宴飲以醉為度，雖醉不及亂。《詩經　賓之初筵》云：「既醉而出，並受其福。醉而不出，是謂伐德。飲酒孔嘉，維其令儀。」對像楚人這種男女共醉，雜坐無別的情形，被視為「污穢」淫亂之行，是道德有缺失的表現。《新書　階級》卷二曰：「坐污穢男女無別者，不謂污穢，曰『帷薄不修』。」

但是楚人自己對此頗不以為然，他們的宴會沒有這些道德約束，充滿了人自然天性的放縱。形成這種風俗的原因，楊雯在〈楚辭風俗研究〉一文中認為，可能是受到楚地少數民族風俗的影響。據《古丈坪廳志》載：「火床，男女共坐眠，則風之近苗者。」男女共坐共眠是苗人的風俗。就今天看，南方的其他少數民族也有此類風習。上古先民們同氏族、同部落的人圍坐篝火四周，不分男女老幼。少數民族的風俗許多也是原始遺風的殘存。楚國本是三苗故地，因此楚人習慣於宴飲中男女雜坐，這可能也是受了境內少數民族民風影響。

楚國宴會中坐西面東，是最尊貴的座位。《史記　項羽本紀》中記載，西楚霸王項羽在鴻門軍帳中大擺宴席招待劉邦。在宴會上，「項王、項伯東向坐。亞父南向坐，亞父者，范增也。沛公北向坐，張良西向侍」。在這裡，項羽和他的叔父項伯坐的是主位，坐西面東，是最尊貴的座位。其次是南向，坐著謀士范增。再次是北向，坐

著項羽的客人劉邦，說明在項羽眼裡劉邦的地位還不如自己的謀士。最後是西向東坐，因張良地位最低，所以這個位置就安排給了張良，叫做侍坐，即侍從陪客。鴻門宴上五人中四位是楚人，只有張良是韓人，席次則按楚俗安排。這種座次安排是主客顛倒，反映了項羽的自尊自大和對劉邦、張良的輕侮。

以東向為尊，在《史記》中有充分的反映，如《史記　武安侯列傳》說，田蚡「嘗召客飲，坐其兄蓋侯南向，自坐東向」。田蚡認為自己是丞相，不可因為哥哥在場而不講禮數，否則就會屈辱丞相之尊。《史記　周勃世家》亦云，「周勃不好文學，每召諸生說士」，自居東向的座位，很不客氣地跟儒生們談話。這樣的例子在史書中很多。一般而言，只要不是在堂室結構的室中，而是在一些普通的房子裡或軍帳中，都是以東向為尊的。所以顧炎武《日知錄》亦云：「古人之坐，以東向為尊。」

以東向為尊的禮俗源於先秦，在《儀禮　少牢饋食禮》和〈特牲饋食禮〉中可以看到這樣一種現象，周代士大夫在家廟中祭祀祖先時，常將屍（古代代表死者受祭的活人）位置放置在室內的西牆前，面向東，居於尊位。此外，鄭玄《禘祫志》中也認為，天子祭祖活動是在太祖廟的太室中舉行的，神主的位次是太祖，東向，最尊；第二代神主位於太祖東北即左前方，南向；第三代神主位於太祖東南，即右前方，北向，與第二代神主相對，以此類排下去。主人在西邊面向東跪拜，這都反映出室中以東向為尊的禮俗。

第四節　進食方式及進食器具

先秦時期，人們的進食方式可以說是手抓與用筷子、匙叉進食並存。楚國也不例外。

手抓食物進食是原始時代遺留下來的傳統，商周時期仍有沿襲。商周青銅銘文中的「饗」字便寫作，像兩人正伸手抓取盤中食①。這種象形抓食的青銅銘文，在《金文編》中也不乏例證。

先秦文獻中也透露過楚國手食的資訊，如《左傳　宣公四年》中記載這樣一件事：「楚人獻黿於鄭靈公。公子宋與子家將見。子公之食指動，以示子家，……及食大夫黿，召子公而弗與也。子公怒，染指於鼎，嘗之而出。公怒，欲殺子公。」

這裡，從「食指動」到「染指於鼎」，都是手食的動作。

如果以上這則記載的手食資訊還不夠明確的話，那麼，《禮記》中所揭示的周代手食禮節就比較清楚了。《禮記　曲禮上》云：「共食不飽，共飯不澤手。毋摶飯。毋放飯。」什麼叫「共飯不澤手」呢？鄭玄注曰：「為汗手不潔也。澤，謂捼莎也。」孔穎達疏云：「共飯不澤手者，亦是共器盛飯也。澤謂光澤也。古之禮，飯不用箸，但用手，既與人共飯，手宜潔淨，不得臨食始捼莎手乃食，恐為人穢也。」可見，「捼莎」就是揉搓雙手，因為這樣做容易引起手上出汗，然後抓取飯食則不衛生。什麼叫「毋摶飯」呢？鄭玄云：「為欲致飽不謙。」孔穎達疏云：「共器若取飯作摶，則易得多，是欲爭飽，非謙也。」而「毋放飯」，鄭玄釋曰：「去手餘飯於器中，人所穢。」所以這段話的完整意思就是：大家在一起進食，不可只顧自己吃飽。如果和大家一起吃飯，就要注意手的清潔。不要用手搓飯團，不要把多餘的飯放進盛飯的器具中。

《禮記　曲禮上》還說：「飯黍毋以箸……羹之有菜者用梜，其無菜者不用梜。」

鄭玄注云：「梜猶箸也，今人或謂箸為梜提。」孔穎達疏云：「有菜者為鉶羹是也。以其有菜交橫非梜不可，無菜者謂大羹湆也，

---

① 參見《陝西出土商周青銅器》（一），文物出版社1979年版，圖版八八，圖版說明第14頁。

直歠之而已。其有肉調者犬羹、兔羹之屬，或當用匕也。」這段注疏說明，當時人們對進食品種所採用的器具是有所不同的，不能隨便混用，有禮儀規定。

《禮記　喪大記》亦云：「食粥於盛不盥，食於篹者盥。」

為什麼先秦先民在已經有了食具之時，還在採用手食方式呢？從文獻記載來看，似乎這種方式多出現在一些紀念儀式和招待來賓之中，大概先民想用同食一鍋飯來表示親密一家，也許是基於這種民族心理最終而形成了一種飲食禮俗。

雖然存在手食這種方式，但它並不是一種主要進食方式，主要進食方式是用餐匙和筷子之類，因為考古資料證實，當時人們使用餐匙、餐叉和筷子已十分普及了，例如在湖北清江流域就出土過商代的筷子。

第五節　宴會遊藝娛樂

西周貴族們宴會遊藝娛樂的場面，在《詩經》中也有一些描寫，其中，最形象、精彩的要數《詩經　小雅　賓之初筵》了。詩中描述了西周幽王宴會大臣貴族的情形，從中我們可以看到西周王室宴會遊藝娛樂的基本概況，茲錄如下[①]：

<table>
<tr><td>原文</td><td>譯文</td></tr>
<tr><td colspan="2">（一）</td></tr>
<tr><td>賓之初筵，</td><td>來賓入坐開宴席，</td></tr>
<tr><td>左右秩秩。</td><td>賓主謙讓守禮節。</td></tr>
</table>

① 譯文參考程俊英《詩經譯注》，上海古籍出版社1985年版，第453—454頁。

籩豆有楚，　　　　　杯盤碗盞擺整齊，
肴核維旅。　　　　　魚肉乾果全陳列。
酒既和旨，　　　　　醴酒味濃醇又美，
飲酒孔偕。　　　　　觥籌交錯真熱烈。
鐘鼓既設，　　　　　鐘鼓樂器都齊備，
舉酬逸逸。　　　　　往來敬酒杯不絕。
大侯既抗，　　　　　虎皮靶子豎起來，
弓矢斯張。　　　　　張弓搭箭如滿月。
射夫既同，　　　　　射手雲集靶場上，
獻爾發功。　　　　　表演技藝逞英傑。
發彼有的，　　　　　人人爭取中目標，
以祈爾爵。　　　　　要叫對手罰一爵。

（二）

龠舞笙鼓，　　　　　執龠起舞笙鼓響，
樂既和奏，　　　　　眾樂齊奏聲鏗鏘，
烝衎烈祖，　　　　　祖宗靈前進娛樂，
以洽百禮。　　　　　按禮行事神來享。
百禮既至，　　　　　祭禮周到又完備，
有壬有林。　　　　　隆重盛大又堂皇。
錫爾純嘏，　　　　　神靈賜你大福氣，
子孫其湛。　　　　　子孫個個都歡暢。
其湛曰樂，　　　　　人人喜悅又快樂，
各奏爾能。　　　　　各獻其能射靶場。
賓載手仇，　　　　　來賓各自找對手，
室人入又。　　　　　主人相陪比短長。
酌彼康爵，　　　　　斟上滿滿一杯酒，
以奏爾時。　　　　　祝你勝利進一觴。

〈賓之初筵〉是一首全面、生動描寫西周宴會禮儀的詩作，這首詩把賓客出場、禮儀形式、宴席食物與食器的陳列、音樂侑食和射手比箭寫得清楚有序、生動簡潔，宴會氣氛熱烈而活躍，這顯然是當時「燕射禮」的藝術描寫以及所應遵守的規範程式。當然，「燕射禮」參與者的主要目的是飲酒作樂，因此左右揖讓，射箭不過是形式。詩中所描寫的飲宴禮樂的盛大場面，遠比《儀禮》、《禮記》所記載的形象多了，使人們對於西周宴會禮儀形式和實際情況有了進一步的感性認識。

西周時，「燕禮」往往與「射禮」聯合舉行，先行「燕禮」，後行「射禮」。西周初年以武立國，特別注重射禮，《禮記　射義》云：「古者諸侯之射也，必先行燕禮。」

射禮是在宴飲後比賽射箭，「燕射禮」主要行於諸侯與宴請的卿大夫之間，比「鄉射禮」高一等級，其具體儀節可以在《儀禮　大射》中看到，同時在出土的東周銅器刻紋圖案上更可看到具體描繪，在這些圖案上可以清楚地找到勸酒、持弓、發射、數靶、奏樂的片斷，是研究西周宴禮的形象資料。

楚人宴會中的娛樂活動，以「六博」為主。戰國前後在荊楚一帶六博棋已十分流行。《楚辭　招魂》記載：「菎蔽象棋，有六簙些。分曹並進，遒相迫些。成梟而牟，呼五白些。晉制犀比，費白日些。」王逸注：「言宴樂既畢，乃設六簙，以菎蔽作箸，象牙為棋，麗而且好也。」洪興祖補注引鮑宏《博經》：「用棋十二枚，六白，六黑。」宴飲之後，歌舞還在進行，而人們又拿出了博弈之具，開始另一項娛樂。據《後漢書　梁冀傳》注引鮑宏《簙經》云：「簙有四采，塞、白、乘、五是也。至五即格，不得行，故謂之格五。」

《楚辭》中的「呼五白」，應是人們在擲采時的叫聲。他們不時高呼「五」、「白」，為勝負激動地叫出聲來，即使在音樂聲中也能聽。鐘鼓竽瑟之聲、歌聲、人的高呼……整個宴會場面顯得無序卻又

熱鬧非凡，宴會中的人們顯然正在享受著這熱鬧的盛會。從各地出土博局圖、博具來看，戰國時期的一套完整的六博棋具包括梮（棋局）、棋（棋子）、箸（相當於後世的骰子），漢代時有些博具中開始使用煢（骰子）代替博箸。

六博的棋子多以象牙、玉石或金屬製成，十二枚棋子分黑紅或黑白兩組，長方體和立方體兩種形狀，每組均大小相同，每方六枚有一枚稱梟，五枚稱散，也有稱盧、雉、犢的，因此棋子也有一大五小的。棋子布於博局，博局也稱「棋」，多為木質方形，盤面髹黑漆，也有白漆的，有一方形大框，框內中部是一方框，周邊有棋路，名「曲道」，共十二個，四角處有四個圓點。博局形式似乎是模仿自栻盤，栻盤關於生門、死門、相生、相克的說法，對博局也產生了影響，博局上的十二曲道中就有不利行棋的「惡道」。

博指博箸，每套博具中有六根箸，行棋前要先投箸，據投箸結果進行行棋，博箸是用半邊細竹管，中間填金屬粉再髹漆而成，剖面呈新月形，這樣投擲時就能夠正反不同，便出現不同數目的籌碼。西漢時出現代替博箸的煢，多用竹、木、骨等材料，有正方體、十八面體等不同制形，十八面體的球形物的其中十六面刻1～16數字，另外相對的兩面上刻兩字，有勝負之意，有用一煢或二煢的。另外還有數量不等的竹片製成的博籌，用來計算對博雙方的輸贏情況。

1972年河南省靈寶縣出土東漢綠釉陶六博俑，兩俑對博，中間置長方形盤局，其一邊置六根箸，一邊置方形博局，博局兩邊各有六枚方形棋子，中間有二枚圓「魚」。

1973年湖北江陵鳳凰山8號西漢墓出土整套博具，有博局盤一件，竹箸六根，用半邊細長竹管製成。骨質棋子十二枚，六白六黑，為長方體，竹箸與棋子盛在一個圓形漆奩內。該墓出土遣策記：「博。算、口、梮、博席一具、博橐一。」博是全套博具。算是箸，口應是綦（棋），梮是木博局。墓葬年代為西漢文景時期。博席、博

橐朽沒無存，其他均與同時出土的遣策對應 [1]。

1973年長沙馬王堆3號西漢墓出土一套完整的漆盒裝六博棋具，盒內有方形博局盤一件，上有十二個曲道四個飛鳥圖案，大象牙棋子十二枚六白六黑，灰色小象牙棋子二十枚；箸分長短兩種，長箸十二根，短箸三十根；象牙削刀一件，灰黑色，呈竹葉形，兩邊有刃，有木柄，通長17.2公釐；象牙割刀一件；木骰一件，為球形十八面體，其中有相對兩面均刻篆體文字：一面刻「驕」字，一面刻「覉」字，其餘各面分別刻數字一至六。是迄今所見配套最齊全的博具。該墓「遣策」中有記，同墓出土的博竹簡一組八枚載：博一具，博局一，象棋十二，象直食其卅，象笄三十，象割刀一，象削一，象采（骰）一。所記與出土實物相符。該墓年代為漢文帝十二年（西元前168年），墓主為列侯 [2]。

1975年12月湖北雲夢睡虎地11號、13號秦墓均出土博具。11號墓出土的博局盤長方形，盤面以中部方框為中心陰刻十二個曲道紋和四個圓點。棋子十二枚，其中六顆為長方體，博箸六根。13號墓出土的博局盤長方形，盤面也有以方框為中心的十二個曲道四個圓點，盤的一側有一個長凹槽，內置骨棋子六枚竹箸六根，槽外蓋有一有圓孔的長木片，骨棋子一大五小，竹箸亦為半邊細長竹管製成。據11號墓竹簡知該墓年代為秦始皇三十年（西元前217年）。

1995年3月湖北荊州紀城戰國墓1號墓，據稱發現六博盤，未見其他博具。盤為長方形，盤對角有兩個圓形穿孔。據說此棋盤曾被盜墓者盜走。

從以上對楚人宴飲禮俗的分析，我們不難發現楚人將宴飲視為一種娛樂活動，主要利用其娛樂功能，使宴飲明顯帶有狂歡性質。它不

① 參見：〈湖北江陵鳳凰山西漢墓發掘簡報〉，《文物》1974年第6期。
② 熊傳新：〈談馬王堆3號西漢墓出土的博〉，載《文物》1979年第4期。

像中原的宴會那樣肅穆莊嚴，被儀式化，被固定了，也沒有被賦予和睦親族、分別男女、長幼等教化功能和倫理意義，似乎純以娛樂為目的。而其中的歌舞狂歡體現出了巫風；男女雜坐，則是受到了楚地少數民族原始風俗的影響。

第六節　楚文化與酒

　　源遠流長的楚文化是中華文化的重要組成部分，而酒文化則是楚文化中不可或缺的元素。酒文化不僅凸顯了楚文化靈動飄逸的浪漫主義風格，而且透露出楚文化鮮活而濃郁的生活氣息。無論是苞茅縮酒的神聖儀式和《楚辭》中對酒文化的渲染，還是楚系墓葬中出土的美不勝收的酒器和文獻中關於楚人酒宴典故的記載，無不反映出楚文化與酒的不解之緣。

一、楚人祭祀與苞茅縮酒

　　苞茅縮酒是楚國重要的祭祀儀式，也是中華民族祭祀文化和酒文化的寶貴遺產。在古人心目中，三脊之茅具有特殊的神聖意義。《史記　封禪書》：「江淮之間，一茅三脊，所以為藉也。」裴駰《集解》：「孟康曰『所謂靈茅也。』」[1]在上古時代，江淮流域的先民們就已經開始用茅來過濾酒，以增加酒的靈性和提高酒的品質。《周禮　天官　甸師》：「祭祀，共蕭茅，共野果蓏之薦。」鄭玄注曰：「鄭大夫云：『蕭字或為茜，茜讀為縮。束茅立之，祭前沃酒其上，酒滲下去，若神飲之，故謂之縮。縮，浚也。故齊桓公責楚不貢苞茅，王祭不共，無以縮酒。』」[2]縮酒方法應是以成束的茅草過

---

①　司馬遷：《史記》，中華書局1959年版，第1361—1363頁。
②　李學勤主編：《周禮注疏》，北京大學出版社2000年版，第116—117頁。

濾酒中的酒糟，使酒成為饗神的清酒。苞茅縮酒在祭祀活動中具有神聖的意義，象徵著神靈飲酒。荊楚地區盛產苞茅，因此，《禹貢》中就有中原王朝命令荊楚地區進貢苞茅的記載。《尚書　禹貢》：「荊及衡陽惟荊州。江、漢朝宗於海，……包匭菁茅，厥篚玄纁、璣組，九江納錫大龜。浮於江、沱、潛、漢，逾於洛，至於南河。」孔安國注曰：「匭，匣也。菁以為菹，茅以縮酒。」[1]《本草綱目》草部白茅：「香茅一名菁茅，一名瓊茅，生湖南及江淮間，葉有三脊，其氣香芬，可以包藉及縮酒，《禹貢》所謂荊州苞匭菁茅是也。」[2] 楚王族氏「熊」，金文作「酓」，上似一人或神，下為酒（酉），合之則為人（神）飲酒狀。由此可見縮酒儀式之古老與神聖。楚成王十六年（西元前656年），齊國以楚國沒有向周天子進貢苞茅為由，出兵討伐楚國。《左傳　僖公四年》：「四年春，齊侯以諸侯之師侵蔡。蔡潰，遂伐楚。楚子使與師言曰：『君處北海，寡人處南海，唯是風馬牛不相及也，不虞君之涉吾地也，何故？』管仲對曰：『昔召康公命我先君大公曰：五侯九伯，女實征之，以夾輔周室！賜我先君履，東至於海，西至於河，南至於穆陵，北至於無棣。爾貢包茅不入，王祭不共，無以縮酒，寡人是征。昭王南征而不復，寡人是問。』對曰：『貢之不入，寡君之罪也，敢不共給，昭王之不復，君其問諸水濱。』師進，次於陘。」[3] 杜預注曰：「包，裹束也。茅，菁茅也。束茅而灌之以酒為縮酒。」[4] 其他文獻也有類似記載。《春秋穀梁傳　僖公四年》：「屈完曰：『大國之以兵向楚，何也？』桓公曰：『昭王南征不反，菁茅之貢不至，故周室不祭。』屈完曰：『菁茅之貢不至，則諾，昭王南征不反，我將問諸江。』」范甯注曰：「菁

---

① 李學勤主編：《尚書正義》，北京大學出版社2000年版，第180頁。
② 李時珍著，劉衡如點校：《本草綱目》，人民衛生出版社1982年版，第811頁。
③ 李學勤主編：《春秋左傳正義》，北京大學出版社2000年版，第376—380頁。
④ 李學勤主編：《春秋左傳正義》，北京大學出版社2000年版，第378—379頁。

茅,香草,所以縮酒,楚之職貢。」[1]由此可見,在周王朝每年舉行的各種祭祀典禮中,楚國進貢的苞茅成為必不可少的物品,其在祭祀中的重要意義不言而喻。

「苞茅縮酒」也是楚人重要的祭神儀式,惜文獻對此語焉不詳,幸有故楚地民俗孑遺,使我們得以了解這一古老而神聖的儀式。端公舞是流傳於今湖北南漳、保康、穀城一帶的民間祭祀舞蹈,它是楚國祭祀文化的「活化石」,起源於楚國的巫舞,「苞茅縮酒」的儀式至今仍保存於鄂西北端公舞之中,且在故楚地湘鄂西的苗寨也有變異的縮酒遺俗存在。尤其值得關注的是,韓國江陵端午祭巫中釀製神酒的儀式幾乎是楚俗「苞茅縮酒」的翻版。其方法是,製作神酒時,先將菁茅、酒麴和米飯攪拌在一起,使米飯發酵成酒,然後主持用菁茅過濾掉酒糟,把酒漿裝進大瓦缸,沾過靈茅的酒成為神酒,最後將神酒裝進小土陶瓶子裡,在瓶口繫上一束茅草,以備用於祭奠山神、城隍等巫祝祭祀[2]。

由此可見,「苞茅縮酒」至今仍在海內外某些地區流傳並產生著持久的影響,而其主要的貢獻則來自楚文化。

二、《楚辭》中的酒文化

《楚辭》是中國文學史上的豐碑,浪漫主義是《楚辭》的靈魂。酒文化渲染了《楚辭》的浪漫主義色彩,烘托出《楚辭》中絢麗的詞藻、神奇的幻想和空靈的意韻。

〈九歌〉反映了楚地獨具特色的祭祀樂舞藝術,其中就有不少關於酒的描寫。《楚辭　九歌　東皇太一》:「瑤席兮玉瑱,盍將把兮瓊芳。蕙肴烝兮蘭藉,奠桂酒兮椒漿。」王逸注曰:「桂酒,切桂置酒中也。椒漿,以椒置漿中也。言己供待彌敬,乃以蕙草蒸肴,芳蘭

---

① 李學勤主編:《春秋穀梁傳注疏》,北京大學出版社2000年版,第134頁。
② 楊萬娟:〈韓國祭祀習俗與古代楚俗比較研究〉,載《湖北社會科學》2005年第8期。

為藉，進桂酒椒漿，以備五味也。」①《楚辭　九歌　東君》：「操余弧兮反淪降，援北斗兮酌桂漿。」王逸注曰：「斗，謂玉爵。」洪興祖補注曰：「斗，酒器也。此以北斗喻酒器者，大之也。」②可見，在先秦時代，楚人十分鍾愛桂花酒。或許正是因為楚人飲酒十分豪爽而且量大，故酒具也很大，以至於以北斗形容。

　　在〈漁父〉中，通過屈原與漁父的對話體現出屈原高尚的精神和高潔的品格。《楚辭　漁父》：「屈原既放，游於江潭，行吟澤畔，顏色憔悴，形容枯槁。漁父見而問之曰：『子非三閭大夫歟？何故至於斯？』屈原曰：『舉世皆濁我獨清，眾人皆醉我獨醒，是以見放。』漁父曰：『聖人不凝滯於物，而能與世推移。世人皆濁，何不淈其泥而揚其波？眾人皆醉，何不餔其糟而歠其醨？何故深思高舉，自令放為？』屈原曰：『吾聞之，新沐者必彈冠，新浴者必振衣。安能以身之察察，受物之汶汶者乎？寧赴湘流，葬於江魚之腹中。安能以皓皓之白，而蒙世俗之塵埃乎？』」③〈漁父〉正是以酒醉與酒醒的比喻，十分恰當地表現了屈原和漁父在人生價值取向上的巨大差別，從而凸顯出我國偉大愛國主義詩人屈原志潔行廉的崇高形象。

　　〈招魂〉與〈大招〉中的祭典活動展示出楚國貴族豐盛華麗的酒宴，從一個側面反映出楚國當時雄厚的經濟實力和豐富的飲食文化。〈招魂〉：「瑤漿蜜勺，實羽觴些。挫糟凍飲，酎清涼些。華酌既陳，有瓊漿些。歸反故室，敬而無妨些。餚羞未通，女樂羅些。　陳鐘按鼓，造新歌些。〈涉江〉、〈采菱〉，發〈揚荷〉些。……鏗鐘搖簴，揳梓瑟些。娛酒不廢，沉日夜些。蘭膏明燭，華鐙錯些。結撰至思，蘭芳假些。人有所極，同心賦些。酎飲盡歡，樂先故些。魂兮

①　洪興祖：《楚辭補注》，鳳凰出版社2007年版，第50頁。
②　洪興祖：《楚辭補注》，鳳凰出版社2007年版，第67頁。
③　洪興祖：《楚辭補注》，鳳凰出版社2007年版，第158—159頁。

第八章　楚國宴會禮儀

歸來！反故居些。」[①]王逸注曰：「酌，醇酒也。言盛夏則為覆蹙乾釀，提去其糟，但取清醇，居之冰上，然後飲之。酒寒涼，又長味，好飲也。」[②]

可見，楚人不僅十分擅長於酒的冰凍技術，而且酒宴文化十分豐厚，既有豐盛的美酒佳餚，又有為之助興的鼓樂歌舞，還伴有棋戲等娛樂活動。〈大招〉：「四酎並孰，不澀嗌只。清馨凍飲，不歠役只。吳醴白糵，和楚瀝只。魂乎歸徠！不遽惕只。」[③]王逸注曰：「醇酒為酌。……言乃醞釀醇酒，四器俱熟，其味甘美，飲之醲滑，入口消釋，不苦澀，令人不餔滿也。……瀝，清酒也。言使吳人釀醴，和以白米之曲，以作楚瀝，其清酒尤醲美也。言飲食醲美，安意遨遊，長無惶遽怵惕之憂也。」[④]由此可見，楚人的釀酒工藝流程極其考究，制酒技藝十分高超，故楚人釀製的酒醇香甘美，回味悠長。

《楚辭》中的酒文化對中國傳統文化產生了較大的影響。《紅樓夢》第七十八回賈寶玉「遠師楚人」而作〈芙蓉女兒誄〉祭奠晴雯，其中有「乃歌而招之曰：天何如是之蒼蒼兮，乘玉虯以遊乎穹窿耶？地何如是之茫茫兮，駕瑤象以降乎泉壤耶？……文瓟匏以為觶斝兮，漉醽醁以浮桂醑耶[⑤]？」此段文辭恰似〈招魂〉，其中的「桂醑」即是《楚辭 東皇太一》和《楚辭 東君》中的桂花酒。這與其說是對《楚辭》中詞藻和意象的摹仿與妙用，不如說是對楚人酒文化的傳承與發揚，故而在其綺麗浪漫的文辭中散發出醇美的酒香。

① 洪興祖：《楚辭補注》，鳳凰出版社2007年版，第185—189頁。
② 洪興祖：《楚辭補注》，鳳凰出版社2007年版，第186頁。
③ 洪興祖：《楚辭補注》，鳳凰出版社2007年版，第196頁。
④ 洪興祖：《楚辭補注》，鳳凰出版社2007年版，第196頁。
⑤ 曹雪芹、高鶚著，中國藝術研究院紅研所校注：《紅樓夢》，人民文學出版社1982年版，第1135—1136頁。

三、楚系墓葬中的酒器

所謂楚系墓葬，就是從國別上看不屬於楚墓，但從文化上看卻是比較典型的楚文化風格的墓葬，如曾侯乙墓和襄陽山灣蔡墓即是。在楚墓中出土了大量的青銅器，其中酒器占有相當大的比重，但出土酒器最多且最有特色者莫過於楚系墓葬曾侯乙墓。1978年在湖北隨州擂鼓墩發掘的曾侯乙墓，是20世紀楚文化考古的重大發現之一，墓中出土了大量青銅器，其中就有許多頗具特色的酒器，這些酒器反映了荊楚地區高度發達的酒文化，其中最有代表性的酒器是銅鑒缶、大尊缶、聯禁大銅壺和鏤空蟠龍紋銅尊盤。

方形銅鑒缶，其為用於冰酒或溫酒的器具，通高63.2公釐，邊長62.85公釐。重170公斤。由青銅方鑒、方缶組合而成，缶置於鑒內。鑒直口，方唇，短頸，深腹，四個獸足承托鑒底。鑒身四角及四邊中部榫接8個方形或曲尺形附飾和8個龍形耳。鑒蓋中部留有方孔套合方缶口部。鑒蓋浮雕變形蟠螭紋，鑒體浮雕蟠螭紋，下腹飾蕉葉紋。方缶小口，方唇，斜肩，鼓腹，平底。缶上飾勾連紋、菱形帶紋、蕉葉紋等。放置時，方鑒底部有3個彎鉤套合缶底的方孔，其中一個有活動倒栓，插入自動落下，固定方缶。使用時，方缶盛酒，鑒缶之間的空隙盛冰或炭。祭祀宴饗時，其用於冰酒或溫酒，故鑒缶又可稱為「冰鑒」、「溫鑒」或「冰溫鑒」，由此可以看出其中凝聚的智慧。在2008年北京奧運會開幕式上，由2008人組成的氣勢恢宏的缶陣充分展現出中國傳統文化的博大精深，而其缶陣的重要道具——方形鑒缶的形制就是巧妙地借用了曾侯乙墓中出土的方形銅鑒缶。

大尊缶，其為盛酒器，高126公釐。重327.5公斤。出土時一共有兩件。斂口，平沿，溜肩，假圈足。蓋隆起，蓋沿有對稱的4個環鈕，蓋側一銜鏈環鈕，鏈與壺肩部一蛇形鈕銜接。腹中部有4個環耳，上下各一周凸箍。全器的花紋主要為蟠虺紋、綯紋、重環紋、雷紋、蟠螭紋和垂葉紋。係兩次鑄成，紋飾華麗，器型凝重，為目前所

出土的先秦時期最大的青銅酒器。

聯禁大銅壺，其為盛酒器，通高112.2公釐，壺高99公釐，口徑32.8公釐，重240公斤，由兩件龍耳壺和一件銅禁組成。雙壺置於銅禁之上，壺的形制大小相同。敞口，厚方唇，長頸，圓鼓腹，圈足。蓋隆起，頂端為一鏤孔罩，壺頸兩側攀附兩條拱曲的龍形耳，腹部有凸棱形的3條橫帶和4條縱帶。禁為長方形，禁面有兩個並列的凹下的圓圈，中空，為承壺圈足之處。四足獸形，獸口及前肢銜托禁板，後足蹬地。全器鑄有蟠螭紋、蕉葉紋等。其結構複雜，造型獨特，堪稱精品。

鏤空蟠龍紋銅尊盤，其為盛酒器，由尊與盤兩件器物組成，出土時尊置於盤中，通高41.6公釐。其中，尊高30.1公釐，口徑25公釐；盤高23.5公釐，口徑58公釐。尊盤共飾龍紋84條，蟠螭紋80條。尊盤口沿的透空蟠螭紋裝飾分為高低兩層，內外兩圈，每圈有16個花紋單位，每個花紋單位由形態不一的四對變形蟠螭組成，表層紋飾互不關聯，彼此獨立，全靠內層銅梗支撐，而內層的銅梗又分層聯結，構成一個整體，達到了玲瓏剔透、節奏鮮明的藝術效果。尊盤工藝精湛，造型優美，是中國青銅器中的藝術珍品，也是中國酒器的極品。

不只是青銅酒器，楚國漆木酒器的風格也十分別致。出土於湖北荊門包山2號楚墓的彩繪鳳鳥雙連杯，通高9.2公釐，長17.6公釐，寬14公釐。其為戰國中期的楚人日用酒器，由竹、木結合製成一鳳負雙杯，前端為鳳頭和腹，後端為尾，尾微上翹，中間並列兩竹質筒形杯，兩杯近底部用一竹管連通。鳳首微昂，喙銜一珠，胸外鼓，下有二足。兩杯後外側下部各有一鳳開屏形足。鳳頭、身、頸、尾遍飾羽毛紋，雙翼在兩杯的前壁展開，似在負杯飛翔，極富動感，製作精細，構思巧妙，充滿生機[1]。它以雙杯為中心，將「鳳負龍蟠」有機

① 湖北省荊沙鐵路考古隊：《包山楚墓》，文物出版社1991年版，第137—141頁。

地結合在一起，給人「靜」的感覺；又用主鳳展翅，足鳳開屏，龍在波紋中的遊動，給人以「動」的感覺，整體上顯得動靜自如，蘊藏著極深的哲理。彩繪鳳鳥雙連杯反映了楚人高超的漆器製作水準和獨到的藝術匠心。

從楚系墓葬中出土的這些珍貴的酒器不僅反映出先秦時期我國高超的青銅製造技術，而且透露出荊楚地區尤其是上流社會飲酒風氣之濃烈和器具之講究。

四、楚文化中的酒宴典故

楚文化中關於酒宴的典故在中國歷史上產生了深遠的影響，例如：絕纓宴、鴻門宴和高祖還鄉宴等無不膾炙人口，這些酒宴典故所反映出的楚人的智慧和胸襟，給人以啟迪和教益。

（一）絕纓宴

在中國歷史上，絕纓宴的影響十分深遠。絕纓宴故事的主角是楚莊王。據文獻記載，在一次大型慶功宴上，突然燈燭被風刮滅，一位大臣暗中拉扯楚莊王王后的衣裳，王后當即拔下那人的冠纓，向楚莊王告發此事，並請求莊王燃燭以察明好色之徒。不料，楚莊王卻下令大臣們都拔去冠纓，然後重新點燃燈燭，因而誰也未能發現那位好色者，這就是流傳千古的「絕纓宴」。後來，在一次慘烈的戰役中，有一位將領總是沖在莊王前面，拼命保護莊王，莊王問其緣由，才得知原來他就是那個被王后拔下冠纓的大臣唐狡。對此，《韓詩外傳》卷七是這樣記載的：「楚莊王賜其群臣酒，日暮酒酣，群臣皆醉，殿上燭滅。有牽王后衣者，后挖冠纓而絕之，言於王曰：『今燭滅，有牽妾衣者，妾挖其纓而絕之，願趣火視絕纓者。』王曰：『止。』立出令曰：『與寡人飲，不絕纓者，不為樂也。』於是冠纓無完者，不知王后所絕冠纓者誰，於是，王遂與群臣歡飲乃罷。後吳興師攻楚，有人常為應行，五合戰，五陷陣卻敵，遂取大軍之首而獻之。王怪而問之曰：『寡人未嘗有異於子，子何為於寡人厚也？』對曰：『臣先殿

上絕纓者也。當時宜以肝膽塗地，負日久矣，未有所效，今幸得用於臣之義，尚可為王破吳而強楚。』」① 絕纓宴的故事反映了楚莊王對臣僚的愛護和不計小過，體現出了楚莊王寬容大度的品格，同時告訴人們對他人要寬厚，不要因瑕疵而毀良器。

（二）鴻門宴

鴻門宴是十分著名的歷史事件。《史記 項羽本紀》載：「項王、項伯東鄉坐。亞父南鄉坐。亞父者，范增也。沛公北鄉坐，張良西鄉侍。」② 項羽和項伯無疑是楚人。沛公劉邦的故里沛邑位於彭城以北，隸屬於楚地。因此，劉邦同樣應是楚人。范增雖是居鄛人③，但是居鄛在春秋時就已經是楚地，因此范增也是楚人。張良雖是韓人，但是城父是他的故鄉，城父在春秋時已經屬楚，還曾經是楚國太子建的封地④。因此，張良也可視為楚人。甚至連入內舞劍的項莊和強行闖入的樊噲也都是楚人⑤。

由此可見，鴻門宴的參與者都是楚人，他們都深受楚文化的薰陶。所以，鴻門宴是楚人的宴會，因而帶有濃厚的楚文化色彩。在鴻門宴上，樊噲是一個特別勇敢的角色，就連項羽都稱其為「壯士」。《史記 項羽本紀》：「噲即帶劍擁盾入軍門。交戟之衛士欲止不內。樊噲側其盾以撞，衛士僕地。噲遂入，披帷西向立，瞋目視項王，頭髮上指，目眥盡裂。項王按劍而跽曰：『客何為者？』張良曰：『沛公之參乘樊噲者也。』項王曰：『壯士，賜之卮酒。』則與斗卮酒。噲拜謝，起，立而飲之。項王曰：『賜之彘肩。』則與一生

① 韓嬰撰，許維遹校：《韓詩外傳集釋》，中華書局1980年版，第256—257頁。
② 司馬遷：《史記》，中華書局1959年版，第312頁。
③ 《史記 項羽本紀》：「居鄛人范增，年七十，素居家，好奇計……」「居鄛」即為「居巢」，大致位於安徽巢縣東北。
④ 《史記 留侯世家》司馬貞《索隱》：「良既歷代韓相，故知其先韓人也。顧氏按《後漢書》云：『張良出於城父。』城父縣屬潁川也。」
⑤ 《史記 樊酈滕灌列傳》：「舞陽侯樊噲者，沛人也。以屠狗為事，與高祖俱隱。」樊噲與劉邦的故鄉都是沛地，沛地原來屬於楚國，因此，樊噲也是楚人。

彘肩。樊噲覆其盾於地，加彘肩上，拔劍切而啖之。項王曰：『壯士，能復飲乎？』噲曰：『臣死且不避，卮酒安足辭！……』[1]樊噲豪飲卮酒和生吃彘肩等舉動，反映出楚人大氣豪爽的性格和臨危不懼的精神。而鴻門宴所蘊涵的智慧與謀略，歷來為世人所稱道。

（三）高祖還鄉宴

漢高祖劉邦還鄉是中國歷史上的一段佳話。在還鄉的酒宴上，漢高祖即興唱出的「大風歌」在中國文學史上占有一席之地。高祖還鄉宴具有濃郁的楚文化色彩，反映了楚人深厚的思鄉之情。《楚辭 九章 哀郢》：「鳥飛反故鄉兮，狐死必首丘。」王逸注曰：「思故巢也。念舊居也。」[2]《史記 項羽本紀》：「富貴不歸故鄉，如衣繡夜行，誰知之者！」[3]在劉邦的一生中，有48年的時間是生活在沛邑。「衣錦還鄉」使劉邦心情十分激動，他在與沛邑的鄉親故人縱情歡樂開懷暢飲的酒宴上，在「酒酣」之際唱出了中國文學史上影響深遠的「大風歌」。《史記 高祖本紀》：「（漢高祖）十二年，十月，高祖已擊布軍會甀，布走，令別將追之。高祖還歸，過沛，留。置酒沛宮，悉召故人父老子弟縱酒，發沛中兒得百二十人，教之歌。酒酣，高祖擊筑，自為歌詩曰：『大風起兮雲飛揚，威加海內兮歸故鄉，安得猛士兮守四方！』令兒皆和習之。高祖乃起舞，慷慨傷懷，泣數行下。謂沛父兄曰：『遊子悲故鄉。吾雖都關中，萬歲後吾魂魄猶樂思沛。且朕自沛公以誅暴逆，遂有天下，其以沛為朕湯沐邑，複其民，世世無有所與。』沛父兄諸母故人日樂飲極歡，道舊故為笑樂。十餘日，高祖欲去，沛父兄固請留高祖。高祖曰：『吾人眾多，父兄不能給。』乃去。沛中空縣皆之邑西獻。高祖復留止，張飲三

---

[1] 司馬遷：《史記》，中華書局1959年版，第313頁。
[2] 洪興祖：《楚辭補注》，中華書局1983年版，第136頁。
[3] 司馬遷：《史記》，中華書局1959年版，第315頁。

日。」①在中國歷史上，「大風歌」產生了巨大的影響。唐太宗李世民還鄉時，仿照漢高祖還鄉宴上的「大風歌」賦詩一首，配上音樂，從而形成了〈功成慶善樂〉。《新唐書 禮樂志》：「太宗生於慶善宮，貞觀六年幸之，宴從臣，賞賜閭里，同漢沛、宛。帝歡甚，賦詩，起居郎呂才被之管弦，名曰〈功成慶善樂〉。」②劉邦的「大風歌」是楚人思鄉情結的自然流露，既具有楚文化的神韻，也彰顯出漢高祖大氣豪邁的英雄氣概。

綜上所述，楚文化極大地豐富了酒的文化內涵，酒增添了楚文化的神韻，楚文化與酒有著不解之緣。何以如此？大致可能有如下因素：

首先，楚人與酒的特性極其相似。酒的特性是「水形火性」，這與楚人的品性十分相似。楚人對水有著十分深刻的哲學思考，認為水不僅能化生萬物，而且能以柔克剛。前者如郭店楚簡《太一生水》：「大（太）一生水，水反（輔）大（太）一，是以成天。」③後者如《老子》七十八章：「天下莫柔弱於水，而攻堅強者莫之能勝，以其無以易之。」④火是楚人精神的象徵，楚人是日神的遠裔、火神的嫡嗣，故楚人崇日拜火⑤。楚人具有火一樣的性格。楚莊王聽聞申舟被殺害的消息後，赤足登車而伐宋。對此，《左傳 宣公十四年》是如此記載的：「楚子聞之，投袂而起，屨及於窒皇，劍及於寢門之外，車及於蒲胥之市。秋九月，楚子圍宋。」⑥也許正是楚人與酒的特性的相似，使得楚人對酒有著特殊的偏愛。

其次，楚國的自然環境也造就了楚人的飲酒風尚。楚地水廣林

---

① 司馬遷：《史記》，中華書局1959年版，第389—390頁。

② 歐陽修、宋祁：《新唐書》，中華書局1975年版，第468頁。

③ 荊門市博物館：《郭店楚墓竹簡》，文物出版社1998年版，第125頁。

④ 國學整理社：《諸子集成 老子》，中華書局1954年版，第46頁。

⑤ 張正明：〈楚俗雜考〉，《楚學論叢（初集）》，湖北人民出版社1984年版，第258—259頁。

⑥ 李學勤主編：《春秋左傳正義》，北京大學出版社2000年版，第760—761頁。

密，氣候特別濕潤，春秋戰國時期又正值我國氣候的溫暖期[1]，因此，楚人極易感染疾病。《史記　貨殖列傳》：「江南卑濕，丈夫早夭。」[2]而飲酒則可以除濕祛寒。

　　再次，楚國青銅鑄造和木竹髹漆工藝發達，不僅能夠造出功能各異的酒具，而且十分擅長於酒的冰凍、保溫技術，這無疑會促進楚人飲酒風尚的發展。

　　最後，楚國有堪稱發達的樂舞，而樂舞往往與飲酒結緣，即所謂樂舞因酒宴而拓展了演出空間，酒宴因樂舞而增添了藝術氛圍，二者互動互滲，相輔相成，故楚國既有一流的樂舞藝術，又有獨步一時的酒文化。

---

① 竺可楨：〈中國近五千年來氣候變遷的初步研究〉，載《考古學報》1972年第1期。
② 司馬遷：《史記》，中華書局1959年版，第3268頁。

下編　楚國服飾

　　在人類文明社會的衣、食、住、行四要素中，服飾是人類社會最重要的物質文化之一，「一部服裝史提出所有的問題：原料、工藝、成本、文化固定性、時裝、社會等級制度。」（布羅代爾語）

　　張正明先生曾指出：「楚文化有六個要素：其一，是青銅冶鑄工藝；其二，是絲織工藝和制繡工藝；其三，是髹漆工藝；其四，是老子和莊子的哲學；其五，是屈原的詩歌和莊子的散文；其六，是美術和樂舞。假使可以把六個要素比作六根支柱，那麼，楚文化的美輪美奐的高堂邃宇，正是憑藉著它的六根支柱營造成功的。」絲織工藝和制繡工藝是楚文化的顯著特色與卓越成就，所以研究楚文化，楚國服飾史是非常重要的課題。

　　我們可以說東周文化的精華大半集中在楚文化中，我們也可以說，先秦服飾史的精華大半集中在楚國服飾史之中。由於文獻與出土材

173

料的限制，學界對先秦服飾史的研究還存在相當的不足。迄今所發現的先秦絲織品實物及其種類，絕大多數都出於楚墓。特別是1982年湖北江陵馬山1號楚墓的發掘，其出土絲織品的種類幾乎囊括了先秦時期的全部品種，是先秦絲織品的一次最集中的發現，從中亦可看出楚國紡織業的發達及其高超的技術及工藝。對楚國服飾歷史的深入研究，必將進一步深化我們對先秦服飾史的理解。

第一章　葛麻原料及其加工

世界各國紡織的發展，都是先從野生纖維的利用開始的，我國也是這樣。在長期的考古發掘中，發現了許多先秦時期紡織品的痕跡。1975年在浙江余姚河姆渡發現的6000多年前的新石器時代文化遺址中，出土了繩頭和草緪，顯然是採用當時可就地取材的野生植物纖維加工而成[①]。先秦時期用於紡織的纖維原料可分為植物纖維和動物纖維兩大類，最初採用的都是野生的動、植物纖維，後來人們經過長期實踐，開始種植植物、飼養動物，以此來獲取紡織纖維，其中主要的紡織纖維原料是葛、麻、毛、絲等。

第一節　葛與葛布

葛又名葛藤，是多年生蔓生植物，有塊根，枝長可達8公尺，莖皮中含有40％的纖維，纖維長5～12毫米，多生長在丘陵地帶，其適應性強，生長快，在我國很多地區都有分布，處於長江流域的楚國也是適宜葛藤生長的典型地區。

① 陳維稷主編《中國紡織科學技術史（古代部分）》，科學出版社1984年版，第7頁。

图1-1　葛藤

　　葛是我國古代最早採用的紡織原料之一，1972年，江蘇吳縣草鞋山新石器時代遺址第10層文化堆積中發現三塊約西元前3400年的葛布殘片，內有一塊經密約10根/公釐，緯密約26～28根/公釐，用扭絞加繞環織法編織出回紋和條紋暗花的葛布，這是中國已發現的最古老的手工織花葛布實物，由此可以推測至遲在新石器時代晚期，人們已經利用葛纖維來生產織物。1958年，浙江吳興錢山漾遺址與絲帛同時出土的還有幾塊苧麻布，都已炭化。經緯密度為24～31根/公釐和16～20根/公釐[1]。

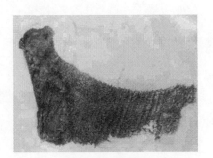

图1-2　　江蘇吳縣草鞋山遺址葛布殘片

---

①　趙承澤主編：《中國科學技術史（紡織卷）》，科學出版社2002年版。

我國古代文獻中關於葛的記載是很多的。《詩經》中涉及到葛的種植和紡織的就有幾十處。《詩經　周南》中有「葛之覃兮，施於中穀」。《韓非子　五蠹》中有關於上古時代，堯「冬日麑裘，夏日葛衣」的記載。《越絕書》中有吳越時期種葛的記載：「葛山者，勾踐罷吳，種葛，使越女織治葛布，獻於吳王夫差。」[①]明確記載了葛的人工種植。《吳越春秋》中也有許多類似的關於葛採集方面的記載。葛布的生產在周代很受重視，設有「掌葛」專門管理葛布生產，《周禮　地官》記載：掌葛「掌以時徵絺綌之材於山農，凡葛徵，徵草貢之材於澤農。」到了春秋戰國時期，葛的種植、產量都大大增加。這些都說明最遲至周時，人們已經非常熟練地掌握了葛的使用技術。

葛是短纖維，因此它的脫膠採用煮漚的方法。即把葛放在水中浸煮，使其上膠質逐漸脫掉溶於水中後，撈出用木棒輕捶，得到分散纖維的方法。由於葛的單纖維比較短，一般在10毫米左右，如果完全脫膠，各個纖維呈單纖維的分散狀態，而在此狀態下的葛纖維太短，紡紗價值不高，因此只能採用半脫膠的辦法，取其束纖維進行紡紗。煮練脫膠的最早記載見於《詩經　周南》，文中描述種葛於山中，將採割下的葛藤放入水中浸煮，提取葛纖維，製成粗細不同葛布的勞動過程。云：「葛之覃兮，施於中谷，維葉莫莫。是刈是濩，為絺為綌，服之無斁。」這裡的「濩」即「鑊」，為「煮」之意。孔穎達疏曰：「於是刈取之，於是濩煮之，煮治已訖，乃緝乃績之，為絺為綌。」意即將葛藤割下以後放在熱水中煮爛，然後在流水中清洗乾淨，提取其纖維後紡織成紗，用於織布。可見我國勞動人民很早就掌握了對葛進行脫膠加工的方法。

---

① 《越絕書　越地傳》。

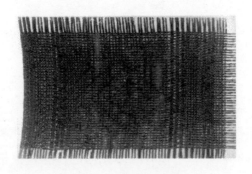

图1-3　葛纖維織物模型

　　葛布是利用葛的韌皮纖維，經過一系列加工形成的。葛布又分為幾種，粗的稱為「綌」，細的稱為「絺」，比絺更細的葛布稱為「縐」。《詩經　周南　葛覃》中有「為絺為綌，服之無斁」，可見人們對葛布的喜愛。葛布衣服吸濕散熱快，可去汗離體，穿著涼快、舒適，是很好的夏季衣料。在當時的楚國，葛布是下層民眾日常穿用之物。此外，粗葛布也可以用作喪服。

　　最初的葛織物織作比較粗糙，《論語　鄉黨》：「當暑，袗絺綌，必表而出」，何晏《論語集解》引孔安國曰：「暑則單服。絺綌，葛也。必表而出之，加上衣。」《禮記　典禮下》也有「袗絺綌不入公門」語，說的都是當時葛織物織作得很稀疏，出門必須加罩衣。而春秋戰國時期生產的葛布不僅量大而且精細，《吳越春秋》中「勾踐獻葛布」的故事很好地說明了這一點。再到後來，葛布逐步被麻織物所替代。

第二節　麻與麻布

　　麻主要有苧麻、大麻、檾麻。苧麻是蕁麻科雌雄同株的多年生草本植物，在長江流域和黃河流域的中下游地區多有生長。大麻又稱火

麻、疏麻，是屬於桑科雌雄異株的一年生草本植物，在我國絕大部分地區都有分布。檾麻是一年生草本植物，莖皮多纖維，在我國大部分地區都有生長。相應地，麻織物可分為苧麻織物、大麻織物和檾麻織物。中國麻紡織的歷史比絲綢更為悠久，古人最早使用的紡織品就是麻繩和麻布，直至秦漢時期，麻織物一直是人們主要的日常衣料。人們在長期使用麻織物的過程中不斷積累經驗，從使用最簡單的繩索，發展到織就精美的麻織物。

圖1-4　大麻

圖1-5　苧麻

圖1-6　檾麻

　　從考古發現來看，我國對麻纖維的利用歷史相當久遠，浙江余姚河姆渡和吳興錢山漾新石器遺址都發現過麻織物殘片及繩子。其中錢山漾遺址出土的麻布片經鑒定為苧麻紡織品，採用平紋織法，每平方公釐經緯線一般各有24根，有的細麻布經線31根、緯線20根。這是迄今中國最早的苧麻織品實物。

　　1981年鄭州青台遺址出土的粘附在紅陶片上的苧麻和大麻布紋，距今約5500年。1973～1974年發掘的、屬於商代中晚期的台西遺址，位於河北省藁城縣，其中發現一些已斷裂的麻布殘片，經鑒定，可以確定為大麻纖維。麻布是平紋組織，其中一塊經紗密度為14～16根／公釐，緯紗密度9～10根／公釐，它同馬王堆漢墓中的麻布非常接近，可見當時麻紡織技術是相當高的。

圖1-7　河北藁城台西遺址出土麻布殘片

　　在先秦典籍中，苧麻和苧麻織物一般稱為「紵」，大麻織物稱為「枲」。周代專門設立了「典枲」部門掌管大麻的生產。在《詩經　國風》中有「丘中有麻」，《詩經　齊風　南山》中有「藝麻如之何？衡從其畝」的記載。《詩經》、《周禮》等書中還將大麻雌株稱為「苴」、「荸」，雄株稱為「枲」、「牡麻」，常用品質較差的雌株纖維織較粗的布，用品質較好的雄株纖維織較細的布。檾麻纖維的紡織性能不佳，比較粗糙，主要用來製作繩索、禪衣或喪服。在所有麻纖維中，以苧麻的品質為最好。苧麻纖維細長、堅韌、平滑、潔白有光澤，有良好的抗濕、耐腐、散熱性，是我國特有的纖維原料，被譽為「中國草」。《周禮　天官　冢宰》：「典枲，掌布、緦、縷、紵之麻草之物，以待時頒功而授齎。」是說這時的苧麻布用來作貢品。1991年，河南三門峽市上村嶺虢國國君虢仲墓中出土了一部分紡織品及服飾，其中包括在槨外發現的保存相對完整的兩件套穿在一起的合襠麻褲和一片保存完整的矩形領口的麻上衣殘片，在棺內則是屍體上的衣服殘片及隨葬玉飾穿系中殘留的一些織物標本。王亞蓉對其進行研究後認為，此墓出土的麻褲和絲織殘片是首次得到的西周時期的絲麻實物（相對於其他多為印痕），合襠褲亦為現有出土年代最早的褲，使人們對西周紡織及服飾能進行具體研究和探索，並得到嶄新

的認識 [1]。《左傳　襄公二十九年》中記載「子產獻紵衣」之事，說明當時精細的苧麻布織造技術已經很高。馬王堆1號西漢墓出土的苧麻布，經密為37根/公釐，緯密44根/公釐，可與絲帛媲美。這種精細的苧麻布，戰國時稱為梡布，漢代稱為疏布、服瑣、繪世。

麻纖維的莖皮，由表皮層和韌皮層構成，可紡紗的纖維位於韌皮層內。韌皮層由纖維素、木質素、果膠質和其他雜質組成。對其加工，最早採用的方法是直接剝取法，即用手或器物剝落植物枝莖的表皮，揭取出韌皮纖維，粗略整理，不脫膠，直接利用的方法。河姆渡出土的部分繩頭，經顯微鏡觀察，發現所用纖維均呈片狀，沒有脫膠痕跡，可能就是利用這種打法製取的。後來因此法製取的纖維，粗脆易斷，此法便被捨棄，逐漸發展出自然漚漬法等其他手段。

在新石器時代晚期，長江流域已開始使用自然漚漬法來對麻纖維脫膠，浙江錢山漾新石器時代遺址出土的麻織物殘片可辨認出經過脫膠的痕跡。《詩經　陳風》中有「東門之池，可以漚麻」，「東門之池，可以漚苧」等記載，表明早在商周，不僅廣泛種植麻，而且已經掌握了微生物脫膠法對麻纖維進行初加工。這是一種自然脫膠法，即後人所稱漚漬法。人們在長期的實踐中，發現低窪潮濕處自然腐爛的麻纖維，比較容易剝取，而且纖維成束狀，以後人們便開始採用此種人工浸漬脫膠的方法。直到20世紀，在江漢平原地區，我們還可以看到農人將成捆的苧麻放在水中漚漬，來加工麻纖維。

除了自然漚漬法之外，煮練法和灰治法也是當時採用的加工方法。煮練法最早大概是用在葛纖維的製取上的，後來也被廣泛應用在苧麻的脫膠上。

灰治法是在漚漬法和煮練法的基礎上發展而成的，可見之於典籍，如《禮記　雜記上》：「大功以上……朝服十五升，去其半而

① 　王亞蓉：《西周出土紡織品文物介紹》，十三屆國際服飾會議論文1994年，瀋陽。

第一章　葛麻原料及其加工

總，加灰，錫也。」鄭玄注：「總精粗與朝服同，去其半，則六百縷而疏也。又無事其布，不灰焉。」孔穎達正義：「加灰錫也者，取總以為布，又加灰治之，則曰錫，言錫然滑易也。」《儀禮 喪服》：「錫者何也？麻之有錫者也。錫者十五升抽其半，無事其縷，有事其布，曰錫。」鄭玄注：「謂之錫者，治其布，使之滑易也。」

可見灰治法是把已經半脫膠的纖維績撚成紗，再放入鹼性溶液中浸泡或煮練，使纖維上的膠質盡可能地繼續脫落，這樣的加工方法能使纖維更加精細、柔軟、潔白，從而能製織更高檔的織品。這一方法與現代練麻工藝中的精練工藝大體已相同。

當時的楚國正是適宜苧麻、大麻、檾麻等生長的地區，《尚書 禹貢》說：「荊州厥貢絲枲」，反映了楚人植麻織麻的悠久歷史，麻織物是楚人最主要的衣著原料之一。考古發掘資料表明，楚墓出土的麻織品數量雖然不多，但足以證明楚人麻織業亦很發達。

如1953年長沙仰天湖戰國墓葬中出土的「遣冊」中，可以看出當時許多織物名稱，其中就記有「摻縫之緮」（有穗帶的麻布衣服）。

長沙五里牌406號戰國墓葬中，發現白色麻布殘片，經鑒定結果為：「此織物的原料……為苧麻纖維，此織物的構成為平紋組織，其經緯密度如下：經紗每10公釐280根；緯紗每10公釐240根，與現在棉布（龍頭細布每10公釐經紗254緯紗248）比較要緊密3.46％。由此可見在3000年前，我國即有麻織物，由其織物之精細而論，可以知道我國古代紡織技術之高超。」[1]比現代每公釐經緯各24根的細棉布還要緊密。這樣細的麻紗，用紡墜很難紡出，只有用紡車才有可能。這表明，楚國高超的苧麻布織造工藝是當時中國麻紡織技術的傑出代表。

---

[1] 中國科學院考古研究所《長沙發掘報告》，科學出版社1957年版，第64頁。

图1-8　長沙五里牌406號戰國楚墓出土麻布片

在長沙楚墓群中，曾發現麻織品7件，出於6座墓中。有麻布、鞋底和麻繩三種。其中麻布兩件，僅存殘片，深褐色，為斜紋提花織物，組織結構為二上一下，圖案花紋不清。每平方公釐經線32根，緯線22根。殘長9公釐、寬4公釐。

麻鞋底3件，出於兩座墓中。其一為黑褐色，有少許黃泥，已殘損，似用雙股麻線從內向外平繞8圈再編織而成，目前共存16行。為使鞋底加厚，而編織時在麻線上打有許多結，現已壓成方、圓、梯形等多種形狀的小顆粒，徑約0.3公釐。鞋底殘長21公釐、寬8.2公釐、厚0.4公釐。

圖1-9　長沙楚墓出土麻布殘片

圖1-10　長沙楚墓出土麻鞋底

麻繩1件（已斷成多段）。為灰褐色，由三股細麻繩作辮狀編織而成。一段殘長8公釐、徑0.4公釐。出土時在棺蓋上，原係捆綁木棺用繩[①]。

圖1-11　長沙楚墓出土斷麻繩　　　　圖1-12　江陵馬山1號墓出土麻鞋

　　江陵馬山1號墓出土的麻鞋是目前唯一保存完好的東周時期的一雙鞋屨。這雙屨的前端近圓形，側視呈緩坡狀，用大菱形紋錦做面。屨頭和幫部的表層均用麻布做成。並髹漆，裡層用草編，屨底用麻線編結成形。編結的方法是先用麻線按一定的距離佈置好緯線，將兩端固定在框架上，然後把麻線從中間向外層逐圈穿過緯線，共27圈。屨的外底上有許多乳丁狀線結。屨長23公釐、寬7公釐、高5公釐[②]。

---

① 　湖南省博物館《長沙楚墓（上）》，文物出版社2000年版，第417頁。
② 　湖北省荊州地區博物館《江陵馬山1號楚墓》，文物出版社1985年版，第24頁。

第二章　蠶絲原料及其初加工

　　我國是世界上最早養蠶和治絲的國家，並且在一個相當長的時期內，是唯一養蠶取絲織帛的國家，曾以「絲國」聞名於世。我國傳統的、高水準的蠶織技術，對世界紡織技術曾經產生過相當深遠的影響。在所有天然紡織纖維中，蠶絲最長，且具有良好的韌性、彈性、纖細度、光澤、柔軟、光滑等許多優良紡織特性，是一種十分理想、貴重、高級的紡織原料。

第一節　考古所見蠶絲之起源

　　1975～1978年在浙江余姚河姆渡村的新石器時代遺址（西元前4000多年），發現一批紡織用的工具和牙質盅形器。這件盅形器周圍用陰紋雕刻著類似蠕動的蠶的圖形，配以編織花紋。1958年在浙江吳興錢山漾遺址（西元前2700多年）出土了絲帛（絹片）、絲帶和絲繩。經過考古鑒定，出土絲織品原料是家蠶絲。絲帛殘片長2.4公釐，寬1公釐，呈黃褐色。經緯密度各為48根/公釐，絲的拈向為Z；絲頻寬5毫米，用16根粗細絲線交編而成；絲繩的投影寬度約為3毫米，是用3根絲束合股加拈而成，拈向為S，拈度為3.5拈/公釐。這一

發現令人信服地證明，中國的養蠶、抽絲、織綢的起源年代不會晚於這個時期。

出土文物和相關研究都表明：我國蠶業的源頭，至少可以定在新石器時代晚期，中國蠶業是多中心起源的，黃河流域、長江流域都曾是蠶桑絲織的主要起源地[①]。具體到處於較為濕潤的長江中游的楚地來說，雖不見新石器時代的蠶桑和絲織品實物出土，但相關考古資料表明，早在新石器時代，長江中游的原始紡織業已具有一定的水準，這裡的原始紡織的資訊以大量紡輪的出土為特色。如距今5000年左右的屈家嶺文化，以江漢平原為中心分布，陶紡輪是其生產工具中數量最多的一種，大量的彩陶紡輪成為該文化的典型特徵之一。其後相當於中原龍山文化時期的石家河文化（距今3900～4200年），生產工具仍以紡輪為大宗。長江中游地區紡輪出土之多，型式之多樣，紋飾之複雜，是其他任何地方都無法比擬的，這揭示了該地區原始紡織手工業的繁榮和發達，凸顯出這裡原始紡織文化的一大特色。由紡輪結合古代神話傳說中「西陵氏之女嫘祖（為帝之妃）始教民育蠶[②]」之說，似乎又暗示江漢地區和長江中游地區有可能是養蠶的起源地之一，因為傳說中的嫘祖是西陵氏之女，據《漢書 地理志》，江夏郡轄十四縣，首曰西陵，位於洞庭江漢一帶。如果再結合下面的論述來看，我們有理由相信處於長江中游的楚地早在新石器時代就是蠶桑絲織的主要產地。

---

① 魏東認為中國養蠶業起源於長江三角洲，參見魏東《略論中國養蠶業起源於長江三角洲》，載《中國農史》1983年第1期。張松林和高漢玉認為，新石器時代長江和黃河兩大流域的蠶業都已達到相當發達的水準。蔣猷龍從文獻學、民族學、考古學、歷史學和遺傳學等多角度出發，對蠶業的起源進行了重新的審視，於1978年就提出家蠶的祖先野桑蠶為多化性，其原始型當為多化性，又馴養桑蠶始於不同時期的不同地區，即多中心論。參見蔣猷龍《家蠶的起源與分化》，江蘇科學技術出版社1982年版；蔣猷龍〈中國蠶業的源流〉，載《中國農史》1986年第1期；蔣猷龍〈論蠶業起源〉，載王玉棠等主編《農業的起源和發展》，南京大學出版社1996年版。
② 劉恕：《通鑒外紀》。

《尚書　禹貢》分天下為九州：冀、兗、青、徐、揚、荊、豫、梁、雍，並記述了各州的物產土貢，出產和上貢絲物有荊州，「厥篚玄纁璣組」。《禹貢》成書的年代有西周至漢代各說，從地方出產來看，《禹貢》所記的內容大體上合於戰國時代的情形，這表明荊楚大地是先秦時期絲綢文化的繁榮之地。而出土絲織物更是強有力地證明了這一點。迄今所發現的先秦時期的絲織物，基本上都在兩湖的楚國地區，又以湖南長沙市郊和湖北荊州地區為最多。1952年至1994年40多年間長沙近郊發掘了2048座春秋戰國時期的楚墓，有18座墓集中出土了160件絲織品；1981年至1989年發掘的湖北江陵九店578座楚墓，出土絲織品17件；1982年發掘的江陵馬山1號墓，出土絲織品152件，其中完整衣物就有35件，幾乎包括了先秦時期絲織品的全部品種，因數量多，品種全，故有「地下絲綢寶庫」之美譽，絲織品的色澤花紋以及其本身反映出的織造技術都令人稱奇。另外，湖北荊門包山楚墓、江陵望山楚墓、江陵藤店楚墓、荊州天星觀楚墓以及隨州曾侯乙墓等均出土絲織品的實物或遺跡。先秦時期的楚國無疑是我國除黃河流域之外的又一絲綢生產重心。將這一歷史成就向前推算，處於長江中游的楚地一定很早就有植桑、養蠶、取絲、織帛的事蹟，謂其起源於新石器時代晚期似無多大疑問。到東周時的楚國，蠶絲的生產及初加工技術已經比較成熟，足以成為先秦時期的代表。

收藏在湖南省博物館一件發現於衡東縣的越式蠶桑紋銅尊，高21公釐，口徑15.5公釐，大喇叭口，粗長頸。銅尊花紋裝飾分三組，第一、二組花紋是第三組花紋的陪襯，第三組位於器腹的主體花紋，由四片圖案化的桑葉組成，在桑葉上及周圍佈滿了或爬、或蠕動、或啃吃桑葉的小蠶。蠶紋細長形，無足，身短小，眼鄙黑點凸出，身有較密的黑斑，與甲骨文中的蠶形圖案十分相似，也很符合「身屈曲蠕動若蠶」的文獻記述。蠶紋身上斑點清晰可見，屬我國家蠶中虎斑一類的蠶種，它是目前為止，在考古資料中僅見的年

代最早的一張蠶桑生息圖。

圖2-1　湖南省博物館藏越式蠶桑紋銅尊

第二節　早期的桑樹栽培和養蠶技術

一、早期的桑樹栽培技術

桑樹在我國生長地域遼闊，東至遼東半島，西至河西走廊，北至內蒙，南至海南島都有生長，長江中游的楚地是非常適合桑樹生長的地區。自新石器時代晚期開始利用蠶絲後，蠶桑業至遲在殷商發展成為非常重要的產業。商代時桑樹的種植有了一定的規模，在甲骨文中，也出現了許多「桑」字的象形字和蠶食桑葉的圖案。《詩經》中也有不少採桑的文字，如《詩經　豳風　七月》中「春日載陽，有鳴倉庚。女執懿筐，遵彼微行，爰求柔桑。」《詩經　大雅　桑柔》中也提到「菀彼桑柔，其下侯旬，捋采其劉」。到了周代，桑樹的種植已經很普遍。《詩經　魏風　十畝之間》中寫道：「十畝之間兮，桑者閑閑兮，行與子還兮；十畝之外兮，桑者泄泄兮，行與子逝兮。」描寫的是一片繁忙的採桑景象。

周代桑樹的栽培技術已有發展，人們對桑樹的生長習性也掌握了許多，已經懂得了利用「在陵、在山、在隰、在衍」的「五粟之土」

種植桑樹，在這裡種植的桑樹「群木蕃滋，數大，條直以長①」，最為適宜。而《詩經　小雅　隰桑》中有「隰桑有阿，其葉有難」、「隰桑有阿，其葉有沃」、「隰桑有阿，其葉有幽」等詩句，也和植桑相關。這裡「隰」即指的是低濕之地，土地比較肥沃，種植出的桑樹，葉子茂盛，且黑而有光澤。它說明周時判斷適宜栽桑的土地標準是看土壤是否肥沃。

從出土的實物圖像與文獻資料分析，先秦時期的桑樹主要有樹桑和地桑兩種。樹桑樹型高大，採桑人需要爬上樹或搭乘梯子後才能採到桑葉，這種桑樹在當時種植的比較多。另一種地桑比人略矮些或和人差不多高度，人站在地上就可摘桑。這種地桑不僅便於採摘，且葉多、肥厚、營養價值高。

圖2-2　樹桑

圖2-3　地桑

桑的種植，有種椹和壓條兩種②。桑栽培後，還要進行修剪養護，以利桑葉的生長。《禮記　月令》中有「后妃齊戒，親東鄉躬桑」，「是月也，命野虞無伐桑柘」，說明了對桑樹整枝、採伐的要求。

---

① 《管子·地員》。
② 桑苗繁殖手段包括種子繁殖（種椹）和無性繁殖（壓條）。其中種椹是最常用、最基本的一種方法，陳旉《農書》云：「擇美桑種椹，每一枚剪去兩頭，兩頭者不用……唯取中間一截。」「壓條」即把桑樹枝條的一部分刮去表皮埋入土中，頭端露出地面，等它生根後把它和母株分開，使另成一個植株。《齊民要術·種桑柘》：「大都種椹長遲，不如壓枝（條）之速。」

圖2-4　戰國青銅壺上採桑圖

二、養蠶技術

蠶本是自然生態下的野生蠶，後來人們把專吃桑葉的家蠶蛾科的野桑蠶加以馴化，並且從室外遷入室內飼養，逐步把野桑蠶變成人工飼養的家蠶。自新石器時代晚期開始利用蠶絲後，蠶桑業至遲在殷商時便已發展成為一種非常重要的產業，並在以後的長期生產實踐中，創造、積累了豐富的有關蠶桑生產的科學知識。周代已建立專門的蠶室來養蠶，蠶室一般建立於近水之旁，如《禮記　祭義》載：「古者天子、諸侯必有公桑、蠶室，近川而為之。築宮仞有三尺，棘牆而外閉之。」這樣安置蠶室，適於溫度和濕度的自然調節。

在養蠶的整個過程中，除了要有專門的蠶室外，還需專門的蠶具，《禮記　月令》曰：「季春之月，具曲植蘧筐。」即指蠶具而言。養蠶工具從開始人工養蠶就具有的極簡單用具，發展到春秋戰國時代已大致趨於完備，以後2000餘年無大變化，主要的蠶具包括：蠶箔、蠶槌、蠶簇、蠶盤、蠶網等。蠶箔，又稱「曲」或「曲薄」，多用萑葦編成，數尺寬，作長方形。蠶筐，又稱「蠶筐」，是以竹製成的承蠶器具，南方多用之。蠶槌，是用來一層層架放蠶箔的木架。古槌多為四方形木架。一槌大概可架放10箔，每箔之間距離約30公釐。蠶簇，又名「蓐」，是蠶老熟後作繭的工具。早期多以茅草、蒿葦、竹等材料紮成，後期以糯稻草或麥稈為之。製簇要點是簇架疏密要適

當。供蠶結繭的地方要多，簇中空氣流通要通暢，簇中光線要均勻，排濕要方便，採繭要方便。蠶盤，是盛蠶上簇之器，多以萑葦為底，範以蒼筤竹，長2.3公尺，寬1.6公尺。也有以木為框，以稀疏的竹席為底的。蠶網，是移位抬蠶用具。養蠶工具在上一年就要準備好，養蠶前要全面檢查[①]。

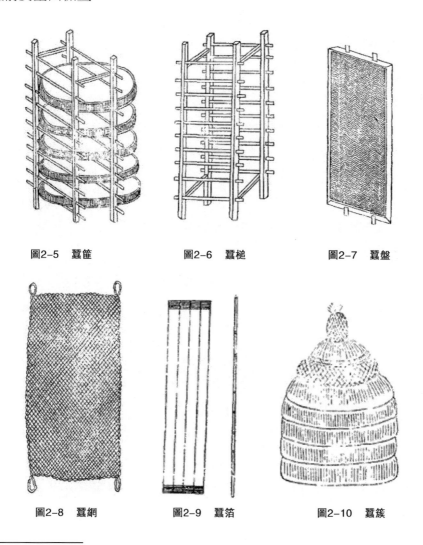

圖2-5　蠶筐　　　　　　圖2-6　蠶槌　　　　　　圖2-7　蠶盤

圖2-8　蠶網　　　　　　圖2-9　蠶箔　　　　　　圖2-10　蠶簇

①　趙承澤主編：《中國科學技術史（紡織卷）》，科學出版社2002年版。

第二章　蠶絲原料及其初加工

周代時，養蠶方法已比較成熟，《禮記　祭義》載：「奉種浴於川。」在養蠶前先浴種，這有利於蠶種的清潔，減少蠶的病害。然後再用一種叫做蘗的植物（也叫白蘘，游胡）煮汁，浸泡蠶種，促其發蟻。在飼養蠶時還非常注意桑葉的品質和清潔，不用帶雨露的葉子。《禮記　祭義》：「桑於公桑，風戾以食之。」鄭玄注：「風戾之者，及早涼脆採之，風戾之使露氣燥，乃以食蠶。」意即將帶有露水的桑葉涼乾後再喂蠶。可見當時主要是採摘清晨的桑葉，這與現代採桑的要求完全相符。

春秋戰國時期，人們開始對蠶的生理、生態有了較準確的認識。如戰國人荀況在〈蠶賦〉一文中，從哲理和生理角度概括了蠶的特點、習性和化育過程。「冬伏而夏游，食桑而吐絲，前亂而後治，夏生而惡暑，喜濕而惡雨，蛹以為母，蛾以為父。三俯三起，事乃大已。」這裡的「俯」和「起」是說蠶的眠性，「三俯三起」是指三眠蠶。荀子對蠶生長所要求的濕度和溫度，簡明的刻畫出來，並成為歷代指導養蠶生產的準繩。

蠶繭採下後要經過選繭、剝繭、殺蛹、儲藏等初加工過程。選繭是將爛繭、黴繭、殘繭等品質不佳的繭剔除，並按照繭形、繭色等不同類型分繭。剝繭是將蠶繭外層表面不適於織作的鬆亂繭衣剝掉，使繭殼完整地裸露出來，以便繅絲索緒。我國至遲在商周即已開始有目的的選繭。如《禮記　祭義》中有「歲既單矣，世婦卒蠶，奉繭以示於君，遂獻繭於夫人。夫人曰：此所以為君服與……服既成，君服以祀先王」的記載。《禮記　月令》中有「分繭稱絲效功，以供郊廟之服」的記載。獻繭備禮，必擇其精；分繭稱絲，必求達標。表明當時已了解繭質與絲質的關係以及選繭的必要性。繭採下後如不及時繅絲，繭中蠶蛹便會化為蛾，咬破蠶繭，造成殘繭。殺蛹的目的就是為了防止蠶蛹破繭出蛾，以延遲繅絲時間或長期貯備。為延緩繅絲時間，最初採取的手段是把繭薄攤於陰涼處，靠略低的溫度，推遲出蛾

期。此手段只能推遲一兩天，所以在未掌握好殺蛹方法之前，從落繭到繅絲的一段時間勞動強度是相當大的。從《禮記　月令》「季春三月，蠶事既登，分繭稱絲效功，無有敢惰」的記載，我們也可想見這段時間緊張忙碌的情景。

根據對馬山1號楚墓出土的絲質衣衾的測定，確認它們都是以家蠶絲為原料的。從顯微鏡下所拍攝的絲纖維的形態來看，絲素部分（即絲纖維的中間部位）呈透明狀，與現代桑蠶絲的縱面投影圖的形態相似。出土絲纖維橫截面切片投影圖上顯示出截面呈不規則的三角形，與現代桑蠶絲形態相近。另外，根據X射線衍射強度譜圖、差熱分析、氨基酸含量法的檢定都說明出土絲纖維屬於桑蠶絲纖維[1]。

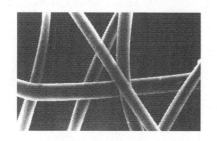

圖2-11　絲纖維縱面投影圖

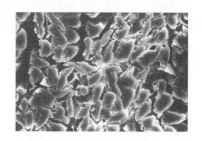

圖2-12　絲纖維橫截面切片投影圖

研究者通過對各個時期出土絲線單絲截面積變化的測量，發現戰國時期楚國的絲纖維纖度增粗非常明顯，這表明由於選育家蠶良種和講究飼養方法，這一時期的蠶絲品質比過去有明顯提高[2]。

① 湖北省荊州地區博物館《江陵馬山1號楚墓》，文物出版社1985年版。
② 彭浩:《楚人的紡織與服飾》，湖北教育出版社1996年版，第15頁。

第二章　蠶絲原料及其初加工

第三節　繅絲工藝與練漂技術

一、繅絲工藝

繅絲是將蠶繭中的絲疏解分離出來，並經絡絲、並絲、加撚使之成為可以織造絲織品的絲線。浙江錢山漾出土的絲線、絲帶證明4700年前這一工藝技術便已開始建立起來。在出土的甲骨文中，發現有類似繅絲的象形文字，可以證明從殷商時代，繅絲已經採用簡單工具。

在繅絲的幾道工序中煮繭最為關鍵。煮繭的目的是利用水和熱，軟化和溶解蠶絲外面的絲膠，以利於後面其他幾個步驟的順利進行。浙江錢山漾遺址出土的絹片，其上絲纖維經顯微鏡觀察，表面的絲膠均已脫落，同遺址出土兩把草莖紮製的小帚，柄部用麻繩捆綁，據分析應該是繅絲用的索緒帚。上海紡織科學院的分析認為，索緒帚的出現確鑿地說明，新石器晚期，我國已經採用熱水繅絲脫膠。

商周時期熱水繅絲開始逐漸普及，在同時期的文獻中多有記載，如《禮記　祭義》中的記載：「及良日，夫人繅，三盆手。遂布於三宮夫人世婦之吉者，使繅。」鄭玄注：「三盆手者，三淹也。凡繅，每淹大總而手振之，以出緒也。」「三淹」表明當時尚未掌握煮繭的最佳水溫。為避免煮繭程度不足或過度，影響蠶絲品質，採用的是將繭多次投放到熱水中浸煮，以使熱水均勻滲透繭殼溶解絲膠的方法。「手振之」是說用手攪動水面，讓舒解出來的絲緒浮游在水面上，以便順利索緒。

春秋以後沸水煮繭的方法得到普遍應用。《韓詩外傳》卷五載「繭之性為絲，弗得女工燂以沸湯，抽其統理，不成為絲」，《春秋繁露》載「繭待繅以涫湯而後能為絲 ①」，都提到煮繭要用沸水。

---

① 董仲舒：《春秋繁露　實性篇》。

繅絲時，須將若干根繭絲合併成一根較粗的生絲，這是利用軟化的絲膠把繭絲粘合起來。生絲粗細是否均勻取決於繅絲者的熟練程度。據測定，陝西岐山出土的西周絲織物的經緯線繅絲繭粒數為14、18、21粒，東周時期長沙楚墓出土的絲織物經緯線的繅絲繭粒數為7～10粒。這說明，東周時期楚國的繅絲技術比過去有了明顯的進步[①]。繅絲的情景從甲骨文字中可見，也可從漢畫像石上所刻的圖像中可見，繅絲時把繭浸在水中，引出絲頭，卷取在絲框上。

　　繅絲時使用繞絲架，將蠶繭上牽引出來的絲繞在繞紗板上，繞絲架一般呈I或X形，1979年，江西貴溪戰國時期的崖墓出土了一批紡織工具，其中就有三件I形、一件X形繞絲架。

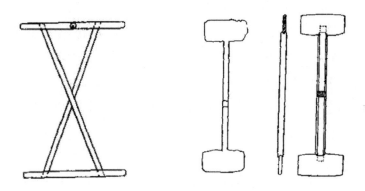

圖2-13　貴溪崖墓出土繞紗板和繞線框

　　從繞紗板上取下的絲稱作絲絞，還須經過絡絲、並絲、拈絲、整經和卷緯，才能成為可以上機織造的經緯線。

　　絲線加撚技術早在商代就已經產生，東周時期已經進一步掌握加撚技術。某些織物因要求有特殊的外觀效果或採用特殊方法織造，需要對絲線加撚，如縐紗就是利用絲線的撚力形成起縐的效果。馬山1

① 彭浩：《楚人的紡織與服飾》，湖北教育出版社1996年版，第16頁。

號楚墓出土的針織條所用絲線的撚度在1000～3500次／公尺，單紗Z撚，股線為S撚，巧妙地利用不同的撚向把兩根單股線合成一股。絲線經適當加撚後，強度也有提高。對絲線加強撚，不是單用紡墜所能做到的，估計已經使用簡單機械來加撚[①]。至於當時的整經工具，江西貴溪春秋戰國崖墓中出土的實物給了我們初步印象：齒耙式，共三件，耙的一面是一排小竹釘，間距為2公釐，橫斷面為L形。

二、絲、帛的練漂

熱水繅煮後得到的仍然是生絲，生絲具有一定的紡織染色性能，但仍較生澀，必須經鹼劑處理和清洗，才能較徹底地除去絲膠，使之具有良好的織染性能。這項工藝《考工記》稱「水凍」，今稱為練漂。

《考工記　慌氏》載:「凍絲。以涗水漚其絲，七日，去地尺，暴之。晝暴諸日，夜宿諸井，七日七夜，是謂水凍。」其中的「慌氏」是負責煉絲帛的工匠和管理人員；「凍絲」即練絲；「涗水」即鄭玄所注的「以灰所泲水也」，應該是浸泡了草木灰後澄清的灰水，這種水可以更有效地溶解出絲中的膠質；「漚」即長時間浸；「七日」指的是在「涗水」中浸漬生絲的時間是七天，即絲的「灰練」時間為七天；「去地尺，暴之」指的是將「漚」了七天的絲置於離地尺許暴曬；「晝暴諸日，夜宿諸井，七日七夜」，白天將絲束置於日光下晾曬，夜晚將絲束靜置井水中漂洗，如此晝暴夜宿交替進行七日，「水練」即告完成。「晝曝夜宿」的工藝原理，一是利用日光中所含紫外線照射，使得絲纖維中含有的絲膠溶融，色素降解，起到脫膠、漂白作用；二是利用晝夜溫差和日光、水洗的反復交替產生的熱脹冷縮，使絲纖維中殘留的色素、絲膠析出並洗掉。

生絲的練漂既可在絲線時進行，也可在織成織物後進行。「凍絲」是對絲線，「凍帛」即練帛，則是對以生絲織製的匹帛。關於

---

① 彭浩：《楚人的紡織與服飾》，湖北教育出版社1996年版，第19頁。

練帛，《考工記 慌氏》載:「湅帛，以欄為灰，渥淳其帛，實諸澤器，淫之以蜃。清其灰而漾之，而揮之；而沃之，而漾之；而塗之，而宿之。明日，沃而漾之。晝暴諸日，夜宿諸井，七日七夜，是謂水湅。」這裡「帛」即指生絲織製的織物，「欄」即楝，「以欄為灰」指楝樹葉燒製成的草木灰——楝灰，「蜃」原指蛤蚌，此處指蛤蚌殼及其燒製的灰。其工藝過程大致為：先將整匹絲帛以楝灰水浸泡，後將絲帛放置於光滑的容器內，用蚌殼灰溶液充分浸泡，後清除沉澱物，過濾灰水，晾乾匹帛，再浸泡、再沉澱、再塗蜃灰後放置，第二日再濡溫並沉澱。經以上工序後，雜質和膠質基本脫淨。而後，仍用晝暴夜宿法進行清洗。經七日七夜清洗，練帛即告完成。

　　《考工記》這段記載很明確地將練絲和練帛分為兩個不同的工藝，根據其不同的用途，在流程的安排、工藝內容和所使用的鹼劑、工藝方法等都有明顯的差異。練絲工藝使用的時間是兩個七日，即「以涗水漚其絲」，灰練七日，而後「晝暴夜宿」，水洗七日；而練帛則不同，灰練的時間是兩日，然後「晝暴夜宿」，水洗七日。練絲所用的鹼劑是比較溫和的草木灰水，灰練和水練的時間都是七日，整個工藝過程所需時間長，它採用的是緩慢溫和均勻的脫膠方法，只有這樣加工才能確保作為絲綢原料的絲束具有優良的紡織和染色性能。

　　現代紡織科技揭示，練絲後的絲纖維狀態與原來繅絲後的絲纖維狀態是有明顯差異的。繅絲後得到的單根絲纖是由幾個蠶繭抽出的絲緒依靠絲膠抱和而成的，在顯微鏡下，一般呈團狀膠結狀態，而經過精練的絲纖則呈均勻分布，團狀結構不明顯。據現代學者的研究，陝西省歧山縣賀家墓地西周墓出土的絲織物是經過精練的[①]。日本學者布目順郎對我國戰國時代楚國絲織品的研究發現，不同用途的絲織品精練深度是不同的。如帽帶、竹器上的帶子、劍柄上的編結帶等是未

---

① 陳維稷主編：《中國紡織科學技術史（古代部分）》，科學出版社1984年版，第73頁。

經精練的，這顯然是為了保持其強度而不脫膠。而楚國帛書、頭巾、包裹綢等是經過精練的[1]。在江陵馬山1號戰國楚墓出土的絲織品中，也可觀察到絲的脫膠程度的差別。

在暗紅絹經緯絲的電鏡照片上，發現各根繭絲間的夾雜物較多，應是絲膠的殘存物，可能是織造後再「湅帛」，不易完全脫去包覆在各根繭絲外的絲膠，精練度較低。

在另一塊十字菱形紋錦經絲的電鏡照片上，繭絲間的夾雜物明顯要少得多，鬆散分離，不相粘連。這說明錦是熟織的產品，織造前，先對絲束用「湅絲」工藝來進行脫膠。絲膠脫得較乾淨，精練度高。

 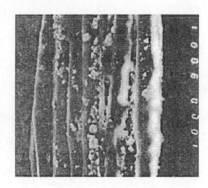

圖2-14　暗紅絹經絲　　　　　　　　　圖2-15　暗紅絹緯絲

這些證據都表明當時楚國「湅絲」、「湅帛」工藝的成熟，與傳統典籍記載可相互呼應。

---

[1] 〔日〕布目順郎著，《養蠶的起源與古代絹》，雄山閣1979年版，第220—224頁。轉引趙承澤主編《中國科學技術史（紡織卷）》，科學出版社2002年版，第266頁。

第三章　楚國紡織技術的演進

　　楚國絲織品的大量出土向世界揭示了當時楚國織造技術的成熟及多樣性，提花織機的出現，集中體現了先秦時期紡織技術所能達到的高度。楚地的先民從最初使用原始織機開始，通過不斷改進技術，到東周時的楚國，已經發展為根據圖案紋樣的需要來使用各種類型的提花織機。

第一節　考古所見紡織工具與原始織機

　　出土表明，新石器時期，長江流域已經開始使用原始織機來進行紡織。1972年，浙江省博物館和浙江省文物管理委員會在河姆渡進行了考古發掘，在遺址中出土了不少與紡織有關的石制、骨制、木制工具，其中確認為織機部件的如下：硬木磨製兼有開口和打緯作用的機刀兩件，其中一件長16.3公釐，寬2.6公釐，背部厚且平直，對側薄且呈弧狀；另一件殘長39公釐，背直刃平，在刃部有明顯的線磨痕跡。硬木磨製一端或兩端尖用於引緯的小木棒18件，這些木棒長25～40公釐，直徑約1.5公釐。硬木製用於卷布的木棍一件，木棍殘長17公釐，一端有經過削製的圓頭，直徑15公釐，內有一個規則的凹

槽^①。河姆渡出土物經中國科學院考古所實驗室測定，年代為距今7000年左右，比錢山漾遺址還早2000年左右，說明處於母系氏族公社繁榮時期的河姆渡人，已經開始利用原始織機進行紡織生產了。

圖3–1　浙江河姆渡遺址出土織機部件

在新石器時代遺址中，與原始紡織相關的骨針與紡輪是兩種出土最多的實物。河姆渡遺址出土的骨針非常典型，數量較多，長短不一，大多精巧細小，長度在6.4～15.7公釐之間。紡輪的出現遲於骨針，它是紡專的主要構件之一（另一部分為拈杆，因拈杆一般為木質，不易保存，所以遺址中出土的多是紡輪）。最為精緻的紡輪是浙江余杭瑤山良渚文化墓地11號墓出土的玉紡專。它由兩部分組成，一是紡輪，白玉質，直徑為4.3公釐、孔徑為0.6公釐、厚度為0.9公釐；另一個是拈杆，青玉質，杆長16.4公釐，杆截面為圓形，上尖下粗，以便固定紡輪。拈杆尖端處有一小圓孔，可插短木，用作定拈裝置。

到東周時期，原始骨針已經進化為鋼針，如湖北江陵包山2號楚墓曾出土鋼針，其針體截面呈圓形，殘長8.2公釐。

---

① 浙江省文物管理委員會、浙江省博物館〈河姆渡遺址第一期發掘報告〉，載《考古學報》1978年第1期；河姆渡遺址考古隊〈河姆渡遺址第二期發掘的重要收穫〉，載《文物》1980年第5期。

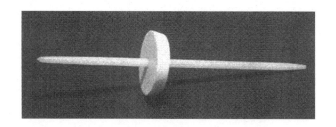

圖3-2　浙江余杭瑤山良渚文化墓地11號墓出土的玉紡專

　　1986年，浙江省考古研究所在杭州余杭反山良渚文化墓地23號墓中發現了一整套原始腰機部件玉飾品，這是新石器時期原始織機最為完整的發現。

圖3-3　浙江余杭反山遺址出土織機玉飾件

　　此套織機玉飾件共有3對6件（副），出土時對稱分布於兩側，相距約35公釐。根據這些玉飾件上的銷孔可以知道，中間原有木質部件存在。從其截面可以推斷出這些部件分別應為卷軸、開口杆和經軸。根據這套織機部件，趙豐復原出以此3個部件為主的良渚織機，只是

第三章　楚國紡織技術的演進

添加了必需的定經杆和梭杆[1]。

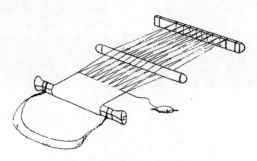

圖3-4　良渚織機（復原圖）

　　原始織機的改良進化，可見之於出土文物。1978年至1979年間，江西考古工作者在貴溪魚塘鄉仙岩一帶的春秋、戰國崖墓中清理出大量紡織工具部件，這批工具雖然已殘，但還能看出其屬於較為複雜的原始腰機部件。根據出土報告，紡織工具部件共計34件（副），其中屬於織機部件的有：經軸1件，長80公釐；夾布輥2件，分別長64.4公釐和23.8公釐；分經杆1件，長84公釐；挑花杆1件，殘長43.5公釐；機刀1件，69.8公釐；提綜杆2件，長23.8公釐，高2.5公釐；開口紋杆6件，長分別為46.5公釐、36.5公釐（殘）、66.4公釐、73.8公釐不等；杼梭1件，寬29公釐，形狀扁平，頭部開口[2]。此外還有繞紗板3件，齒耙3件，刮麻具5件，刮膠板（亦有人定為印花具）3件，繞線框1件，紡專4件，理經梳2件等。除織機部件外，這些工具按照其功用還可分為三類：一類與原料生產有關，如刮麻具、刮膠板等；一類與紡紗有關，如紡專、繞紗板、繞線框等；一類似與整經有關，如齒

---

① 趙豐〈良渚織機復原研究〉，載《東南文化》1992年第2期。

② 見高漢玉《貴溪崖墓出土的紡織品和機具（鑒定報告）》，江西省博物館，1979年。彭浩根據這些出土織機部件推斷當時已經有了斜織機。他指出：「經軸的使用導致了織機結構的變化。為了承受經軸，必須有機架。經軸對於織物表面的平整和長度的控制都起著直接的作用。」參見彭浩《楚人的紡織與服飾》，湖北教育出版社1996年版。

耙、理經梳等[1]。

　　大約春秋以前，原始織機還在楚地被廣泛使用。原始織機結構簡單，僅由幾根木棍組成，前後兩根相當於現代織機上的卷布輥和經軸的橫木；一根兼具開口和打緯，薄而光滑形似刀的木棍；一個引緯的紆子；一根直徑稍粗的分經棍，一根直徑稍細的綜杆。可以想見，楚人使用原始織機的情形：織造之前，先席地而坐，將整好經線的織機上身，把卷布軸繫於腹前，再用雙腳踏住經軸，靠腰和腳的力量控制經線張力，使織機上經線基本平齊。織造時，先利用分經棍形成一個自然梭口，將木刀放入梭口，豎起，用紆子把緯紗從梭口引過，再用木刀將引過的緯紗打緊後抽出。織下一梭時，提起綜杆，形成前一梭的下層經紗變為上層經紗的梭口，再重複固定梭口、紆子引緯、木刀打緯的工作。待織完一定長度後，翻轉經軸放出若干長度的經紗，卷布軸捲入相應長度的織物。如此反復。

第二節　各式提花織機的出現和利用

　　東周時期的楚國開始使用各式提花織機，楚地出土的紋錦向我們昭示了這一事實。1966年江陵望山1號楚墓出土的對獸彩條錦是一種幅寬僅56毫米的窄幅織錦，緯線密度為42根／公釐，每一花紋循環有82根緯線[2]。因為花紋的經向長度較短，織入緯線也不多。除去地緯42根，夾緯只有42根，因此，只要使用42片綜就可以提花，彭浩認為這種條錦大概是使用多綜多躡織機來織造[3]。

① 程應林等〈江西貴溪崖墓發現一批紡織品和紡織工具〉，載《中國紡織科學技術史資料》總第3集，1980年。
② 高漢玉：〈江陵望山楚墓出土的織錦和刺繡〉，載《絲綢史研究》1989年第2期。
③ 彭浩：《楚人的紡織與服飾》，湖北教育出版社1996年版，第25頁。

第三章　楚國紡織技術的演進

圖3-5　江陵望山1號楚墓出土對獸紋彩條錦　　圖3-6　長沙左家塘楚墓朱條對龍對鳳紋錦

　　1957年湖南長沙左家塘楚墓出土的一件朱條對龍對鳳紋錦，經過中國絲綢博物館趙豐等人的研究，認為其是依靠一種省躡式的多綜多躡織機織造而成的，研究者運用這種織機將對龍對鳳紋錦進行了成功的複製。據趙豐等的觀點，左家塘對龍對鳳紋錦整件織物的紋樣，其圖案沿經向循環，而沿緯向卻不並循環，應與整個門幅同寬。其圖案由變形的龍鳳及大小杯紋組成，整個紋樣內幅為53.5公釐，外幅為55公釐，邊幅為0.75公釐。一個經向紋樣長度4.6公釐，紋樣經向呈鏡向對稱，經線色彩分深褐、淺褐、米色、大紅四種，在整個幅寬內由四種色彩的經線組成42條彩條。其一個循環單元內紋緯數量只有46根，圖案在緯向上通幅無循環，此種圖案紋樣特點似與低花本機和多綜織機相關。但低花本織機並不合適製織對龍對鳳紋錦，它的幅寬為55公釐，緯密43根／公釐，每織一緯提起的經線數皆為3200根，為達到緯密要求，單根經線張力須保持15克，總張力達48公斤，根據開口的幾何關係可知提升經線的力達20公斤，這樣大的力即使有人專職提經也非常費力，而低花本機通常是以單人手提經線操作。所以經錦織機上必有省力的槓桿裝置，且改手提為腳蹬，據此，多綜加上多躡的織機更為合適。但是，一般的多綜多躡織機踏板和綜框過於輕薄，不能承受對龍對鳳紋錦的經線張力。而踏板增厚則受到織機的空間限制，較

好的方法是採用一種省躡機構，亦即對龍對鳳紋錦是採用這種省躡式的多綜多躡織機而織成的，這一方面說明當時楚國多綜多躡織機及經錦織造技術的成熟，另一方面也說明當時織造技術多樣性存在的可能[①]。

　　1982年馬山1號楚墓出土了一幅舞人動物紋錦，其紋樣由舞蹈人物和龍、鳳、麒麟等七個單元構成，橫貫全幅，是目前所見東周時期最大的織錦花紋。此錦之所以引人注目，不僅因為其織法為緯向循環通幅，還因為其構圖紋樣中存在一段明顯錯誤。整幅圖案布局是從左到右均以鋸齒狀的長方形作骨架，內填對龍、對鳳、對舞人等紋樣，但在織物的左邊約5公釐寬的一條紋樣帶出現明顯錯誤，其鋸齒形似乎部分地被重複了，動物的形象被破壞了。但這一錯誤並沒有在下一循環單元中得到改正，亦即這種錯誤在經向被反復地循環。針對西方某些學者懷疑中國古代是否存在提花織機的觀點，這種錯誤恰恰提供了中國提花機存在的明證。它有力地說明貯存紋樣的花本已客觀存在，這是挑製花本時就出現的錯誤，所以，錯誤會不斷重複。如若這一時期還沒有花樓提花機，而用挑花工藝織錦的話，這種錯誤在下一紋樣循環中就會被自然而輕易地改正過來，決不會一直被動地錯花織造。

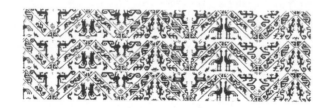

圖3-7　馬山1號楚墓出土舞人動物紋錦

---

① 〈東周紡織織造技術挖掘與展示——以出土紡織品為例專案〉，載《中國文物報》2010年11月19日第14版。

多綜多躡機和束綜提花織機的出現是改進織機的結果，集中體現了古代絲織技術的突出成就。從演進序列看，楚國的織造技術經歷了原始織機—簡單綜躡織機和多綜多躡機—束綜提花機的發展階段。

　　綜躡織機的出現大約在春秋、戰國之際。《列女傳　魯季敬姜》曾載一則文伯受教的故事：

　　魯季敬姜者，……魯大夫公父穆伯之妻，文伯之母。……文伯相魯，敬姜謂之曰：吾語汝，治國之要盡在經矣。夫幅者所以正曲枉也，不可不強，故幅可以為將；畫者，所以均不均，服不服也，故畫可以為正；物者，所以治蕪與莫也，故物可以為都大夫；持交而不失，出入而不絕者，捆也，捆可以為大行人也；推而往、引而來者，綜也，綜可以為關內之師；主多少之數者，均也，均可以為內史；服重任，行遠道，正直而固者，軸也，軸可以為相；舒而無窮者，摘也，摘可以為三公。

　　在這段文字中，敬姜把一台織機比喻為一個國家，把對經絲的處理比作治理國家，把織機的各部件功用比作國家對各級官吏的職守和要求。全文完整地勾勒出春秋時期常用織機的全貌，其中幅為控製織物幅寬的幅撐，畫為打緯用的筘，物為整理經絲的工具，捆為引緯工具，綜為提升經線的綜杆，均為分經木，軸為卷布軸，摘為經軸。文中未提踏板，說明春秋時期的織機還不能腳踏提綜。《列子　湯問篇》所述紀昌學射的故事中曾提及當時的織機：「紀昌者，又學射於飛衛。飛衛曰：『爾先學不瞬，而後可言射矣。』紀昌歸，偃臥其妻之機下。以目承牽梃」。牽梃即織機下部的躡（腳踏板），織造時用腳上下踏動以牽引織機相應部位運動。紀昌所見織機的躡是上下不停迅速地運動著，否則不能達到「不瞬」的目的。這說明綜躡織機在戰國時期即已出現。而20世紀出土的許多刻有綜躡織機的漢畫像石則展

示了綜躡織機普及推廣的印記。這種畫像石在山東、江蘇、安徽等都有發現，如江蘇銅山縣洪樓和江蘇泗洪縣曹莊出土的兩塊石畫，描述「曾母斷機訓子」的故事。畫中，曾母坐於機內，轉身擲梭於地，以手作訓斥狀，拱手而跪者為曾參。雖然畫像石上刻畫的織機僅可窺其大致形狀，但仍是迄今能見到的有關綜躡織機的最早圖像資料，非常珍貴，它同時也表明漢代黃河流域和長江流域的廣大地區在紡織生產中已普遍使用綜躡織機。

圖3-8　江蘇銅山縣洪樓的東漢畫像石　　**圖3-9　江蘇泗洪縣曹莊出土的東漢畫像石**

　　綜躡織機的演進是從簡單綜躡織機發展到多綜多躡織機的。簡單綜躡織機按經面角度可分為斜織機和立機兩類。斜織機因其機身傾斜、經面與水準成一定角度而得名。斜織機上的綜躡連接有雙躡連單綜、單躡連單綜、雙躡連雙綜機幾種形式[1]。

圖3-10　漢代畫像石上的斜織機（拓本）　　**圖3-11　復原的漢代斜織機**

---

① 趙承澤主編：《中國科學技術史（紡織卷）》，科學出版社，2002年版。

江陵馬山1號戰國楚墓出土的絹織物殘片經過學者分析，正是使用斜織機織造的。在顯微鏡照片中，發現絹織物有這樣的織造特點與結構：如果把經線按奇偶數分成兩組，則經線的屈曲程度有較大的差異，一組經線屈曲程度大，一組經線近似於直線狀態。經線密度越大，這種現象越明顯。這種現象的產生與織物密度、織機的構造及絲纖維本身的結構特點有關。奇偶組經線屈曲波有差異的絹織物是在一層經紗張力恆大於另一層經紗的織機上織造的，具有自然梭口的單綜片斜織機的兩層經線恰恰具備了這個條件，而東漢畫像石上的斜織機也是這種構造。

　　雙躡連單綜，是以兩塊腳踏板控制一片綜的提升，綜只起提經作用。此機型的機架左右兩邊立柱分別裝有一個提綜用的前大後小形似「馬頭」的木塊，馬頭前端繫著綜片，中後端則裝有二橫杆，中間的作為中軸和「壓交」之用，後邊的作為「分交」之用。機座下的兩根踏杆，一根與一提綜杆相連，提綜杆又與馬頭相連；另一根與綜片下端相連。當與提綜杆相連的踏杆被踩下時，提綜杆使馬頭前傾上翹，連繫底經的綜片將底經提升，同時中軸也相應地向下壓迫面經，形成一個三角形梭口。當與綜片相連的踏杆被踩下時，綜片下降，底經也隨之下降，底經和面經恢復成初始梭口狀。

　　單躡連單綜，是以一塊腳踏板控制一片綜的提升，綜亦只起提經作用。單躡單綜機的機架，左右兩邊立柱分別裝有與「馬頭」作用相似的「鴉兒木」。鴉兒木的前端繫著綜片，後端與踏腳板相連。兩鴉兒木的偏後端相連的橫棍，實即壓經棒。當踏腳板被踩下時，鴉兒木上翹提起底經，壓經棒下沉將面經下壓，形成梭口。當踏腳板被放開時，鴉兒木和綜框靠自重恢復到原來的位置，梭口也恢復到初始狀。

　　雙躡連雙綜的方式是以二塊腳踏板分別控制兩片綜的提升，每片綜均兼有提經和壓經的作用，它們輪流一次提經，一次壓經。踏板與綜的連接有兩種方法：一種是兩踏板分別與機架上的兩杠杆一端相

連，兩杠杆的另一端分別與兩片綜的上部相連。另一種是兩踏板分別與兩片綜的下端相連，兩綜片的上端則分別連在機架上方一杠杆的兩端。當一踏板被踩下時，與此相連的綜片下降，而另一綜片因杠杆的作用被提升，形成一個較為清晰的梭口。當踏動另一踏板時，亦然。

立機亦稱為豎機，因其經紗平面垂直於地面而得名。這種織機由於經軸位於機架上方，更換不便；打緯作上下運動，較難掌握緯密的均勻度；不能加裝多片綜織造，只能製織一些平紋織物，不能製織花色織物。故它的使用遠不如斜織機普及。

多綜多躡織機是一種可以製織比較複雜幾何花紋織物的綜躡織機，是在簡單綜躡機的基礎上發展出來的，其特點是機上有多少綜片便有多少腳踏杆與之相應，一躡（踏板）控制一綜，綜、躡數量可視需要隨意添減。從簡單的綜躡機到多綜多躡機應有一個發展過程，故它的出現時間應比斜織機要晚。

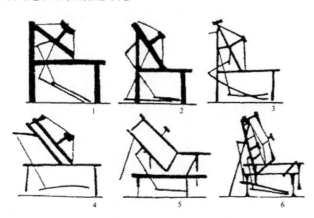

圖3–12　漢畫像石上的各種織機圖像

較早記載多綜多躡織機的文獻是《西京雜記》卷一〈霍顯為淳于衍起第贈金〉：「霍光妻遺淳于衍蒲桃錦二十四匹，散花綾二十五匹，綾出鉅鹿陳寶光家。寶光妻傳其法，霍顯召入其第，使作之。機用一百二十躡，六十日成一匹，匹值萬錢。」此外，在《三國志　方

技傳》裴松之注中也有一段關於多綜多躡織機的記載：「馬先生，天下之名巧也……為博士居貧，乃思綾機之變，……舊綾機，五十綜者五十躡，六十綜者六十躡，先生患其喪功費日，乃皆易以十二躡。其奇文異變，因感而作者，猶自然之成形，陰陽之無窮。」此處馬先生即馬鈞。然多綜多躡織機的具體形制在古代文獻史料中則闕如。20世紀70年代，胡玉端在四川雙流發現一種織腰帶的丁橋織機，其提花由多片踏板控制多片綜片產生。對照《三國志》注中提到的扶風馬鈞改革了當時的傳統綾機，因此稱其為多綜多躡機。並將其作為漢代提花織機復原的母型①。後來，屠恆賢等對此進行了較為深入的研究，並在丁橋織機上試織了戰國平紋經錦的局部，得到了頗為可信的結論②。

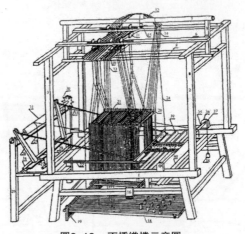

圖3-13　丁橋織機示意圖

　　四川省雙流縣這種多綜多躡織機，每一躡上有一便於腳踏的竹釘，故又稱「丁橋織機」。它用躡來控制綜片升降，根據花紋的布

①　胡玉端：〈經錦織造技術的探討〉，載《中國紡織科學技術史資料》總第5集，1981年。
②　屠恆賢：《戰國時期絲織品的研究及複製》，華東紡織工學院碩士論文，上海，1983年。轉引自趙豐，金琳《紡織考古》，文物出版社2007年版，第75頁。

置，每踩一下躡，牽動綜片帶動相應的經線形成一個梭口，然後便可以投緯。綜片數量視織物花紋而定，多時可達72綜、72躡，主要織造「花綾」、「花錦」和「花邊」。其優點是結構較為簡單，易於製作，只需一個織工便可織造。缺點在於躡和綜片過多，操作比較複雜，工效較低。

在此需要指出的是，近年，隨著少數民族地區的竹籠式和簾綜式低花本織機的重新發現，低花本織機也被認為是中國提花機發展過程中的重要一環，甚至是必經的階段。1997年，趙豐基本完成了對這種低花本織機的研究，認為低花本織機，特別可能是生產戰國到西漢時期出土於兩湖流域織物的一種重要機型[①]。亦即在楚國織機演進過程中，也曾出現過低花本織機。

花紋循環不太大、紋樣較為簡單的對稱型、幾何紋的綺和錦等絲織品，一般均可用多綜多躡織機織制。花紋循環變化大的，組織複雜的大花紋的錦，如大型花卉和動物等紋樣，這種一經穿多綜的織花方法就難於勝任。因此需要尋求更好的織造原理和方法，於是又發展為束綜的提花裝置，即一根經線用一根綜線提沉，同類提升的歸於一束綜，故它突破了綜躡機不能織大花紋的局限性。按花紋組織歸併的一束綜線，組成一「花本」，懸掛在機上的花樓，由專司挽花工提經和織花工配合織緯，才能完成，故又稱「花樓機」。楚國所產的大多數的錦幅寬、花紋都比較大，經緯密度也較高，如用綜躡機製織比較難做到，用束綜機則能順利製織，馬山1號楚墓出土的舞人動物紋錦即為顯證。因此，在楚國逐步發展出一種花樓式束綜提花裝置。當然，這一時期的花樓提花機和提花技術發展還在初級階段。

漢代史料中可以看到有關提花機的記載，王逸的〈機婦賦〉中有

---

①　趙豐：《中國傳統織機及織造技術研究》，中國紡織大學博士學位論文，1997年。轉引自趙豐，金琳《紡織考古》，文物出版社2007年版，75頁。

第三章　楚國紡織技術的演進

如下描寫：

勝複回轉，克像乾形，大匡淡泊，擬則川平。光為日月，蓋取昭明。三軸列布，上法台星。兩驥齊首，儼若將征。方員綺錯，極妙窮奇，蟲禽品獸，物有其宜。兔耳跧伏，若安若危；猛犬相守，竄身匿蹄。高樓雙峙，下臨清池。游魚銜餌，瀺灂其陂。鹿盧並起，纖繳俱垂，宛若星圖，屈伸推移。一往一來，匪勞匪疲。

這段文字描述了織物的花紋和提花織機的構造，「高樓雙峙，下臨清池」指的是織工坐在花樓上，居高臨下俯視織機和經線；「游魚銜餌」指的是在花樓上牽提衢線。總體上看，其主要特徵：其一有提花「高樓」，即花樓提花機的機架標誌「花樓」；其二有纖和衢腳（柱腳），是一種束綜式的提花裝置，提花纖可單獨運動，不是多綜多躡式或其他的提花裝置；其三有「花機」，提拽纖線通過借用整個身體的力量向後拉，提高操作效率且省力；其四有「花本」，把需要織造的花紋圖案畫成組織結構圈，然後根據圖中經線的浮點挑花結本，即按花紋的組織點編製經線升降的程式，如此紋樣資訊得以貯存，並且能反復使用；其五是操作時需兩人協作，相互配合。

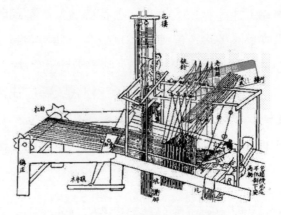

圖3-14 《天工開物》中的花樓機

結合同一時期的出土實物分析，這種花樓織機基本形狀大略為：機型高大，機高應在3.5公尺以上，否則織中花本不好操作。機身較長，從經面提花的拉伸情況看，機長也要在3.5公尺以上。機寬一般不受限制，從機樓上坐人的角度分析，1公尺左右較為穩固。機前設有地綜，由織工操作。織機的關鍵部件提花裝置應是織面橫置，織工與挽工面對，花本直接挑製在織面上。由於尚處於初級階段，這一時期織線還不能分把掛織，織下也無衢盤、衢線，織線直接與衢腳線兜連。其結構可能與《天工開物》中記載的花樓機有類似之處。

此外，彭浩曾指出，在長沙左家塘楚墓和江陵馬山1號墓中先後發現有褐地雙色方格紋錦和小菱形紋錦，在菱形紋格的正中有紅色的花芯，它們都是用「掛經」顯示出來的；在不顯花的部位以浮線掛在織物背面，「掛經」的出現說明當時的提花機上可以設置兩個經軸，解決了兩組經線張力不均的矛盾，也是一個重要的創造[1]。

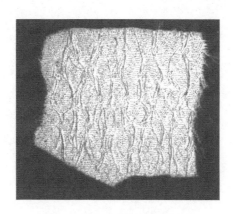

圖3-15　小菱形紋錦背面的掛經

花樓提花織造技術是中國古代紡織工藝中最重要的技術之一，它把複雜的織機提花資訊用花本形式貯存並且釋放出來，通過花樓提花

---

[1]　彭浩：《楚人的紡織與服飾》，湖北教育出版社1996年版，第26頁。

和織造配合生產出精美的紋錦，楚國許多精美的紋錦就是使用它織造而成的。花樓提花機的出現是我國提花織造技術上的重大突破，它把提花從單人織造中分離出來，由一人專司操作，使製織大型、複雜、多彩的織物成為可能，工藝原理較之其他提花方法更加合理，織造速度加快，生產效率大大提高，這為以後大、小花樓提花機的發展奠定了基礎。

第四章　染色工藝與楚國的織物用色

　　中國對紡織品進行染色加工有非常悠久的歷史。北京周口店山頂洞遺址曾發現赤鐵礦（赭石）粉末和塗染成赤色的石珠、魚骨等裝飾品。表明在舊石器時代晚期就已經有了染色技術的萌芽。新石器時代所見的塗彩更多。如浙江余姚河姆渡遺址出土酒器和西安半坡遺址出土的彩陶上，有紅、白、黑、褐、橙等多種色彩。當時所用的顏料大略為礦石研成的粉末。除粉狀赭石外，青海樂都柳灣墓地還發現朱砂。山西夏縣西陰村遺址發現彩繪和研磨礦石等工具。這些礦石的粉末，曾用於紡織品著色，此後植物染料也逐漸出現。周代已設置掌染草、染人、畫、繪、鐘、筐、幌等專業機構，分工主管生產。據《周禮》，「掌染草」負責徵斂植物染料；「染人」負責染絲、染帛；「掌蜃」、「掌炭」、「職金」等官職負責提供染色工藝所需物料；畫、繪、鐘、筐、幌等是五種工師。這種專業分工，標誌著當時的練染工藝已經發展到一定的規模，形成了比較完整的體系。

　　總體上看，織物著色劑分為兩大類，即植物染料和礦物顏料。所謂染料是指能溶於水並能上染纖維的色素，而顏料是指不溶於水的色素，它不能直接上染纖維，必須借助於其他手段固著。以植物染料施染的工藝稱「草染」，以礦物顏料施染的工藝稱「石染」。「石染」

先於「草染」出現，但因中國傳統農業的發達，中國古代染色工藝的特點是以「草染」為主。

第一節　「石染」與「草染」

一、礦物顏料及「石染」

先秦時期，我國所使用的礦物顏料的品種主要有赭石、朱砂、石黃、空青、鉛白等，分屬紅、黃、綠、藍色系。

紅色系的礦物顏料主要有赭石和朱砂。先秦時期，朱砂礦物顏料的應用已十分成熟，商代安陽殷墟婦好墓中，發現有不少朱砂塗染的絹織物的痕跡，多粘附在一些大型、貴重、精緻的器物上，此外，在墓中還出土了用於朱砂研磨的杵臼。故宮博物院收藏的商代玉戈，正反兩面均留有麻布、平紋絹等織物痕跡，並滲有朱砂。《周禮　冬官考工記》：「以朱湛丹秫，三月而熾之，淳而漬之。」據鄭玄的說法，文中的朱即朱砂，記載的是用朱砂染羽毛的工藝情況。陝西岐山賀家村西周墓出土的絲綢遺物，也有染著朱砂的痕跡。陝西寶雞茹家莊出土的絲織物和刺繡殘痕上的鮮豔的朱紅色即為朱砂顏料。

朱砂當時的產量低，只有上層人物的服飾才能用它。由於朱砂的地位重要，我國古代匠人在朱砂的製造和提純方面下了不少工夫。在製作朱砂的過程中，會出現多種紅色，上層發黃，下層發暗，中間的朱紅色彩最好。陝西寶雞茹家莊出土的朱砂恰恰為朱紅，說明西周時已成功掌握了朱砂的製作技術。

朱砂用於染色，有塗染和浸染兩種。湖南左家塘出土雙色錦織物上的朱紅色條子，是用朱砂浸染絲線後織造的，至今色彩仍十分鮮紅，朱砂粒子細膩均勻。

圖4-1　左家塘出土雙色錦　　　　圖4-2　印花平紋織物上朱砂小點局部

　　2009年荊州八嶺山鎮連心石料場出土了一件戰國時期印花平紋織物，上面以紅色圓點構成了菱形圖案。通過顯微鏡觀察織物上的紅色顏料，可以發現在平紋織物上塗有一層朱紅色的顏料，色彩鮮豔，呈顆粒狀。採用電子顯微鏡－X射線能譜（SEM－EDX）進行更為細緻的觀察，在EDX譜圖中可以看到存在元素Hg和S，並且兩者的原子百分含量比也接近1，顯然石料場出土的織物上紅色顏料就是朱砂（硫化汞）。在電鏡圖中可以看到朱砂顆粒分布在織物表面，粒徑大約在2微米到5微米之間。說明當時工匠將朱砂研磨得極為細膩，可見戰國時期楚國高超的染色技藝。

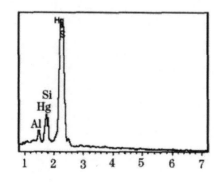

圖4-3　朱砂能譜圖　　　　　　　　圖4-4　朱砂電鏡圖

第四章　染色工藝與楚國的織物用色

黃色系的礦物顏料主要是石黃。石黃分雌黃和雄黃，用於顏料的多為雄黃，橙黃色，半透明，是天然的黃色染料。石黃是紅光黃，色相豐滿純正，光牢度好。《山海經　西山經》載有「中曲之山，其陽多玉，其陰多雄黃、白玉及金」。陝西寶雞茹家莊出土的西周刺繡印痕上有石黃顏料的遺殘。

　　綠色系的礦物顏料是空青。空青，作為礦石是有名的孔雀石，作為顏料又名石綠，其結構疏鬆，研磨容易，色澤翠綠，色光穩定，耐大氣作用性能好，是很重要的礦物顏料。

　　另一種鹼式碳酸銅礦石是藍銅礦，呈藍色，又名石青，大青，扁青，作藍色礦物顏料。

　　先秦時期有白色系礦物顏料是胡粉和蜃灰。胡粉又名粉錫，即鉛白，中國利用鉛的歷史非常悠久，張華《博物志》：「紂燒鉛錫作粉。」這種粉是白色顏料，也可用作化妝品。該時期所用的另一種白色顏料為蜃灰，蜃灰也是傳統的白色塗料，可用於織物或其他器物的塗料。《周禮　掌蜃》鄭注云「蜃可以白器，令色白」，正是其作為塗染料的證明。

二、植物染料

　　依據染料性質的不同，植物染料可分為還原染料，如靛藍；媒染染料，如茜草、藎草、紫草、槐米、五倍子、皂斗等；直接染料，如紅花、蘇方、郁金、茜黃素等。

　　藍草是我國用於染色歷史最悠久、用量最大的還原染料之一。中國古代造靛藍的染料主要有蓼藍、菘藍（茶藍）、木藍（吳藍）、馬藍和青藍（大青）。作為染料植物以蓼藍最常見。染藍由於工藝簡單、得色濃豔，因而在我國應用最早，地域最廣，由此創造出的染色和印花織物品種也最多。

　　據文獻記載，我國可能在夏代已開始種植藍

圖4-5　蓼藍

草，周時藍草的種植與採集已相當普及。《詩經　小雅　采綠》對此有這樣的描述：「終朝采藍，不盈一襜」；《禮記　月令》中對藍草的染色時節也作了規定：「仲夏之月。令民毋艾藍以染。」這是因為仲夏之月（夏曆五月）是藍草發棵生長旺盛的時候，此時採摘藍草葉影響藍草以後的生長和產量，因此規定藍草的染色不許提前進行。這說明當時對藍草的栽培和生長規律已經有比較成熟的認識。

藍草染色技術，當時採用的是鮮葉發酵染色法，將藍草葉和織物揉在一起，藍草的葉子被揉碎，液汁就浸透織物；或者把布帛浸在藍草葉發酵後澄清的溶液裡，然後晾在空氣中，使引哚酚轉化為靛藍。《荀子　勸學》中有：「青，取之於藍，而青於藍。」說明了戰國時，人們對染青與染藍間的關係十分了解，從染色工藝上分析，青色是由藍草的多次染色而得到的。反映了當時染色工藝已經相當成熟，掌握了通過多次染色得到深色的工藝。

媒染染料是指以金屬鹽為發色劑而染色的植物染料，《周禮　地官》載「蒨以染赤，象斗染黑」，蒨者茜草，象斗者橡子殼，均為媒染染料。這是我國使用媒染染料最早的確切記載。古代將某些含金屬鹽的礦物統稱「礬」，先秦時期用於染色的媒染劑有綠礬、明礬、石膽等，用來作媒染染料的主要有：茜草、紫草等。

茜草是我國歷史最悠久的紅色植物染料。其別名有茹藘、茅蒐、地血等。《爾雅　釋草》：「茹藘，茅蒐。」晉郭璞注：「今之茜也，可以染絳。」

茜草的茜素可染出多種顏色，《爾雅釋器》記載：「一染謂之縓，再染謂之䞓，三染謂之纁」，《周禮　冬官考工記》「三入為纁，五入為緅，七入為緇」。據研究，縓、䞓、纁、緅、緇等五種色名所代表的

圖4-6　茜草

色譜系以茜素加入不同媒染劑而得到的色譜①。

　　用於染紫色的植物是紫草，以明礬和椿木灰媒染可得到鮮豔的紫紅。春秋時期，紫草染色在山東頗為興盛，《管子　輕重丁》載：「昔萊人善染，練茈之於萊純錙。」茈即紫草，練茈即染有紫色之繒，萊即古齊國東部地方，謂齊人擅長於染練工藝。《韓非子　外儲說左上》：「齊桓公好服紫，一國盡服紫。當是時也，五素不得一紫。」也反映了當時紫色的流行。

圖4-7　紫草

　　藎草，藎草莖葉中含黃色素，主要成分是藎草素，是黃酮類媒染染料，可直接染絲纖維，以銅鹽為媒染劑可得鮮豔的綠色。因此《爾雅　釋草》又名其為菉。《詩經　小雅》：「終朝采綠，不盈一掬。」數量很少，可能是採集野生藎草。

　　商周時期用於染黑色的植物是皂斗，皂斗為櫟屬樹木的果實，其中含五倍子丹寧，以鐵鹽媒染，染得黑色。《詩經》中多處提到櫟屬樹木，《詩　小雅　四牡》：「翩翩者鵻，載飛載下，集於苞栩。」《詩經　唐風　鴇羽》也說：「肅肅鴇羽，集於苞栩。」《爾雅　釋木》：「栩，杼。」郭璞注云：「柞樹。」陸璣《疏》云柞：「其子為皂，或言皂斗，其殼為汁，可以染皂。」

　　梔子是直接染料，茜草科梔子屬，它的花含有梔子黃，化學成分藏紅花酸，是秦漢以前應用最廣的黃色染料。黃色是三原色之一，是組成其他色彩必不可少的色彩元素。

圖4-8　梔子

---

① 趙承澤主編：《中國科學技術史（紡織卷）》，科學出版社2002年版，第279頁。

220

第二節　楚國織物用色的特點分析

《呂氏春秋　季夏紀》載：「是月也，命婦官染采，黼黻文章，必以法故，無或差忒。黑黃蒼赤，莫不質良，勿敢偽詐，以給郊廟祭祀之服，以為旗章，以別貴賤等級之度。」這表明春秋戰國時期，絲織品染色技術已經相當成熟，它不僅能夠為織物提供完整的色譜，而且對於各個色彩都能達到嚴格的標準。楚國織物的用色正是建立在當時這樣一種染色技術基礎之上的。從出土的楚國絲織品來看，不僅品種豐富，紋樣華麗，色彩也可謂五彩斑斕。

1957年長沙左家塘44號墓出土一批保存比較完好的絲織物，時代為戰國中期，計有深棕色紅黃菱紋錦，褐地矩文錦，褐地紅黃矩文錦，朱條暗花對龍對鳳紋錦，褐地雙色方格紋錦，褐地幾何填花燕紋錦，棕色絹，黃色絹，褐絹，藕色紗手帕，以及淺褐色縐紗手帕，從顏色上看，有赤、黃、棕等9種顏色，色譜已基本齊全。1982年發掘的馬山1號楚墓有「絲綢寶庫」之稱，色彩繁多，有深黃、淺黃、土黃、金黃、灰黃、深棕、棕、淺棕、紅棕、深紅、朱紅、紫紅、橘紅、深褐、灰白、藕色、黑、鈷藍、素色等[①]。據說織物上的個別顏色還很可能是塗抹（「畫繢」）上去的[②]。故這些異彩紛呈、鮮豔奪目的織物，應該是染、畫、繡等工藝結合並用的結果。此外，織物「單幅一般為二色或三色，最多的有六色[③]」。色彩之間的搭配也很講究，這些色調組合均給人以沉著、柔和、古樸、典雅的感覺。1987年荊門包山2號楚墓出土絲織品共73件，種類包括絹、紗、綺、錦、

① 湖北省荊州地區博物館《江陵馬山1號楚墓》，文物出版社1985年版。

② 關於「畫繢」的討論，參見盧連成〈有關西周絲織和刺繡的重要發現〉，載《文物》1976年第4期。沈從文先生也指出楚服「衣多特別華美，紅綠繽紛，……一望而知，衣著材料必出於印、繪、繡等不同加工」。見沈從文《中國古代服飾研究》，上海書店出版社2005年版，第60頁。

③ 陳躍鈞，張緒球：〈江陵馬磚一號墓出土的戰國絲織品〉，載《文物》1982年第10期。

第四章　染色工藝與楚國的織物用色

條、組、刺繡，形制主要有裳、網、器封、繫帶、紗罩和扇形絹等，色彩有深棕、棕、紅棕、黑、褐、灰褐、土黃、深紅色等[①]。江陵九店4座楚墓出土絲織品共17件，種類包括絹、紗、錦、組、刺繡，色彩有深棕、棕、黑、土黃、粉紅色；除此之外，還有3件彩繪品，均是在絹地上用紅、灰白兩色彩繪[②]。望山1號和2號楚墓出土絲織品共計35件，種類有絹、絹繡、錦、錦繡、絲帛、絲帶、絲繩等，色彩有深棕、棕、淺棕、土黃、淡黃、紅、咖啡色等[③]。長沙17座楚墓出土絲織品共160件，種類包括絹、紗、錦、組、刺繡等，色彩有深褐、褐、黃褐、土黃、橘黃、淡黃、深棕、棕、淺棕、朱紅等[④]。如表4-1至表4-4所示。

表4-1　江陵馬山1號楚墓出土絲織品用色統計表

	絹	綈	紗	素羅	彩條紋綺	錦	組	條	刺繡	小計
紅色	3				2	36	3		9	53
棕色	15				2	42	2	10	21	92
黃色	26	1	1		2	31	7	8	22	98
褐色	2		4							6
黑色					2		2		3	7
灰白色	7			1						8
素色			1							1
紫色									2	2
綠色									7	7
藍色									2	6
淺灰色									4	4

---

① 湖北省荊沙鐵路考古隊《包山楚墓》，文物出版社1991年版。

② 湖北文物考古研究所《江陵九店東周墓》，科學出版社1995年版，第333—336頁。

③ 湖北文物考古研究所《江陵望山沙塚楚墓》，科學出版社1996年版，第102—104、160頁。

④ 湖南省博物館等《長沙楚墓》，文物出版社2000年版，第412—417頁。

表4-2　包山2號楚墓出土絲織品用色統計表

	絹	紗	錦	組	刺繡	小計
紅色			3	2	3	8
棕色	15	6	5	5	3	34
土黃色	5	3	4		3	15
褐色	8	4		4		16
黑色	16	3				19
黃白色				1		1

表4-3　江陵九店楚墓出土絲織品用色統計表

	絹	紗	錦	小計
粉紅色		1		1
棕色	7	6	2	15
土黃色			2	2
黑色	3	1		4

表4-4　長沙楚墓出土絲織品用色統計表

	絹	紗	錦	編織組帶	小計
紅色			3		3
棕色			4		14
黃色	12		14		26
褐色	68	4	20	4	96

　　出土織物的色彩，從色譜上進行分析，有黃、紅、紫、藍、綠、褐、黑等色，可見其色譜已相當完整。不僅今天常見的幾種主要色調都已具備，而且每種色調常常是由深到淡分幾個檔次。總體上看，絲織品的用色比例占有率較高的是紅色、棕色、黃色、褐色，其中棕色和黃色的地位尤為突出。

　　從楚簡遣策中也可以反映出當時各種色彩名稱和使用情況。包山簡中出現最多的是「紫」，作為帽、裡子、車器圍屏、繩和大帶的顏

第四章　染色工藝與楚國的織物用色

色。此外還有青、緩（黃）、絑（朱紅）、丹黃、綠等色名。信陽簡中出現最多的色名是「緅」，即赤黑間色，作為衣服、絲織囊袋、坐墊的用色。此外，還出現「青」、「丹」、「紅」、「紫」等色名。望山簡文中出現最多的則是「丹」。從「丹緅」的連用，可知楚國通常用豔麗的紅色作為刺繡繡線的顏色。而在馬山1號楚墓、靖安東周墓中出土的刺繡也多以紅、紅棕、深紅、朱紅、橘紅為主。從楚墓遣策中出現的色名，可以看出隨葬紡織器物多著紫、朱（丹、紅）、緅、青、緩（黃）、綠等名貴色系，這些色系多具有鮮豔的色澤，由於製作工藝複雜，產量較低，只有上層人士才能享用，以彰顯其高貴的地位[1]。

在此可將楚國服飾（織物）用色與中原地區服飾織物用色稍作比照。

據《左傳》桓公二年載，魯臧哀伯在談到服裝的色調、紋樣和圖案（即「章服」）時說:「火、龍、黼、黻，昭其文也。五色比象，昭其物也。」又《左傳》昭公二十五年記鄭子叔曰:「為九文、六采、五章，以奉五色。」九文指畫在衣上的龍、山、華（花）、蟲、火、宗彝（虎與長尾猴）和繡在裳（下衣）上的藻（水草）、粉米（白米）、黼（黑白交織出的斧形）、黻（黑與青交織成的兩「弓」相背的符號）九種文彩。六采指青、白、赤、黑、玄、黃六種色彩。五章指青與赤、赤與白、白與黑、黑與青以及青、黃、赤、白、黑所交織出的五種文繡[2]。顯而易見，與繽紛斑斕，豔麗鮮明的楚服相比，中原織物的色彩組合不是那麼豐富多變。

此外，在色彩觀念方面，兩者之間也存在一定差異。前述正色、間色的觀念是中原地區正統文化的反映，如把黃色當作土的代表色，

---

① 金琳，呂繼熔：〈戰國楚簡遣策中的染織名物〉，載《中原文物》2011年第3期。
② 宋公文，張君：《楚國風俗志》，湖北教育出版社1995年版，第44頁。

為正色，象徵中央方位。《禮記　玉藻》云：「衣正色，裳間色。」黃色是上衣所用的顏色，下裳則應用間色。楚國服飾的用色雖大量使用黃色，但在顏色搭配上並未完全遵循此種禮制。如馬山1號墓的兩件黃色袍，上衣下裳相連屬，顏色並未加以區分，與傳統禮制的說法不相同。土黃色屬間色，也同時在上衣與下裳中出現。另有一件紫紅絹面單衣，紫紅也是一種間色，然而也用作上衣與下裳。墓中唯一的一件裙，則是以深黃色絹作面料，似乎也不合當時用間色的定制。從這些例子我們可以看出，楚人的衣裳色彩不合中原地區流行的制度[①]。

　　從先秦時期的有關文獻資料來看，楚地先民自上古以來就有獨特的「崇火尚赤」風俗。他們相信自己是太陽（日神）的遠裔，為火神（祝融）的嫡嗣。屈原〈離騷〉開篇四句：「帝高陽之苗裔兮，朕皇考曰伯庸，攝提貞於孟陬兮，惟庚寅吾以降」，即已點明此種關聯。因為日（太陽）中有火，火為赤色（紅色），故楚俗「尚赤」。這種風氣在很多方面都有體現，如建築上，《國語　楚語上》記伍舉說，靈王所築的章華臺有「彤鏤」之美，韋昭注云：「彤，謂丹楹。」楚人「尚赤」在出土器物上也得以驗證。《長沙楚墓》報告說：「南楚墓葬中隨葬的器物，無論服裝、漆器、內棺，大抵圖案繁縟，色彩斑斕，以紅色為主調。楚人尚紅色，以紅色為貴。」[②]張正明先生也指出：「楚人尚赤之風，相沿不衰。……江陵的馬山1號楚墓，相對年代是戰國中期，出土了大量衣衾，圖案繁縟，色彩鮮麗，而以赤為主色。各地楚墓出土的漆器，黑底朱彩，絕少例外。淮陽的楚車馬坑，相對年代是戰國晚期，從中發現了多面戰旗，全是火紅的。」[③]在服飾上，《墨子　公孟篇》記：「昔者，楚莊王鮮冠組纓，絳衣博袍，以治其國，其國治。」「絳衣」即赤色的衣服。

① 　彭浩：《楚人的紡織與服飾》，湖北教育出版社1996年版，第219頁。
② 　湖南省博物館等《長沙楚墓（上）》，文物出版社2000年版，第545頁。
③ 　張正明：《楚文化史》，上海人民出版社1987年版，第105頁。

第四章　染色工藝與楚國的織物用色

出土織物在色彩運用的具體方面，存在這樣一種規律：紅色主要是施於錦繡之上，但在出土量最多的絹上出現得極少（僅在馬山1號墓中有三個特例），與紅色相比，棕、黃色在錦繡和絹兩者之上使用機會相差不大。造成這種差異的原因當在於織物自身的價值上。漢劉熙《釋名 釋采帛》「錦，金也。作之用功重，其價如金，故其制字從帛與金也。」可見錦貴重如金。而絹織造簡單，常為百姓衣料，如《墨子 辭過》：「治絲麻，捆布絹，以為民衣。」錦為名貴織物，而絹為普通絲織品，它很清楚地表明了紅色比之於棕、黃色的特殊地位 ①。這有助於我們更好地理解「尚赤」的涵義。正如張正明所指出的：「一般的楚國平民在日常生活中，並不總是服赤色之衣、用赤色之器的。尚赤，即以赤為貴。假使無往而不赤，那赤也就不見其貴了。楚國的田夫野老、織婦村姑乃至役徒之流，怕是難得有赤色為他們裝點門第的。」②

---

① 夏曉偉：〈從楚墓出土絲織品的色彩看楚人「尚紅」〉，載《江漢考古》2003年第3期。
② 張正明：《楚文化史》，上海人民出版社1987年版，第105頁。

第五章　楚國絲織品的類別及其特點

　　絲織工藝技術的發展，集中表現在絲織品的演變上。現今所見先秦絲織品實物及其種類，絕大多數都出於楚墓，特別是1982年湖北江陵馬山1號楚墓的發掘，這座屬於戰國中晚期的楚墓，其出土絲織品的種類幾乎囊括了先秦時期的全部品種，是先秦絲織品的一次最集中的發現，從中也可看出楚國絲織業已達到相當高的工藝水準。依據組織結構和工藝的不同，楚國絲織品主要種類有：紗、縠、羅、絹、紈、縞、綈、縑、綺、錦、組、絛、繡等。

　　中國古代對於織物的命名通常是抓住織物的主要外觀特徵，再結合織物的結構、工藝和質地。如：紗「言其孔可以漏沙也[1]」；綾，「淩也，其文望之如冰淩之理也[2]」等等。有時即使屬於同一類織物，也會出現不同的名稱。如生絲織物，在傳統典籍中就有不同的名稱，如素、紗、縞、綃、絹等。絲織物是素色的，這是因為生絲外面裹有一層絲膠，不易著色的緣故。《禮記　雜記》云：「純以素。」注：「素，生帛也。」素的本義是白色的絲織物，表面有光澤，這也正是生絲織物的外觀特徵。也可以認為，素是平紋生絲織物的總稱。

---

[1]　雷鐍撰，雷學淇注釋：《古今服緯》，《叢書集成初編》本。
[2]　劉熙：《釋名　釋采帛》。

第五章　楚國絲織品的類別及其特點

227

第一節　絹、紈、縞、紗、縑、綃、縠和綈

一、絹

絹是一種平紋織物，一般較為細薄，表面平整，經緯線交織較緊密，經緯線的組織點是一上一下，兩根經線和兩根緯線交織成一個完全組織。綃、紗、縠等織物在傳統典籍中一般都被歸入絹類。從現代織物組織學的觀點來看，它們雖都是平紋織物，但在織造時往往因為不同的工藝，而形成各自相異的外觀效果和使用性能，故不能將它們籠統地歸入絹類。

絹是絲織品中數量最多，用量也最大的一種織物，多用作衣、衾、帽和繡地[①]。馬山1號楚墓出土的絲織物也證明了這一點，衣物中以絹的用量為最大，因此楚國絹的形態和特點可從中得到具體反映。

絹組織的稀密程度存在較大的差別。根據對馬山1號楚墓出土衣物用絹的檢測，經線密度每公釐60根以下的有9件，60～100根的有29件，100～120根的有12件，120根以上的有6件。緯密為經密1／3至1／2的有14件，1／2左右的有20件，1／2以上的有21件。沒有發現緯密與經密相等和大於經密的現象，密度最大的是該墓出土的竹枕套（7-2）上的深黃絹，經緯密度為164　64根／平方公釐。這是目前發現的先秦平紋織物中密度最大的絹[②]。而在長沙戰國楚墓中出土的密度最稀疏深褐色的絹其經緯密度僅為35　21根／平方公釐，質地非常輕薄稀疏[③]。

大多數絹的經緯線都未經加撚，少數絹的經線加S向弱撚。N24絹裙所用深褐色絹的經線撚度為1000～1500次／公尺，S向，條分均

① 在紙張出現之前，絹也是一種重要的書寫和繪畫材料，如長沙子彈庫出土的楚帛書和陳家大山出土的楚帛畫都是絹質的。

② 參見湖北省荊州地區博物館《江陵馬山1號楚墓》，文物出版社1985年版。

③ 參見湖南省博物館等《長沙楚墓》，文物出版社2000年版，第412頁。

匀（8–11）。竹笥所盛絲綢碎片中有用作繡地的土黃絹，其經線每隔一根加弱撚，撚度500～1000次／公尺，S向[1]。

熟絹和生絹之別。衣衾所用的絹絕大部分是經煮練的熟絹，只有素紗綿袍（N1）的領緣、袖緣是用生絹。有少數用作衣衾的絹在織造後曾經過捶砑，絲線扁平，多斷裂產生的毛茸，使織物的孔隙縮小。一些較稀疏的絹經砑紗處理後，經緯線的位置移動，形成不均勻的孔隙。有個別的絹經壓光處理，具有較好的光澤。深黃絹裙（N17–3）的面和（8–11）中同類的絹片均呈現緯向的「畦紋」（即經畦紋）[2]。

素色絹一般用作衣衾和其他物件的裡，多數較為稀疏，品質也略次。用作衣衾面和繡地的絹，結構一般較緊密，有的儘管絲線較粗，但條分都較均勻（如圖5–1）。

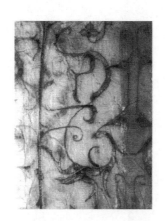

圖5-1　江陵馬山1號墓出土對鳳對龍紋繡淺黃絹面衾（局部）

楚國絹織物用途之廣，可從表5–1、表5–2得到大致印象。

①　參見湖北省荊州地區博物館《江陵馬山1號楚墓》，文物出版社1985年版。
②　參見湖北省荊州地區博物館《江陵馬山1號楚墓》，文物出版社1985年版。

表5-1　馬山1號出土繡品用絹登記表

標本	名稱及部位	經密 （根／公釐）	緯密 （根／公釐）	厚度 （毫米）	備註
N2	紅棕色絹　衾內緣	60	40	0.19	
N2	淺黃色絹　衾面	108	44	0.15	
N2	淺黃色絹　衾面兩側	100	38	0.18	
N7	淺黃色絹　衾面	116	64	0.11	
N7	淺黃色絹　衾內緣	80	41		
N10	淺黃色絹　袍面	120	62	0.12	
N12	淺黃色絹　袍面	104	50	0.25	
N14	淺黃色絹　袍面	100	54	0.10	
N16	淺黃色絹　袍緣	104	62	0.20	
N19	土黃色絹　袍緣	108	38	0.21	
N22	土黃色絹　袍面	108	52	0.13	
N5	紅棕色袍　衾內緣	76	42	0.21	
N25	紅棕色絹　袴面	96	46	0.21	
8—4A	紅棕色絹　鏡衣面	64	50		
N13	紫紅色絹　衣面	122	64	0.13	
N23	紫紅色絹　衣緣	84	42		
44	紫紅色絹　棺底席緣	72	36		
2、4	紅棕色絹　木俑絲衣面	64	36		
8—3A	紅棕色絹　緻衣面	68	48		
8—3A	紅棕色絹　緻衣緣	98	46		

表5-2　馬山1號出土衣物用絹登記表

標本	名稱及部位	經密 （根／公釐）	緯密 （根／公釐）	厚度 （毫米）	備註
N1	藕色絹　袍領、袖緣	76	34		生絲
N1	灰白色絹　袍裡	60	38	0.12	研紗、不均勻
N2	灰白色絹　衾裡	52	42	0.13	
N5	灰白色絹　衾裡	44	32	0.05	幅寬 49 ～ 50 公釐、研紗
N7	灰白色絹　衾裡	104	60	0.14	

標本	名稱及部位	經密 （根／公釐）	緯密 （根／公釐）	厚度 （毫米）	備註
N14	灰白色絹 袍裡	80	40	0.04	研紗
N22	灰白色絹 袍裡	95	36	0.14	研紗
N25	灰白色絹 袴腰	56	26		
N4	深黃色絹 絲裡	48	38	0.08	幅寬50.5公釐， 邊緣0.3公釐
N8	深黃色絹 袍裡	66	38	0.05	研紗
N8	深黃色絹 袍裡	46	44	0.15	
N10	深黃色絹 袍裡	76	36		研紗，不均勻
N15	深黃色絹 袍裡	68	36	0.06	錘壓
N16	深黃色絹 袍裡	105	52	0.13	
N17—3	深黃色絹 裙面	112	47	0.15	有紋
N17—2	深黃色絹 質裡	64	34		
N18—3	深黃色絹 袍裡	128	72		
N19	深黃色絹 袍裡	84	34	0.08	
N23	深黃色絹 袍裡	116	45	0.11	
N23	深黃色絹 袍裡	158	70	0.08	
N25	深黃色絹 袴裡	48	28		
8—5B	深黃色絹 帽裡	144	70		
7—2	深黃色絹 枕套面	164	66	0.09	
7—2	深黃色絹 枕套面	156	56	0.09	
8—4A	深黃色絹 鏡衣裡	84	72	0.12	
N18—1	深棕色絹 幎目面	82	30		
N18—1	深棕色絹 幎目裡	52	44	研紗	
N18—3	深棕色絹 握面	80	48		
8—5B	深棕色絹 帽面	88	36		
8—6	深棕色絹 囊裡	46	30		
43	深棕色絹 荒帷	68	46	0.41	
N24	深褐色絹 裙面	84	34	0.16	S撚，1000～1500 次/公尺（經）
18、19、 20	深褐色絹 席囊	50	20		
8—5B	紅棕色絹 帽	84	40		
3、5	紅棕色絹 木俑絲衣面	88	48		

二、紈、縞、紗、縑、綃、縠和綈

紈是細膩有光澤的素白絲織物，古代稱精細有光的單色絲織物
為紈。《釋名》：「紈，煥也，細澤有光煥煥然也。」《說文》：

「紈，素也。」顏師古注曰：「紈素，今之絹也。」高級的紈稱「冰紈」。《漢書　地理志下》注：「冰紈，紈細密如堅冰者也。」可見，紈大約等同於質地細密的絹。紈在曾侯乙墓中有出土，經緯密度在每平方公釐102　33～87　32根之間，組織很精緻細密。

縞是平紋組織織物。細密素白的生絲織造成的，特徵是經緯密度相差不大。任大椿《釋繒》「熟帛曰練，生帛曰縞。」在曾侯乙墓中有出土，經測量其經線密度在20～45根/公釐，緯線密度在20～40根/公釐。

紗，古代又作沙，是經緯絲纖細、表面有均勻方形孔眼的絲織物，正如古人形容的「輕紗薄如空」。周代時紗已經作為禮服衣料在宮中使用。《周禮　天官　內司服》：「掌王后之六服：褘衣、揄狄、闕狄、鞠衣、展衣、緣衣，素沙。」鄭玄注：「素沙者，今之白縛也。」在出土的實物中，屬於早期的紗主要有：殷墟婦好墓出土的青銅大圓尊上黏附的紗的殘片，經緯絲密度為每平方公釐20　18根，組織孔隙明朗可見；遼寧朝陽西周墓中出土的方孔紗，經緯密度都是每公釐20根，比較稀疏。

楚國紗織物出土比較多。湖南長沙左家塘戰國中期墓中出土的一塊長28公釐、寬24公釐的藕色紗手帕，經緯絲纖維投影寬度僅為0.08毫米，經緯絲密度為每平方公釐28　26根，織物有稀疏的方孔，透孔率為70%，相當輕薄。馬山1號楚墓中出土的紗多不完整，保存較好的是用作竹笥上所覆蓋的「冪」，係深褐色紗，尚可見到完整的幅邊。幅寬32.2公釐，幅邊寬0.25公釐。經密25根／公釐，緯密16根／公釐。幅邊經密34根／公釐，緯密16根／公釐。還有一塊經緯密度最小的深褐色紗，密度分別為17根／公釐和16根／公釐，附著於綿袴表、裡上，紗孔明顯，上面附著一層半透明的膠狀物，使紗孔變成圓形。

常見的紗，多是以絲作原料的，在湖北隨州曾侯乙墓中出土

的五塊紗的殘片卻是絲麻交織物。這是目前所見年代最早的絲麻交織物。

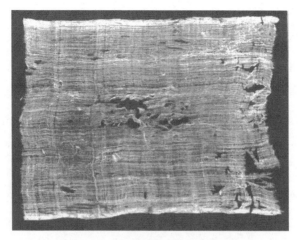

圖5-2　馬山1號楚墓中出土深褐色紗

楚國紗織物的用途，可從馬山1號楚墓中出土紗的統計獲得初步印象，見表：

表5-3　馬山1號出土衣物用紗登記表

標本	名稱及部位	經密 （根／公釐）	緯密 （根／公釐）	厚度 （毫米）
N1	素色紗　袍面	24	18	0.075
36	土黃色紗　棺上飾物	46	30	0.02
17　22	深褐色紗　包裹銅勺用	26	12	0.11
17　23	深褐色紗　包裹銅匕用	38	30	0.15
8　8	深褐色紗　巾	25	16	
N25	深褐色紗　附著於袴表、裡	17	16	0.05

縑，雙根並絲所織粗厚平紋絲織物。它的絲線細緻，且並絲而織，因而縑織物的表面勻細而緻密，乃至於水都不能滲透。《釋

名》：「縑，兼也，其絲細緻，數兼於布絹也。」《說文 系部》：「縑，並絲繒也。」〈急就篇〉顏師古注：「縑之言兼也，並絲而織，甚緻密也。」《漢書 外戚傳》注曰：「縑即今之絹也。」縑與絹、綈、紬、縵、紈、縞均為平紋織物，其中紈、縞為薄型或超薄型織物，縑和綈則比較厚實。

殷墟婦好墓出土的黏附在大圓尊上的絲織品，一種是由雙根經絲併合與單根緯絲交織成緯重平組織，另一種是由雙根併合的經絲與雙根併合的緯絲交織成方平組織，這可能是目前發現的年代最早的縑實物。河南信陽光山春秋早期黃君孟夫婦的墓葬中，也發現了三塊經絲雙根併合、緯絲單根的縑。縑緻密，增加了織物的厚度。

1951年長沙345號墓出土的一件織物，淺黑色，雙絲平紋，密度40　18根／公釐，應為縑織物。

綃，採用桑蠶絲為原料以平紋或變化平紋織成的輕薄透明的平紋絲織物。古稱鮮色（本色，即生絲色）精細的絲織物為縞，精細有光單色絲織物為紈。

縠，以強撚絲織造的薄型織物。織後煮練定形，織物表面因抽縮而呈現凹凸縐紋，即後世所稱的縐紗（紗縠）。《說文》：「縠，細縛也。」《釋名》：「縠，粟也，其形足足而踧視之如粟也。又謂沙縠亦取踧踧如沙也。」《漢書 江充傳》：「充衣紗縠襌衣。」顏師古注曰：「紗縠，紡絲而織之也。輕者為紗，縐者為縠。」因此縠的特點是織物表面有細微的縐紋，且形成孔眼。要達到這種外觀效果，經緯絲須加強撚，而且撚向相反。這種工藝技術較複雜，具有一定難度。

湖南長沙左家塘楚墓中出土的淺棕紗手帕，是一種縠織物，其經緯絲都加有強撚，經絲為S撚與Z撚相間排列，緯絲為S撚，經緯密度為每平方公釐38　（28～30）根。這種縠由於經絲撚向的變化相間排列，其縐縮效果更好。

 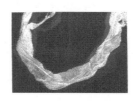

圖5-3　長沙左家塘楚墓中出土淺棕紗手帕　　圖5-4　土黃色綈

　　綈是比絹厚的平紋織物。《說文》：「綈，厚繒也。」〈急就篇〉：「綈絡縑練素帛蟬。」顏師古注：「綈，厚繒之滑澤者也，重三斤五兩，今謂之平紬。」在《史記》等史籍中也多次記載綈和以綈做的衣服，如「綈袍」、「綈衣」。綈還可以染成各種顏色，《漢書　匈奴傳》云：「赤綈、綠繒各四十匹」。陸翽《鄴中記》也記有：「青綈、白綈、黃綈、綠綈、紫綈。」綈在出土的紡織品文物中很少發現。僅見於馬山1號楚墓中的一件麻鞋的鞋面，係土黃色。外觀經線密集，呈明顯的緯向凸條，光澤好，織物的正反兩面的外觀效果相同。土黃綈的組織結構與絹相同，但要厚實得多，厚度0.7～0.8毫米。經線雙股合成，加S撚，撚度約500次/公尺，緯線已經乾縮，在織物止留下圓孔。緯線上似乎塗有一種材料，使之增粗。現存緯線孔徑0.6～0.8毫米，估計原來緯線的直徑與此相距不遠。經密80根/公釐，緯密10根/公釐，緯密僅及經密的1／8，加之緯線比經線粗許多，因而呈現出緯向的凸條。由於綈質地厚實，適宜做衣袍。

第二節　羅和綺

一、羅

羅是用糾織法以地經紗和絞經紗與緯紗交織，形成椒形絞紗孔

隙的絲織物。羅織物是絲織物中的上品，有花紋的稱花羅，無花紋的稱素羅。花羅的名稱是以花紋來命名的，素羅以經數來命名，兩根經絲相絞稱二經絞羅，三根經絲相絞成三經絞羅。而迄今為止所知的商周羅織物多為四經絞的素羅。《楚辭 招魂》：「蒻阿拂壁，羅幬張些。」王逸注：「羅，綺屬也。」估計也屬於素羅類。

安陽殷墟婦好墓中發現的絞紗織物，是無固定絞組的四經絞素羅，經緯絲密度為32 12根／平方公釐，投影寬度經絲為0.12～0.15毫米，緯絲為0.12毫米，經緯絲都加有S撚，織物中地經與絞經以1：1的間隔排列，織第一緯時，絞經與相鄰的地經是一個絞組，相互糾合，織入第二緯時絞經不是與相鄰的地經相絞，而是與相隔的地經相絞，四根經線（兩根地經兩根絞經）為一絞組糾合在一起，孔眼更為疏朗。

湖北江陵馬山楚墓發現的羅，保存完好，用於龍鳳虎紋繡的繡地，經分析也是四經絞素羅，但組織上稍有變化，即每一次絞轉後增加了兩梭平紋，與之形成三梭平織，四經絞處仍然為一梭。這塊羅的經絲較粗，投影寬度為0.15毫米，緯絲較細，為0.05毫米，經緯絲均加有S撚，撚度為3000～3500次／公尺，經緯絲密度為40 42根／平方公釐。經絲的精練度好於緯絲，應是熟織的絲織品。這種變異的四經絞羅，緯密增加，孔眼變小，很適於做刺繡的繡地。

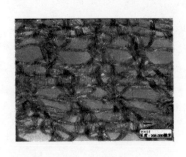

圖5-5　四經絞羅

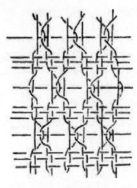

圖5-6　四經絞羅結構示意圖

織造更為複雜的提花羅織物在浙江安吉五福山1號楚墓中也有發現。此件織物原為銅鏡紐帶，在四經絞地上以二經絞顯花，經密為66根／公釐，緯密為31根／公釐。其圖案與當時十分流行的耳杯相似，因而稱「杯文」。當時的耳杯為橢圓形，但橢圓形很難編織，織成後大致呈菱形，故現在一般也稱之為菱紋羅。

二、綺

綺是平紋地上起斜紋花的提花絲織物，除雙色綺外，一般用生絲織造後染色。《說文》云：「綺，文繒也。」又《釋名》：「綺，欹也。其文欹斜不順經緯之縱橫也。有杯紋形似杯也，有長命，其彩色相間皆橫終幅。」《戰國策　齊策》：「下宮糅羅紈，曳綺縠，而士不得以為緣。」

綺最遲產生於商代。故宮博物院所藏的商代玉戈上的雷紋綺印痕和瑞典遠東古物博物館所藏的青銅鉞上的回紋綺印痕以及河南安陽殷墟婦好墓和河北藁城商代遺址出土的粘在青銅器上的斜紋綺，是現存世界上最古老的織花絲織標本。目前發現的我國先秦時期的綺類絲織物，按其組織結構約可分為兩類：如「綺組織結構示意圖」，第一類是經浮花由每根經絲組成（如圖5-7左）；第二類是經浮花由相隔的經絲組成，即經浮花起在奇數或偶數的經絲上（如圖5-7右）。

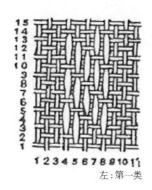 

左：第一類　　　　　右：第二类

圖5-7　綺組織結構示意圖

237

第五章　楚國絲織品的類別及其特點

瑞典遠東古物博物館所藏的青銅鉞上的回紋綺印痕，其組織結構屬於第一類。一個菱形花紋循環中，緯線的循環數為30根。組織結構屬於第二類是陝西寶雞茹家莊出土的西周銅劍柄上所粘附的綺，經線分為奇偶兩組，奇數經線與緯線交織成平紋，偶數經線起5枚經浮花。一個小菱形花紋由21根經絲與21根緯絲組成，四個小菱形花紋組成一個大菱形圖案。一個花紋循環內有經絲61根，緯絲61根。雖然花紋循環看似很大，但由於圖案結構的重複與對稱，織造時用6根提花綜杆與兩片地綜即可織出。

　　目前已知楚國所發現的綺有馬山1號楚墓中的彩條紋綺和信陽長臺關1號墓出土的杯紋綺、複合菱形紋綺。彩條紋綺較為特殊，它以黑色長條為框架，每兩根黑條間分別夾入紅色與黃色的長條，形成黑色、紅色、黑色、黃色、黑色、紅色相間的彩色長條紋樣。黑色長條是素織：經絲較粗，與較細的棕色緯絲交織成平紋。紅色長條有花紋：經絲由深紅色粗經絲與土黃色細經絲以1：1相配置。土黃色長條中也有花紋：經絲由同為黃色的粗、細經絲以1：1相配置。在深紅、土黃兩長條中，粗經絲起三上一下的經浮花，相鄰兩根粗經絲的組織點相同，因而花部不是平織的那梭緯線在反面形成5枚緯浮長，而各根細經絲與緯絲以一上一下相交織，組織點完全相同。花紋循環較小，為品字形花紋，一個循環內有4根緯線。花紋圖案上下不連續，中間夾有多梭平紋組織。從組織上分析，深紅、土黃長條的提花組織也應是第二類組織的綺，與陝西寶雞茹家莊出土的西周那塊綺相比，儘管組成花紋的經絲浮長不同（戰國的一塊為3枚經浮長，西周的一塊為5枚經浮長），但在織法上是相承的，由於彩條綺花紋循環小，所用的提花綜杆更少。此外，值得注意的是，彩條紋綺採用粗細兩組經線相間排列，細經線作一上一下平紋交織，粗經線在表面長浮線顯花，這種組織結構和織造工藝，同通常所說的「漢式組織」大致相同，可見它對漢代絲織業的影響。彭浩指出，彩色綺的出現可能比紋

綺要晚，馬山1號楚墓的彩條紋綺可能是後來彩綺的先聲。這種綺的組織結構較簡單，但又較為硬挺，適宜用作衣袍的緣[①]。

圖5-8　馬山楚墓出土彩條紋綺

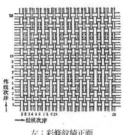

左：彩條紋綺正面　　　　　　　右：彩條紋綺反面

圖5-9　彩條紋綺組織結構示意圖

圖5-10　信陽楚墓綺之一　　　　　　　　　　圖5-11　信陽楚墓綺之二

杯紋綺和複合菱形紋綺，見於信陽楚墓，原報告稱為「提花織物

---

① 　參見彭浩《楚人的紡織與服飾》，湖北教育出版社1996年版，第49頁。一般的綺是素色提花織物，〈六書故〉嘗曰：「織素為文曰綺。」染色的綺很少發現，但在古籍中卻不乏記載，著名的樂府詩〈陌上桑〉中有「緗綺為下裳，紫綺為上襦」的詩句。

第五章　楚國絲織品的類別及其特點

殘片」，「出土時已成黑色，經與緯織成方勝紋」[1]。其經密40根／公釐，緯密20根／公釐，從後來發表的材料中了解到，這種「提花織物」是兩種不同紋樣的綺 [2]。

第三節　錦

錦是多彩提花熟絲織物，是絲織品中最為精美絢麗的珍品，是中國古代織物最高水準的代表。劉熙《釋名》云：「錦，金也，作之用功重，其價如金，故其制字『帛』與『金』也。」故錦有「織采為文」、「其價如金」之說。錦有採用重經組織經絲起花的經錦、採用重緯組織的緯錦、雙層組織的雙層錦等不同品種。它們的織造方法各不相同，生產工藝要求則都很高。錦以精練染色的桑蠶絲為經緯原料，還常常使用各種金銀線。

中國古代文獻所說的錦，有時泛指具有多種色彩和花紋的絲織物，但更多的是指用重組織（重經或重緯）織造的五彩繽紛的多彩絲織物。錦字初見於西周末或東周初，《詩經　小雅　巷伯》有「貝錦」，《詩經　秦風　終南》有「錦衣狐裘」，《詩經　唐風　葛生》有「錦衾爛兮」，《詩經　鄭風　豐》有「裳錦褧裳」等詩句。西周前贈送禮物用「束帛」（普通絲綢），到東周時常常改用束錦。《左傳》、《禮儀》、《周禮》、《論語》中都有關於錦的記載。這些說明，周代時錦的數量已經不少。

---

① 參見河南省文物研究所《信陽楚墓》，文物出版社1986年版。
② 中國美術全集編輯委員會《中國美術全集　工藝美術編　印染織繡（上）》，文物出版社1985年版。

一、經二重、緯二重和經三重組織織錦

　　根據出土織錦的組織特徵，可將楚國織錦分為經二重、緯二重和經三重組織。

　　現知最早的一批出土織錦實物，組織結構比較簡單，均為二重組織（經二重或緯二重）①，紋樣均為幾何圖案。

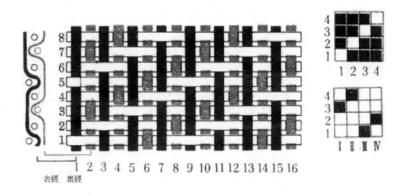

圖5-12　　經二重組織

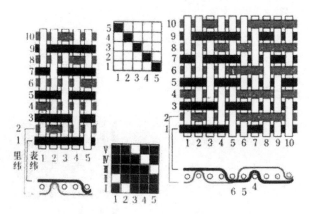

圖5-13　　緯二重組織

---

①　由一個系統的經紗和表、裡兩個系統的緯紗或者由一個系統的緯紗和表、裡兩個系統的經紗相交織，使兩個系統的紗線在織物中重疊配置的織物組織稱為二重組織。用二重組織織成的織物，相當於在一般織物的反面襯有另一系統的經紗或緯紗，因而織物重而且厚，具有良好的保暖性。當表、裡兩個系統的紗線採用不同色彩時，能在織物表面產生多種色彩效應。

1970年在遼寧朝陽西周早期墓發現隨葬絲織品20多層，其中有幾層是經二重組織的錦，這是目前發現最早的錦的實物。該織物呈深褐色，已碳化，不能辨認色彩。但從織物組織結構上分析，它屬於經二重組織，是典型的雙色經線顯花經錦。其經絲分表經和裡經兩層，排列比為1：1，緯絲分明緯與夾緯。明緯與經絲以組（表、裡經各1）為單位，交織成平紋。夾緯將組內的經絲分隔成表經與裡經，表經在面上顯花，裡經沉於織物的背面。其經絲密度為26根／公釐，緯絲密度為14根／公釐。經、緯絲投影寬度相當粗，為0.5毫米，這是因為在墓中絲織品長期受壓後，經絲呈扁平狀。絲的切片分析看到，截面呈分散的三角形，是練過的熟絲。這塊錦經、緯絲較粗而經絲密度偏小，是比較粗疏的早期錦織物。

　　1955年陝西寶雞茹家莊西周早期墓葬出土銅劍上粘附的菱紋絲織物為緯二重組織，經緯絲顯花。實物長0.8公釐，寬1.5公釐，經密70根／公釐，緯密20　2根／公釐，殘存花紋復原緯絲循環達42根，顯花緯浮長3～4毫米。

　　1976年在山東臨淄郎家莊1號東周墓發現的經錦殘片，經錦的經絲有顯花的紋經和分隔紋經的夾經。緯絲一組為交織緯，一組為夾緯，花地輪廓分明。

圖5-14　戰國曾侯乙墓出土錦織物紋樣　　　圖5-15　戰國曾侯乙墓出土錦織物局部

1977年湖北隨州戰國早期曾侯乙墓地出土了一塊與茹家莊西周早期墓類似的經、緯顯花，緯二重菱紋絲織物。殘片長約8.5公釐，寬2.4公釐，呈深褐色。菱形花迴3.4　4.8公釐。紋樣為暗花形圖案，菱紋內出現長短不一的橫條，使花紋虛實分明，圖案既對稱又變化，非常和諧，有很高的藝術水準，比茹家莊的那塊工藝要精緻得多。

戰國時期複雜的重組織織錦得到了迅速的發展，無論是品種、數量都急劇增多。這種認識主要是來自於此一時期大量出土的楚國織錦。在長沙楚墓出土中，錦是絲織品中出土數量和品種最多的一種[①]。在馬山1號楚墓出土衣物中，錦的用量雖不及絹，但從總量上看，是織錦最集中的一次發現[②]。對戰國時期錦織物工藝的認識也主要得益於楚墓。楚錦的大量出土一方面反映了織錦在楚國絲織業的重要地位，另一方面也使我們對其織造工藝有了更精確的認識。眾多多姿多彩的、精美絕倫、工藝複雜的錦，顯示出楚國紡織業已達到相當高的工藝水準，標誌著戰國時期我國的絲織技術已進入到一個全新的高速發展時期。

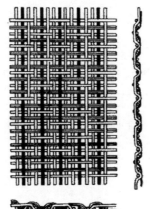

圖5-16　三重經錦組織結構示意圖

① 參見湖南省博物館等《長沙楚墓（上）》，文物出版社2000年版，第413頁。
② 參見湖北省荊州地區博物館《江陵馬山1號楚墓》，文物出版社1985年版，第34頁。

從出土實物來看，錦一般用於衣衾的面和衣物的緣。楚國織錦大多為彩色的紋織物，基本均屬平紋經重組織。除了此前常見的緯二重組織和經二重組織外，還出現了經三重（局部加掛經）組織。長沙左家塘44墓出土的深棕地紅黃色菱紋錦和褐地矩紋錦即是經三重組織，這是在我國首次發現的經三重組織的織錦。

褐地矩紋錦1件。加土黃色經的彩條區為三重經錦組織，其餘區域為二重經錦組織。經緯密度：每平方公釐經線80根，緯線44根。經線配置：以褐色經線作地紋，以橘黃色經線顯花，但遇庪形花紋的區內，除褐、橘二色外，加牽一條0.8公釐淺土黃色彩條，在這個色條區內，以褐色作地紋，以橘色、淺土黃色二色顯花，緯線褐色。

深棕地紅黃色菱紋錦3件。為三重經錦組織。經緯密度：每平方公釐經線138根，緯線40根；經直徑0.26毫米、緯直徑0.2毫米（系雙根並絲）。經緯均未加撚。以棕色經作地紋，橘色經作菱紋邊線，土黃色經作菱紋中心花紋。排經順序為棕1：橘1：土黃1。殘長32.5公釐、寬23.3公釐[①]。

經二重組織加特殊「掛經」的做法在我國首次被發現是在長沙左家塘出土的一幅戰國中期褐地雙色方格經錦上，其經線為淺棕和深棕色，花紋為菱形細格，兩根掛經在菱形細格的中心部位以四上一下的組織點形成花芯，其餘部分沉於織物背面，浮線長約6毫米，掛經為淺棕色。掛經與花地經線的配置為：42根普通經：1根掛經：2根普通經：1根掛經。

---

① 參見湖南省博物館等《長沙楚墓（上）》，文物出版社2000年版，第413頁。

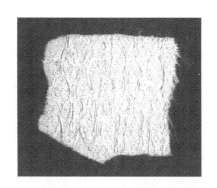

圖5-17　小菱形紋錦背面的掛經

　　馬山1號楚墓出土戰國晚期的小菱形紋錦也採用了掛經。此錦單位紋樣是小菱形，外套單虛線菱形方格，作四方連續排列。用黃、深紅二色經線提花，緯線深棕色，在土黃色菱形的正中，用14根深棕色經浮線織成花芯。掛經使二色經錦的花紋中出現第三種顏色。掛經技術的出現，說明楚國的絲織技術相當成熟，對於提花技術的運用已十分自如。

　　和早期織錦相比，楚國織錦的紋樣和圖案已相當豐富多彩，不再局限於簡單的幾何圖案，增添了動物、龍鳳、舞人等新題材，逐步走向了寫實、生動，體現了極高的織造技術水準。

二、二色錦和三色錦

　　除了根據織錦的組織特徵將其分為經二重、緯二重和經三重組織之外，還可以根據織造時經線所配用的不同顏色，將楚錦分作二色錦和三色錦兩大類。比較而言，二色錦組織較為稀疏，三色錦更緊密、厚實。

（一）二色錦

　　二色錦是在兩種不同顏色的經線中各取一根成為一副，其中一根作表經（或稱花紋經）時，另一根作為裡經（或稱地紋經）。織造時，為了配色和構圖的需要，同一根經線有時作表經，有時作裡經，

這樣，織物表面呈現出由二色線組成的各種圖案。為了表現三種或更多的色彩，則用分區配色的方法，將圖案分作若干區，每一區中只使用其中某兩種顏色的經線。在起花部位，表經的基本組織點是三上一下，裡經的基本組織點是三下一上；在不起花部位，原來的表經改作裡經，組織點是三上一下。在表經和裡經換線時，表裡經線的組織點分作兩組：二上三下、二上一下；三上二下、二下一上，彼此相間排列。

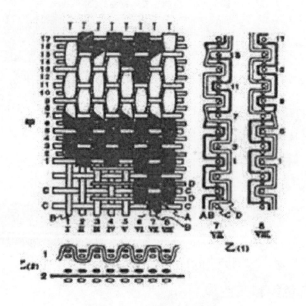

圖5-18　二色經錦結構圖

　　如長沙左家塘楚墓出土的二色經錦的展開圖中，可以看出二色經線按1：1排列成一組，緯線分明緯與夾緯（也稱花緯），不計夾緯，明緯與每一組經線成平紋關係。夾緯使每組經線中只有一色呈經浮點，這些經浮點的色彩構成了經錦的花紋圖案。

　　根據圖案與紋樣的不同，二色錦主要有塔形紋錦、褐地矩形紋錦、石字紋錦、小菱形紋錦、十字菱形紋錦、條紋錦、朱條暗地對龍

對鳳紋錦、鳳鳥鴞幾何紋錦、鳳鳥菱形紋錦等等。

　　塔形紋錦，出土於馬山1號楚墓。塔形圖案的單位紋樣是由若帶狀矩形在一長方塊內組成，並順經線方向作長帶狀排列，上下左右則互為倒置。塔形紋樣用二色經線交替起花，形成不同的色彩。採用分區配色，使得相鄰條帶間的塔形紋樣的顏色不盡相同，經線的組合有三種：淺棕和土黃，深棕和土黃，朱紅和土黃，這三組經線依次順條帶布置。

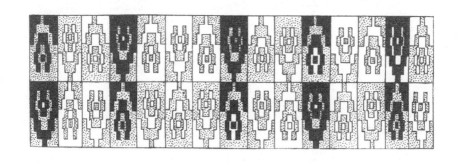

圖5-19　江陵馬山1號楚墓出土塔形紋錦

　　石字紋錦，江陵望山1號楚墓出土。由16個石字形單元構成大菱形紋。地紋經是深棕色，花紋經是土黃色，緯線為深棕色。經線投影寬度為0.2毫米，緯線投影寬度為0.15毫米。經密78根／公釐，緯密30根／公釐。原物用作繡地。

　　小菱形紋錦，馬山1號楚墓和長沙市左家塘44號楚墓皆有出土。單位紋樣為小菱形，外設單線菱形格，作四方連續排列，紋樣主要用土黃、深棕色經線提花，緯線為深棕色。在土黃色菱形的正中用4根深紅色澤線形成花芯。其採用的是掛經的辦法，已如前述。

　　十字菱形紋錦，馬山1號楚墓出土。十字菱形紋錦是用兩組經線形成大、小十字花，在大十字的中心點又用朱紅色和棕色緯線相間配置，朱紅色緯線起局部緯浮花。這種顯花方法與長沙左家塘出土的褐

地雙色方格紋錦的掛經屬異曲同工，可以說是緯錦技術的萌芽，在我國是首次發現。

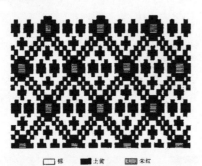

□ 綜　■ 土黄　▧ 朱紅

圖5-20　十字菱形紋錦紋樣

圖5-21　黃黑條紋錦

　　條紋錦，馬山1號楚墓出土。外觀為順經線方向排列的土黃、深棕兩色相間的條帶，各條帶緯向寬1.1～1.3公釐，這兩色條帶所用經線均為單色。土黃色條帶是用粗細兩種經線作2：2配置，即兩根細經線為一組，兩根粗經線為另一組，用提花綜控制，按二色錦的方法織造。緯線為深棕色。經密256根／公釐，緯密28根／公釐。由於經密是緯密的9倍多，所以織物表面呈明顯的緯向「畦紋」（經畦紋）。由於經線加強撚，織物表面的浮線產生起糾彎曲的現象。織物的正反兩面效果相同，深棕色條帶是用兩組同色經線織造的，粗細相同，未加撚。

　　朱條暗地對龍對鳳紋錦，長沙左家塘楚墓出土。花紋順經線方向排列。經線的組合是：朱紅、深棕；淺棕、深棕。這兩種經線組合中的深棕色經線都用作地紋經，左右兩個條帶均為朱紅色花紋，中間的條帶是淺棕色花紋。左側條帶以兩個相背的弓形為主紋，間以六瓣皮球花；中間條帶是變形的鳳鳥紋；右邊的條帶可見縱列的魯形紋，靠近幅邊處有寬0.8公釐深棕色的暗花條紋。經線加弱撚，S向。緯線為淺棕色。朱色暗花對龍對鳳紋錦是戰國中期的織錦，它的出現，標誌

著我國絲織紋樣的發展進入了一個新階段，不再局限於直線型的幾何圖案，稍後的江陵馬山1號楚墓出土的戰國晚期紋錦則出現了更豐富多彩的圖案和紋樣。

圖5-22　對龍對鳳紋錦紋樣

圖5-23　江陵馬山1號楚墓出土鳳鳥鳧幾何紋錦

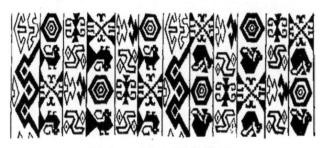

圖5-24　鳳鳥鳧幾何紋錦紋樣

　　鳳鳥鳧幾何紋錦，馬山1號楚墓出土。採用分區配色的方法，紋樣和色彩順經線方向作條帶布置，各條帶間圖案上下錯位，形成色彩多樣、紋樣變化的圖案。

　　鳳鳥菱形紋錦，馬山1號楚墓出土。無完整花紋循環，現存花紋順經線方向作長條狀布置。地紋經是淺棕色，花紋經是朱紅色。花紋之一，是內填小三角形的菱形置於正中，兩端各有一隻鳳鳥。花紋之二，是作兩行布置。一行以菱形為主，另一行以相背的兩隻鳧組成的菱形紋為主。鳳鳥菱形紋錦實際上是一種幾何形態紋。

圖5-25　鳳鳥菱形紋錦紋樣

（二）三色錦

　　三色錦是從三種不同顏色的經線中各取一根成為一副，一根用作地色，另外兩根用於顯示花紋。織造時，其中一根作為表經，另兩根則作為裡經，基本組織點與二色錦相同。在花地交界處換線時的組織點有兩種情況：表經與一根裡經是二上二下，另一根裡經是一上三下；表經是三上二下，一根裡經是一上二下，另一根裡經是一上三下。它們彼此相間排列。

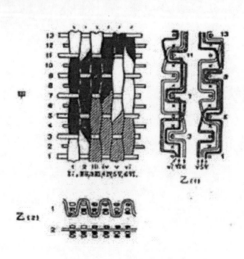

圖5-26　三色經錦結構圖

三色錦大多由褐（或棕）色、絳紅色、土黃色三組不同顏色的經線織成。褐（或棕）色線多用作地紋經。花紋以幾何紋為主。數量最多的是各種大菱形紋，由各種形狀的磬形合成，其中填充各種小幾何圖形。構圖比漢代的矩紋錦更為複雜，反映了明顯的前後繼承和發展的關係。

　　楚墓出土三色經錦主要有大菱形紋錦，褐地紅黃矩紋錦，幾何紋錦，舞人動物紋錦等。

　　大菱形紋錦，是三色錦中數量最多、花紋富於變化的一種。單元圖案多是菱形或近似菱形，菱形內填充的各不相同的小幾何圖形，由單元圖案構成連續紋樣，據花紋的不同，可以區分為以下幾種不同類型：

　　A型，紋樣基調是大菱形。大菱形內填充中、小型菱形紋、杯形菱紋，「工」字形紋、曲折紋等小紋樣。花紋經向長9.1公釐，緯向寬12.2公釐。

圖5-27　A型（N10袖緣）

　　B型，紋樣基調也是大菱形，大菱形內所填紋樣大致與A型相仿，只是多出一種☐形紋樣。現存花紋經向長12.4公釐，緯向寬9.2公釐。

圖5-28　B型（N9袖緣）

C型，紋樣基調仍是大菱形。大菱形內填以深紅、土黃色小三角形，或對角，或對底，其他小紋樣則同於A型。現存花紋經向長9公釐，緯向寬17.7公釐。

圖5-29　C型（N9下緣）

D型，紋樣基本同A型，多小菱形等小紋樣。現存花紋經向長11.3公釐，緯向寬30公釐。

圖5-30　D型（N12袖緣）

E型，由連貫的大菱形組成。大菱形內所填小紋樣除與A型相同外，還有「꿈」字形紋等。構圖緊湊，布置均勻。花紋循環經向長9.8公釐，緯向寬12.7公釐。

　　以上各型大菱形紋錦，除E型用作袍面外，其餘多用作衣袍的袖緣和下擺。

圖5-31　E型大菱形紋錦和橫向連接組織條（N19面）

　　幾何紋錦，馬山1號楚墓出土。由幾種不同的幾何紋組成。經線有土黃、深紅、深棕三色，緯線為深棕色。花紋循環經向長3.2公釐，緯向寬7.6公釐。經密132根／公釐，緯密40根／公釐。

　　三色錦以舞人動物紋錦的花紋最為突出。以歌舞人物和六種不同姿態的龍、鳳、麒麟構成橫向花紋，通貫全幅。花紋經向長5.5公釐，緯向寬49.1公釐。紋錦內側寬0.2公釐是深紅色經線，0.5公釐寬是深黃色經線，共寬0.7公釐。經組織點為三上一下和三下一上，表裡經線換線處則為二上二下[1]。

---

[1]　參見湖北省荊州地區博物館《江陵馬山1號楚墓》，文物出版社1985年版。

第四節　組、紃與條

一、組與紃

　　組為經線交叉編織的帶狀織物，有單層、雙層兩種。一般用作衣緣、領緣、冠纓以及帶飾。由於用途不同，織組所用的經線有粗細之分，用作衣緣和領緣的組所用絲線較粗，一般均作單色。用作帶飾的組大多為單色，少數是二色或三色，但大多交錯排列，不編織花紋，只有少數組織編有花紋。

　　戰國時期以組、紃等為代表的絲質手編織物十分流行，可見之於文獻記載，如《韓非子　外儲說右上》中提到「吳起，衛左氏中人也，使其妻織組，而幅狹於度」。然在考古發掘工作中，先秦時期的組卻一直很少發現，直到長沙楚墓及馬山1號楚墓等一批保存完整的組出土，才使我們對這種織物有更多的了解。

　　目前所見最早的編織組帶實物是長沙楚墓出土的戰國早期編織組帶。深褐色，組織結構有經無緯，用一組右經線和一組左經線呈45度角相互編織而成。每公釐左右經線各18根，長9.8公釐、寬4.6公釐。

　　馬山1號楚墓出土有10件組作為帽繫、囊繫和銅鏡紐上的繫帶。這些組帶，大多為斜編織物，多單色，少數二色或三色，雖然是交錯排列，但大多並未編出花紋，所用單層經線數不等，最少的僅26根，寬度2.3公釐，用於囊的繫帶。

　　馬山1號楚墓編有花紋的只有一件幾何紋雙層斜編組帶，出土時用作帽繫（文物號8－5B）。組帶由紫與土黃兩色絲線編成，長28.5公釐，寬39.5公釐，單層經線672根。在組帶中部布置的82組經線，各由1根紫色線和1根土黃色線組成，兩色絲線分作表、裡兩層，其他各組經線均為紫色，利用兩色線的交替，編織成三角形紋、雷紋和橫帶紋樣。

圖5-32　長沙楚墓出土戰國早期編織組帶

　　江陵楊場楚墓也出土了一件編出花紋的組帶。組帶用土黃和棕色絲線編織，紋樣作長方形，正中為六邊形紋。在它的上下各排列著一行小三角形。土黃和棕色絲線相鄰的兩個紋樣中交替分作地色和花紋色。紋樣長4.7公釐、寬3.3公釐。

　　另在望山、包山、仰天湖楚簡中，多次出現有關「組纓」的記載，從文獻推斷「組纓」是在戰國時期以組帶製作的一種冠繫，並且根據組帶的不同顏色，判斷佩戴者的身分等級。

　　紃為嵌在衣縫中的彩色圓形細帶，《禮記　內則》有「織紝組紃」之記載。在包山、望山墓簡文中多次提及「組」和「紃」，根據簡文來看，與組同為絲質編織織物，不同在於組更為薄闊，用途範圍更廣泛。紃主要作為細帶鑲嵌於車器飾物、大帶上或做車繩、帽纓，但其色彩較之組，則更為絢麗多彩。

　　望山1號楚墓中曾出土有對獸紋彩條錦殘片，由棕色和淺棕色兩種絲線組成雙色縱條彩錦，這很可能是將織好的彩條錦，在有緯無經的帶狀中間剪開成一條條條錦，作為綬帶、絲纓、襟緣等裝飾物使用。

二、條

條是絲帶的古稱，是一種裝飾衣物的特殊絲織窄帶。楚墓出土的條，根據不同的起花方法，可以分為緯線起花條、經線起花條錦和針織條。

（一）緯線起花條與經線起花紋條錦

緯線起花條是當時的一種實用工藝，它採用兩色或多色絲線作緯線，其中有一色用作地緯，其他各色用作花緯。根據不同的織入花緯方式，產生了採用拋梭法織入花緯的第一類條和採用繞織法織入花緯的第二類條等兩種不同種類的條。

第一類條只在馬山1號楚墓出土的一件衣物的領部有所發現。幅寬2.3公釐。地組織為一上一下的平紋。經線和地緯為深棕色，花緯為土黃色。這種條的花紋小而稀疏，有菱形紋和對稱的小花朵和幾何紋。

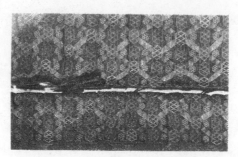

圖5-33　菱形花卉紋條和六邊形紋條

馬山楚墓出土的第二類條有田獵紋條、龍鳳紋條、六邊形紋條等幾種。

田獵紋條，見於鳳鳥花卉紋繡淺黃絹面綿袍N10和舞鳳飛龍紋繡土黃絹面綿袍N22的領外側。前者保存較好，地組織經緯線為深棕色，花緯可見土黃、鈷藍、深棕三色。花紋由四個菱形組成，排列成上下兩行。花紋循環經向長17.5公釐、緯向寬6.8公釐。

圖5-34　田獵紋條N10領

　　龍鳳紋條，見於鳳鳥花卉紋繡淺黃絹面綿袍N10領內側和舞鳳飛龍紋繡土黃絹面綿袍N22領中部，花紋各不相同。N10領內側龍鳳紋條的經線和地緯為深棕色，花緯可見土黃、紅棕、鈷藍三色，花紋由三個菱形連接組成，花紋循環經向長25公釐，緯向寬6.3公釐。N22領中部龍鳳條所用經緯線的顏色與N10同。在相鄰的兩個花紋循環中，龍的顏色交替使用鈷藍和紅棕兩色，實際上每一個花紋循環中只使用兩種顏色的花緯。花紋順經向佈置，左右對稱。花紋循環經向長13.1公釐、緯向寬5.6公釐。

圖5-35　龍鳳紋條的意匠圖（局部）

　　六邊形紋條，經線和地緯為深棕色，花緯有紅棕色和棕色。花紋由小六邊形組成，按緯線方向排列成行，每行九個小六邊形，行間夾以小三角組成的斜向條帶，相互連接，形成大三角形。花紋循環經向

長4.3公釐、緯向寬3.2公釐。

　　經線起花紋條錦，是用經線提花的織造方法在整幅織物上織出若干順經線方向排列的條帶，各條帶間有較大的間隙，條帶與間隙分屬不同的組織。出土的經線起花條錦見於江陵望山1號楚墓、信陽楚墓。由於這種織物的特殊組織，條帶間的空隙部分十分稀疏，而且沒有比較穩定的形狀，所以不能用作衣物，只能是作條帶或用覆蓋、包裹的巾。江陵望山1號楚墓出土對獸紋條錦，「由雙色甲乙兩種組織形成花紋」，由棕色和淺棕色經線交替顯花，「甲組織為單色經線，是三上一下的左斜紋組織；乙組織為三上一下的經二重組織 [①]」。

圖5-36　對獸紋條錦紋樣

（二）針織條

　　針織條是採用機械或手工的方式把紗線彎曲成線圈串套而成的緯編織物。針織條在1954年長沙406號楚墓和1982年江陵馬山1號楚墓均有發現。限於當時的技術，楚針織品都採用手工完成。根據針織條帶組織結構的不同，分作橫向連接組織條和複合組織條兩大類。

---

① 高漢玉〈江陵望山1號楚墓出土的織錦和刺繡〉，載《絲綢史研究》1989年第2期。

橫向連接組織條，是用紫紅、淡黃兩色絲線輪流進行編織，組成線圈橫列，正面形成彩色條紋。條帶由3個線圈縱行組成，兩側向內側捲曲，外形呈圓條或半圓條狀。條的正面可見圈柱（線圈圈幹的直線部分）組成的反「人」字形縱行，反面上層是一層淺黃色襯絹，寬窄長短與條相等。

　　複合組織條由橫向連接組織和單面提花組織合成。條的正面較為平整，兩側內卷，花紋的主題一般屬單面緯編提花組織；各個花紋主題之間以紅棕、深棕、土黃色段相隔，屬橫向連接組織。條的反面有襯絹。出土的複合組織條根據花紋的不同可分為動物紋條、十字形紋條、星點紋條等三種。

　　動物紋條，可見於馬山楚墓出土對鳳對龍紋繡淺黃絹綿袍的領、袖緣和下緣的拼接處。花紋主題是一隻奔獸，用深棕、土黃兩色絲線提花。條寬13縱行，奔獸占11縱行和19橫列。兩隻奔獸之間的彩條屬橫向連接組織，其組合是：紅棕、土黃、紅棕、土黃、深棕、土黃、深棕、土黃，每條占三個線圈橫列。

圖5-37　馬山楚墓出土條紋錦和動物紋複合組織條

　　十字形紋條，花紋主題是十字形紋。條寬11縱行。花紋主題兩側

的彩條為橫向連接紐織，其組合為：紅棕3個橫列，土黃、紅棕、土黃、紅棕各2個橫列，土黃4個橫列。這種條見於馬山楚墓鳳鳥花卉紋繡紅棕絹面綿袴的面。

圖5-38　十字形紋複合組織條

星點紋條，由星點組成類似蝶形圖案。兩側的彩系組合是：紅棕、土黃、紅棕，土黃、深棕，各占3個線圈橫列。這種條寬13縱行。見於馬山楚墓E型大菱形紋錦面綿袍領緣。

第五節　刺繡品

刺繡是用針將絲線或其他纖維或紗線以一定圖案和色彩在繡料（底布）上穿刺，以縫跡構成花紋的裝飾織物。它以各種彩色絲線在絲織品上繡出圖案花紋，色彩豐富、線條自由流暢，富於立體感，凝聚了匠師的技巧與靈氣。由於刺繡不是由織機織造的，而是完全由手繡出來，所以同樣花紋的刺繡要比織錦費功夫，賈誼《新書》說：「匈奴之來者，家長已上，固必衣繡；家少者必衣文錦。」說明刺繡比文錦更珍貴。

中國刺繡起源很早，《尚書　虞書　益稷》：「予欲觀古人之象，日月星辰山龍華蟲作會，宗彝藻火粉米黼黻絺繡，以五采彰施於五色作服，汝明。」唐虞之時，繡已應用在祭祀的禮服中了。周時刺繡的使用更加廣泛。在描繪陝西、山西一帶風情的詩歌中不時有「繡」出現，如《詩經　豳風》中有「袞衣繡裳」，《詩經　唐風》中有「素衣朱繡」，《詩經　秦風》中有「黻衣繡裳」等等。

出土的商周早期繡的實物有：在商代出土的青銅器上發現繡的印痕，以及瑞典瑪律莫博物館保存的殷代銅觶上，粘附有菱形紋繡的殘片。繡線細而柔軟，平整地覆蓋在織物表面，並有深淺層次不一的暈色，所用針法可能是平繡。1974年，陝西寶雞茹家莊發現的西周時期的刺繡印痕，圖案採用鎖繡的針法繡成，主要用單根的鎖繡線條勾勒花紋的輪廓，在個別部分，為了加強紋飾的效果，採用併合的雙線條的鎖繡，舒卷自如，針腳勻整，表明刺繡工藝是相當熟練的。顏色有朱紅、石黃、褐、棕四色，非常鮮明。紅、黃為天然朱砂，石黃加黏著劑塗染，刺繡料用織物染料染成。

刺繡工藝在春秋戰國時期已有了很大的發展。《說苑》記：「晉平公使叔向聘吳，吳人飾舟以送之，左百人，右百人，有繡衣而豹裘者，有錦衣而狐裘者。」可見繡衣在貴族中已較為普遍。戰國時期，在絲織染色技術高度成熟的基礎上，刺繡工藝得到了迅猛發展。《史記　滑稽列傳》中記楚莊王曾將馬「衣以文繡」。戰國楚墓出土了數量眾多的刺繡品，對此一時期刺繡工藝技術的研究，提供了豐富的實物資料。這些神秘、精美、令人歎為觀止的刺繡精品，充分體現了楚人豐富的藝術想像力和浪漫主義情懷，達到了極高的藝術境界，它是研究我國古代神話、藝術難得的寶貴資料。也充分反映了戰國時期楚國經濟、文化、藝術的高度繁榮發達。根據繡地的不同，楚國刺繡品可以分為絲繡品和緯兩種。

絲繡品即以絲織品作為繡地的刺繡品，這是先秦時期最常見的一

種繡品，繡地大多選用織造精緻、質地輕薄、平面整潔的絹、羅、錦等絲織品為之。楚國絲繡品主要見於長沙楚墓及馬山1號楚墓，其中長沙楚墓出土2件，馬山1號楚墓出土21件，出土絲繡品除了1件繡地為羅外，其他22件都繡在絹上①。

　　楚國刺繡品一般被用來作衣、袍、衾的面料，也有用於竹席緣和錦衣等物，同此前相比，其表現技法已有很大的進步。圖案主題相似，多為龍鳳，但花紋無一雷同，線條不再單薄，花紋出現多行並列的塊面，圖案更為渾厚。繡品的色彩十分豐富，所用的繡線色彩多達12種，以暖色調為主，有棕、棕紅、深棕，深紅、朱紅、橘紅，淺黃、金黃、土黃，此外還有綠黃、黃綠、鈷藍等。如此眾多的色彩極大地豐富了圖案的表現力，這是其他任何絲織品所達不到的。

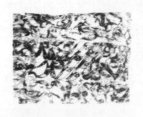 

圖5-39　蟠龍飛鳳紋繡與龍鳳相搏紋繡　　　圖5-40　鳳鳥花卉紋繡

　　根據繡品紋樣的不同，楚國絲繡有蟠龍飛鳳紋繡、對龍對鳳紋繡、龍鳳相蟠紋繡、一鳳一龍相蟠紋繡、一鳳二龍相蟠紋繡、一鳳三龍相蟠紋繡、龍鳳相搏紋繡、舞鳳飛龍紋繡、飛鳳紋繡、鳳鳥花卉紋繡、鳳鳥踐蛇紋繡、龍鳳虎紋繡等。

---

① 在望山1號墓中發現過一件石字菱紋錦繡殘片，以石字菱紋錦為繡地，上繡以波浪紋飾，可能是東周墓中首次發現的織錦與刺繡相結合的藝術品。參見上海紡織科學院〈望山楚墓出土的織錦和刺繡〉，載《江陵望山沙塚楚墓》，文物出版社1996年版。

圖5–41　對龍對鳳紋繡中的龍紋　　圖5–42　對龍對鳳紋繡中的鳳紋

圖5–43　鳳鳥花卉紋繡　　圖5–44　龍鳳虎紋繡

　　繛即以外包絲織品的皮革作為繡地的刺繡。楚地出土的刺繡以皮革作為繡地的，只有蟠螭紋繡一件。蟠螭紋繡是在皮革的表面蒙有一層青色的絹，然後用棕、深黃色絲線繡蟠螭紋，上下邊繡橫向S形紋。

第五章　楚國絲織品的類別及其特點

第六章　楚絲織刺繡紋樣及其文化意義

　　紋樣是以紡織品為裝飾對象的織花、印花、刺繡花紋。紋樣主要通過織花、印花、繡花、手繪等方式在織物上表現出來，但紋樣要和織物品種用途相適應，還要以提花、染色、印花等工藝技術為基礎。我國印染織繡紋樣歷史悠久，具有很高的藝術價值。作為這類紋樣的載體絲綢就是我國古代偉大發明之一，為印染織繡紋樣的發展提供了物質基礎。先秦時期，有花紋的絲織品種，主要有錦、綺、絛、組等提花織物和刺繡等。以紋飾工藝而言，大略可分為編織紋飾和刺繡紋飾兩種。

圖6-1　商鉞上回文

圖6-2　商絹上的雲雷紋

　　現今能見到的最早的絲綢織花紋樣是商代的遺物，紋樣有綺迴文和雲雷紋兩種。綺迴文實物為河南安陽殷墟商墓出土的青銅鉞上的絲

綢殘痕，紋樣工整，嚴謹，富有裝飾性。雲雷紋，係商代玉戈上的絲綢殘痕，織物平紋地，斜紋顯花，紋樣清晰大方，簡潔明快。

1974年茹家莊西周墓室中，出土了我國迄今發現最早的刺繡品殘痕，這是用黃色絲線在染過色的絲綢上用辮繡法繡出花紋線條輪廓，在花紋部位塗繪紅、黃、褐、棕四種顏色，色相非常鮮明。

圖6-3　西周中期織繡雲紋印痕，陝西寶雞茹家莊出土

春秋戰國時期，由於在織錦和刺繡工藝上取得了長足的進步，此一時期的絲綢紋樣與商周時期相比，紋樣已突破了幾何紋的單一局面，題材擴大，表現形式多樣，形象趨於靈活、生動、寫實和大型化，呈現出龍飛鳳舞的異常活躍景象。楚墓出土的大批絲織品和刺繡品，充分反映出本期絲綢織繡圖案精美、造型生動、線條靈活、色彩絢爛的特點。

紋樣形式的演變，不僅反映出生產工藝的進步，也體現審美觀念的變化及社會文化的變遷。楚國絲織刺繡的紋樣題材，其所描繪的對象、所表現的內容，是客觀世界經過楚人的選擇、提煉之後在藝術中的反映。紋樣題材反映了楚人的審美情趣、價值標準、情懷抱負以及思想意識。面對這些鬼斧神工式的藝術精品，我們不僅領略到楚人靈動飛揚、自由浪漫的藝術精神，感受到先秦楚國神秘莫測的靈巫氛圍，也更深刻地領悟了楚文化的博大精深。

總體上看，楚國絲綢紋樣有著相當寬泛的表現對象，自然界和超自然的一切物象盡在楚人的審美觀照之中。但其中亦有一定規律可循——絲織刺繡作為服飾材料，其上的紋樣題材無非和人以及人所居住的這個世界有關。個人的思維從來不是孤立地脫離環境而存在，它包括大自然與社會，包括物質生活與精神生活。各地區由於自然環境、文化宗教的不同，形成了各自獨具特色的審美情趣，從而鑄就了異彩紛呈的服飾紋樣題材。如南美洲前印加染織紋樣一大特徵就是動物紋居多，而織物中卻缺少植物紋樣，這與印加人居住高山沙漠的自然環境有著密切關係[①]。

　　楚國絲綢紋樣主要表現在綺、錦、絛和組等絲綢織物和刺繡品上。依據考古發現加以統計，楚國絲綢紋樣的類別大致如下表。

表6-1　楚國絲綢紋樣類別

品種	序號	圖飾	出土地點	備註
綺	1	彩絛紋	江陵馬山1號墓	
	2	菱形紋	長沙廣濟橋5號墓、五里牌405號墓	
	3	杯紋	信陽長臺關1號墓	
	4	複合菱形紋	信陽長臺關1號墓	
錦	1	塔形紋	江陵馬山1號墓	經二重二色錦
	2	鳳鳥鳧幾何紋	江陵馬山1號墓	經二重二色錦
	3	鳳鳥菱形紋	江陵馬山1號墓	經二重二色錦
	4	絛紋	江陵馬山1號墓	經二重二色錦
	5	小菱形紋	江陵馬山1號墓	經二重二色錦
	6	十字菱形紋	江陵馬山1號墓	經二重二色錦
	7	大菱形紋A、B、C、D、E型	江陵馬山1號墓	經二重二色錦
	8	幾何紋	江陵馬山1號墓	經二重二色錦

---

① 〔日〕城一夫《西方染織紋樣史》，中國紡織出版社2001年版。

品種	序號	圖飾	出土地點	備註
錦	9	舞人動物紋	江陵馬山 1 號墓	經二重二色錦
	10	菱形紋	隨州擂鼓墩 1 號墓	緯二重組織
	11	深棕色地經黃色菱形紋	長沙左家塘 44 號墓	緯三重組織
	12	褐地矩紋	長沙左家塘 44 號墓	緯三重組織
	13	褐地經黃矩紋	長沙左家塘 44 號墓	緯二重組織
	14	褐地雙色方格紋	長沙左家塘 44 號墓	緯二重組織
	15	朱條暗花對龍對鳳紋	長沙左家塘 44 號墓	緯二重組織
	16	褐地幾何填花燕紋	長沙左家塘 44 號墓	緯二重組織
條	1	田獵紋	江陵馬山 1 號墓	緯條起花條
	2	龍鳳紋	江陵馬山 1 號墓	緯條起花條
	3	六邊形紋	江陵馬山 1 號墓	緯條起花條
	4	菱形花卉紋	江陵馬山 1 號墓	緯條起花條
	5	動物紋	江陵馬山 1 號墓	針織條
	6	十字形紋	江陵馬山 1 號墓	針織條
	7	星點紋	江陵馬山 1 號墓	針織條
組	1	六邊形紋	楊場楚墓	
繡	1	蟠龍飛鳳紋	江陵馬山 1 號墓	
	2	舞鳳舞龍紋	江陵馬山 1 號墓	
	3	花卉蟠龍紋	江陵馬山 1 號墓	
	4	一鳳二龍相蟠紋	江陵馬山 1 號墓	
	5	一鳳三龍相蟠紋	江陵馬山 1 號墓	
	6	鳳鳥紋	江陵馬山 1 號墓	
	7	鳳鳥踐蛇紋	江陵馬山 1 號墓	
	8	舞鳳逐龍紋	江陵馬山 1 號墓	
	9	舞鳳飛龍紋	江陵馬山 1 號墓	
	10	花卉飛鳳紋	江陵馬山 1 號墓	
	11	鳳龍虎紋	江陵馬山 1 號墓	
	12	三首鳳鳥花卉紋	江陵馬山 1 號墓	
	13	花冠舞鳳紋一、二	江陵馬山 1 號墓	
	14	銜花鳳鳥紋	江陵馬山 1 號墓	
	15	鳳鳥花卉紋	江陵馬山 1 號墓	

從表格可以看出，提花織物的紋樣主要以幾何紋為主，涉及到的幾何紋有大菱形紋、小菱形紋、塔形紋、十字菱形紋等。除了這些幾何紋外，還有少量的動物和人物題材。刺繡的紋樣以動物題材與植物題材一起佔據主導地位，表現為一個龍蟠鳳逸、花蔓纏繞的藝術世界。在動物題材中以龍、鳳為主。在龍、鳳主題之外，有的紋樣還有虎。動物紋樣伴以花草、枝蔓，或為紋樣的有機組成部分，或作為紋樣的間隔、填充，表現了自然界的生機與和諧。鳳鳥的形象屢屢出現，但絕不重複，從視角而言，有正面也有側面；從動作而言，或飛翔奔跑，或追逐嬉戲，或鳳昂首鳴叫，或顧盼生情，盡現鳳鳥百態；或踐蛇而舞，或與龍相蟠，或與虎相鬥，顯示出鳳鳥的神異力量。

以下對各種紋樣形式及其審美價值與文化意義逐一加以分析。

第一節　幾何紋題材及其意義

幾何紋樣起源很早，世界各地的遠古文化中都存有大量的幾何紋樣，而且至今仍廣泛應用，經久不衰，成為具有深層意義、源遠流長的紋飾符號。

中國絲綢織花紋樣是從幾何圖形開始的，如前所述，絲綢上發現的最早紋樣是商代綺上的雲雷紋。瑞典遠東古物博物館的商代銅鉞、故宮博物院商代玉刀、青銅器和銅戈把以及安陽殷墟婦好墓出土的青銅方彝等商代器物上，都發現了留有雲雷紋圖案的絲織品印痕。瑞典瑪律莫博物館保存的殷代銅觶的絲織品印痕，也發現有類似雲雷紋的幾何形刺繡紋。

雲雷紋與勾連雷紋都是由最簡單、最基本的幾何圖形組合變化而生成的。這種變化蹤跡在新石器時代的彩陶紋飾上就可找到。在西北馬家窯類型的彩陶上可見到規整的同心圓圈的中心出現黑點，圓周線

被打開，延伸、舒展成層層的漩渦或卷雲，與其他動物紋、幾何紋組合一起，使原先呆板靜止的圖形產生動感。在半山類型彩陶上出現了螺旋紋，其中的一種隨著螺旋形的舒卷發展成極其繁複的卷旋紋。在稍後的馬廠類型的彩陶上，則出現了不相環連的螺旋紋，似是獨立的回紋。這類紋飾的組合與連續，形成了與中原地區殷商時期的雲紋、雷紋、勾連雷紋十分相似的紋樣。

圖6-4　馬家窯文化半山類型螺旋紋陶罐

雲雷紋是商代器物上十分流行的紋飾，在青銅器上，它是一種最基本的裝飾，常作為主體紋飾，出現在器物的頸部或足部，或者作為地紋，用以烘托主題紋飾。雲雷紋在商代的服飾上也是很流行的，安陽侯家莊出土的白石雕像的領緣、腰帶、下擺邊緣，都可清楚地見到雲雷紋的圖案。

圖6-5　雲雷紋白石雕像

雲雷紋的基本特徵是以連續的迴旋形線條構成的幾何圖形，有的作圓形的連續構圖，也可稱為雲紋，有的作方形構圖，也可稱為雷紋（甲骨文中雲字作S紋似閃電，雷字作田紋聲似鼓），盛行於商和西周，沿用至春秋戰國時代。而勾連雷紋是雲雷紋的一種變化，它由近似的T形互相勾連的線條組成，填以雲紋或雷紋，盛行於晚商至周初，戰國再度流行。絲織品上的雲雷紋，是圖案化的造型，結構對稱、重疊、重複，由此來表現圖案的韻律與節奏。因為是暗花，左右、前後，隨著觀察方向的不同，所見到的花紋形狀也不相同，若隱若現，體現了一種神秘感。

圖6-6　勾連雷紋

　　在織物的幾何紋中，除了雲雷紋與勾連雷紋之外，還有菱形紋、複合幾何紋等幾種基本形式。這些紋樣與同代陶器、金屬器、漆器等紋飾互相影響，並與當時織造技術水準相適應。

　　楚絲織刺繡品上的幾何紋主要有小菱形紋、大菱形紋、塔形紋、十字菱形紋等。這些紋樣大多是由一種或幾種單位組合而成。常見的單位紋樣有方形、圓形、塔形、小菱形、杯形、正反向弓形、S形、磬形、十字形、回字形等。它們往往是作為主題紋樣的陪襯和點綴，起著烘托主題、渲染氣氛的作用。常按照一定的規則構成紋樣，與楚人的青銅器紋樣、漆器紋樣有不少共同之處。

　　在幾何紋樣中，最受楚人偏愛的是菱形紋。菱形紋在陶器上較多見，由於經緯線的直線性質，在絲織品上便占絕對優勢。「絲織品的

菱形紋變化多端，或曲折，或斷續，或相錯，或呈杯形，或與三角形紋、六角形紋、S形紋、Z形紋、十字紋、工字紋、八字紋、圓圈形紋、塔形紋、弓形紋，以及其他不名狀的幾何形紋相配，雖奇詭如迷宮，而由菱形統攝，似乎楚人有意要把折線之美表現到無可複加的程度。」[①]

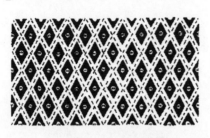

圖6-7　小菱形紋錦紋樣

圖6-8　十字菱形紋錦紋樣

圖6-9　大菱形紋錦紋樣之一

圖6-10　大菱形紋錦紋樣之二

圖6-11　大菱形紋錦紋樣之三

圖6-12　大菱形紋錦紋樣之四

① 吳山《中國歷代裝飾紋樣　前言》（四卷本），人民美術出版社1995年版，第15頁。

圖6-13　大菱形紋錦紋樣之五

　　從組織形式看，幾何紋樣的運用可分為三類：

　　一是規則散點幾何紋，由商周二方連續矩形紋發展而來。紋樣是將菱形、S形、三角形、折線形和圓圈形等多種單項幾何紋，以相同紋樣橫向連續與不同紋樣縱向錯位穿插相結合的方法，構成四方連續規則散點排列，紋樣疏朗活潑。這種紋樣布局直至秦漢時期還廣為流行，長沙左家塘戰國楚墓出土的褐地矩紋錦為其代表。

圖6-14　長沙左家塘戰國楚墓出土褐地矩紋綿

　　二是組合幾何紋。這是在商周絲綢紋樣的簡單雷紋、菱形紋基礎上經過組合出現的變體花紋，其中主要有如下幾種形式。

　　杯紋。是將三個菱形紋加以組合而成，因為其形類似耳杯（漆器，又名羽觴）故名。在組織排列上以四十五度線交叉形成四方連續杯形紋構成骨骼，在分割出的杯形空間內再填入杯形紋、菱紋和矩形紋等，層次豐富，組織嚴密又富於變化。

第六章　楚絲織刺繡紋樣及其文化意義

楚國飲食與服飾研究

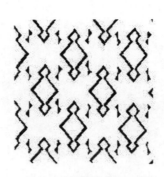

圖6-15　杯紋紋樣示意圖

　　塔形紋。以馬山1號楚墓出土的塔形幾何紋錦為典型。在由深棕和淺棕色組成的條格中分別嵌入淺棕、朱紅色塔形幾何紋，三套色相互借用，黑白灰錯綜組合，圖底皆成紋樣。

　　菱格六邊形紋。四十五度線分割成的四方連續菱形骨骼的軸心處，由六邊形紋作橫向連續排列，在其上下又有散點排列的小型六邊形紋與之呼應，形成斜向交叉的菱形骨骼線與橫向連續的紋樣裝飾帶的組合構成形式。

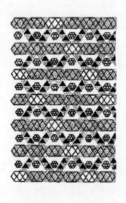 

圖6-16　菱格六邊形紋條的紋樣　　圖6-17　六邊形紋組的紋樣

　　幾何紋與動植物、人物紋的組合形式。其共同特徵是以菱形、方棋形、複合菱形等幾何紋為構成骨骼，在分割的空間內填充適合的動

植物紋樣或人物紋樣。填充紋樣一般作對稱組合排列（便於織花）。例如湖北省江陵出土的田獵紋條的紋飾，內由四個菱形組成，其間的人物與動物的形象都高度幾何紋樣化，田獵緊張激烈的氣氛織造得真切感人，整幅裝飾能讓人感受到幾何形紋樣的獨特魅力。長沙左家塘楚墓出土褐地幾何填花燕紋錦則是在菱形骨架中填充幾何變形的燕子形。

圖6-18　田獵紋錦紋樣

圖6-19　幾何填花燕紋錦紋樣

　　幾何紋題材的意義。幾何紋在紋樣領域具有簡潔性、明晰性和符號性的特點。從原始社會時期的許多幾何形紋樣可以看出，先民使用的那些純粹的幾何紋是受到了客觀自然的影響，客觀自然為這種符號藝術提供了範本，幾何紋是對具象的簡化與抽象。正如李澤厚先生所指出的：「由寫實的、生動的、多樣化的動物形象演化成抽象的、符號的、規範化的幾何紋飾這一總的趨向和規律，作為科學假說已有成立的足夠根據。」[1]原始人們對於自然界的一些事物，特別是和生活有直接聯繫並具有深刻影響的事物，如水、山、魚、鳥等，由於人對它們有意或者無意的塗畫，線性的形狀慢慢地服從了對稱和節奏的基本藝術規律，結果直線就變成了三角形、方形、菱形、文字圖案等等，而曲線則產生了圓形、波狀線、螺旋線等。

　　在楚絲織刺繡品紋樣中，以菱形紋樣為主導的幾何紋樣代表了

①　參見李澤厚《美的歷程》，天津社會科學院出版社2001年版，第37頁

第六章　楚絲織刺繡紋樣及其文化意義

楚絲織品的主要紋樣手法，弧形和曲線都表現為折線，呈現為一種折線之美。如三色錦中的大菱形紋錦紋樣，花紋富於變化，單元圖案多是菱形或近似菱形，菱形內填充的各不相同的小幾何形，由單元圖案構成連續紋樣。據花紋的不同而產生若干不同的變異，但它們的基本構圖卻是大致相同的，都是以順經線方向佈置的大波折紋作為間隔，這種大波折紋類似不封閉的菱形。在兩個大波折之間填充以磬形為主的各種小幾何形紋。由於大波折紋和磬形紋的邊緣使用粗線條，而使紋樣顯得特別突出。其他小花紋多是單線條，比較細密，類似銅器花紋中的地紋，這樣就形成了地紋襯托主紋的格調。這是流行於楚地的一種裝飾風格①。但我們也應該注意到，紋樣的設計首先要適應織造技術的水準，即紋樣的大小、形狀和簡繁程度要受到織機和工藝的限制。因為當時提花方式較為單一，弧形和曲線都表現為折線，適合表現幾何紋樣。此外，和前期幾何紋相比，抽象的幾何紋樣在楚國還是大量存在，但更多地展現出一種靈動、變化之美。

第二節　動物紋題材及其意義

對於紋樣繁多的楚絲織刺繡品，除了佔據主要優勢的幾何紋之外，動物紋作為又一主要題材也大量地被用在楚絲織刺繡的紋飾之中。這些動物紋既有取自於現實的動物，也有神話和想像中的動物。這類紋飾多採用抽象圖案化造型，常見的動物紋有鳳鳥、梟、龍、蛇、虎、麒麟等。

動物紋飾中，出現最頻繁的是鳳鳥，可見楚人對於鳳鳥形象情有獨鍾。從鳳紋造型上看，採用高度抽象圖案化造型的鳳鳥形象出現在

---

① 參見彭浩《楚人的紡織與服飾》，湖北教育出版社1996年版，第113頁。

織錦上，而線條流暢、生動活潑的鳳鳥形象出現在繡品上，這當然與紋飾的工藝相關。

織錦上鳳鳥紋飾一般與幾何形紋飾相配合，使得抽象的畫面變得更加生動。

鳳鳥形象在繡品中出現最為頻繁，但其形象絕無定式。往往多彩多姿、奇特詭異；或利喙巨張、或回首嘶鳴、或奔騰、或傲立，或引頸長嘯向天，或踐蛇而舞於地。然而，雖有萬千變化，其形象始終纖巧、精幹、剛健有力，始終偉岸、英武、輕盈、秀美。

圖6-20　一鳳一龍相蟠紋繡紋樣

圖6-21　蟠龍飛鳳紋繡復原紋樣

圖6-22　一鳳二龍相蟠紋繡紋樣　　　圖6-23　龍鳳相搏紋繡紋樣之一

圖6-24　龍鳳相搏紋繡紋樣之二　　圖6-25　飛鳳紋繡紋樣

　　從紋飾組合看，單一的鳳鳥紋飾並不多見，鳳鳥紋飾往往與其他動物紋飾相配合，其中常見的是與龍紋的配合。如蟠龍飛鳳紋繡、對鳳對龍紋繡、龍鳳相蟠紋繡、舞鳳逐龍紋繡、舞鳳飛龍紋繡、龍鳳虎紋繡和對鳳對龍紋錦等，這和楚人崇龍尊鳳的圖騰和信仰相關，詳見後文分析。

　　在藝術風格上，楚鳳採用的是富有彈性、流暢柔和的曲線，因此富於動感，呈現活潑之態，可親可愛，變幻多端。鳳鳥紋飾在造型上，脖頸修長，明顯區別於商周時期鳳頸的短粗厚重，從而形成一種昂首挺胸的氣勢，昂揚清新的風格，挺拔秀麗的動態。這一藝術特點在龍紋上也有體現。楚龍紋形象和周龍紋大異其趣，楚龍紋多昂首挺胸，長尾高翹，作行進狀，虎虎有生氣，極富動感，其形態有一種與時俱進的時代感，可視作那個時代楚人積極進取精神的象徵。

　　求新求變的楚人還將變形的鳳紋和抽象的雲紋融會在一起，創造出一種似雲非雲、似鳳非鳳，而實則亦雲亦鳳的圖案。在飛逸流轉、奔騰翻滾、如浪似潮的抽象雲紋中，鳳的身形若隱若現、疑真似幻，或露一頭，或顯一尾，或呈一爪，形如成群結隊的鳳鳥翱翔翻飛於雲天，又似五彩祥雲在蒼穹遨遊。如此融理想和浮想於一體，歡快奔放中蘊含神秘氣息，無疑展現的是楚人對鳳所寄寓的靈性和神通。這種雲鳳紋，也廣見於楚國的漆器和青銅鏡上，對秦漢紋樣也有極大影響。

鳳鳥紋飾正是楚人崇鳳傳統的集中體現。我國古代傳說中將鳳視為神鳥，是鳥中之王，是吉祥幸福的象徵，實際上並不存在。傳說古代帝王少昊、周成王即位時，都曾有鳳凰飛來慶賀。典籍中的鳳大多生於南方。《楚辭　抽思》說，「有鳥自南兮，來集漢北」，明確指出了鳳與漢水的關係。而當時漢水一帶恰好是古代楚國。先秦時期，以鳳喻人的也唯有楚人，《史記》記載楚莊王曾把自己比作一隻「三年不飛，飛將沖天；三年不鳴，鳴將驚人」的神鳥——鳳。在楚人眼裡，鳳是通天的神鳥，只有得到它的引導，人的靈魂才能飛登九天，周遊八極。鳳又是先祖的化身，它無處不在，鳴揚靈動，華貴偉岸。楚人奉鳳為具有圖騰意味的神物，被賦予了相當的神性，由於其深層的寓意和神秘的象徵，藉以鳳鳥的吉祥紋樣來表達他們對吉祥如意的祈求和願望。

　　豐富的鳳鳥紋飾集中反映了楚人「信巫鬼，重淫祀」的傳統。張正明指出：「楚國社會是直接從原始社會中出生的，楚人的精神生活仍散發著濃烈的神秘氣息。對於自己生活在其中的世界，他們感到又熟悉又陌生，又親近又疏遠。天與地之間、神與鬼之間，乃至禽獸與人之間，都有某種奇特的聯繫，似乎不難洞察，而又不可思議。在生存的鬥爭中，他們有近乎全知的導師，這就是巫。這種楚巫文化，影響了楚人的審美意識，使得楚人熱烈、多情、奔放而自由、剛烈如火又富有浪漫氣質。起伏、翻飛、翱翔的鳳鳥，集壯、美、奇於一身，成為楚國絲綢紋飾的傑出代表。」[1]

　　下面再結合鳳鳥踐蛇紋繡紋樣、三頭鳳紋繡紋樣和龍鳳虎紋繡紋樣來具體分析一下楚人的信仰世界。

　　鳳鳥踐蛇紋繡，紅棕絹繡地，繡線有紅棕、金黃、黃綠、深棕、朱紅色。紋樣主題佈置在一個菱形內，鳳鳥張翅，尾上卷，正在啄食

---

[1]　張正明《楚文化史》，上海人民出版社1985年版，第112頁。

一條蛇，腳下踐一條蛇。菱形周邊繡三角形雲紋，四角各有一個七角形，外環七個小圓。紋樣長30公釐、寬26公釐。

圖6-26　鳳鳥踐蛇紋繡紋樣

　　一隻鳳鳥腳踐一蛇、並啄食一蛇的鳳鳥踐蛇紋在戰國時期廣泛流行，南方和北方出土文物如青銅器和漆木器等上均發現有此種紋飾。在《山海經》、《韓非子》等古籍中亦有相關記載，《韓非子‧十過》：「昔者黃帝合鬼神於西泰山之上，駕象車而六蛟龍，畢方並轄。蚩尤居前，風伯進掃，雨師灑道。虎狼在前，鬼神在後。騰蛇伏地，鳳皇覆上。」這反映了先民對鬼神的崇拜與信仰，且風氣十分盛行。長沙陳家大山戰國楚墓出土的〈龍鳳仕女圖〉帛畫也是類似的題材，在深褐色平紋絹上，畫有一位雙手合十，側身而立，作祈禱狀的婦女。婦女的頭頂正上方首先是一隻正欲展翅高飛的鳳鳥，占半幅畫面。鳳鳥鳥頭朝左上揚，兩翼展開，雙腳一前一後，前腳前曲，後腳後伸。鳳鳥身後還拖著兩條長長的翎毛，向前彎曲至鳳鳥的頭上。鳳鳥的左方正對著一條蜿蜒曲折的夔龍（或蛇），占四分之一畫面。龍（或蛇）身上裝飾著一道道環狀的紋路，頭向上，宛如向上盤旋騰飛。一幅「騰蛇伏地，鳳皇覆上」的情景。如果結合先民的鬼神崇拜，我們可推知這幅畫要反映的是死者希求靈魂升天的希望，盼望夔龍（蛇）和鳳鳥能夠引領死者的靈魂升天。

　　這種信仰也反映在繡品的紋樣中，如蟠龍飛鳳紋中的鳳鳥正銜

住一條龍（蛇）的尾部；一鳳二龍（蛇）相蟠紋和一鳳三龍（蛇）相蟠紋都是一隻鳳鳥背載二龍（蛇）和三龍（蛇）；龍（蛇）鳳相搏紋實際上也是鳳鳥追食龍（蛇）的圖像。這類紋樣反映的亦是死者企求「合鬼神」，靈魂升天的思想。

　　三頭鳳形象即馬山1號楚墓出土的一件鳳鳥花卉紋繡紋樣，此紋樣淺黃絹繡地，繪墨稿。繡線有深紅、土黃、深棕、黃綠、深藍色。紋樣的主題是一隻張翅、引頸站立的鳳鳥的仰視圖，鳥的頭上有兩重花冠，雙翅上各有一隻鳥頭，紋樣的一側是三行懸垂的花枝。圖中鳳首如梟，眼大而圓，大腹鳳腹近圓，正面而曲腿，雙翼齊舉，兩個翼端都內勾如鳳首。紋樣長57公釐、寬49公釐。這種三頭鳳形象顯得非常神秘，充滿虛幻、怪異和荒誕意味，具有超現實的意蘊和浪漫色彩，因此十分引人注目。

圖6-27　永生不死的神鳥「三頭鳳」

　　彭浩推斷，長沙子彈庫帛書中夏五月神像與馬山1號楚墓繡品紋樣中的「三頭鳥」都應是鴟或鷹的圖像[1]。而袁朝則認為：「三頭鳳」是神話原型「離珠」的藝術造型，具有一種「不死永生」的象徵意義。在上古神話中可發現「三頭鳳」與「三頭人」、「三身人」、

① 　彭浩：《楚人的紡織與服飾》，湖北教育出版社1996年版，第119頁。

「三面人」等之間存在著轉化與溝通，這無疑是原始思維「生命一體化」觀念的具體體現。楚人奉「鳳」為具有圖騰意味的神物，「三頭鳳」、「離珠」出現在楚人墓葬品中不足為怪。在楚人的心目中，當人的生命載體衰老死亡後，生命的內核就回歸轉移到「三頭鳳」中，在神話思維同質互滲原則支配下，生命的內核流轉運動，永生不滅，這是「三頭鳳」特定的巫術宗教功能。並且認為其中隱含著楚人的「太陽崇拜」和日、月、星「三光崇拜」的神話巫術意識[1]。

龍鳳虎紋繡紋樣，灰白色羅繡地，繡線有紅棕、棕、黃綠、土黃、朱紅、黑、灰色。紋樣的中部和下部是一隻鳳鳥，頭上有華麗的花冠，雙翅張開，作跳躍狀，腳下踐一蛇；紋樣的上部是一隻滿身布紅黑（或灰）條紋的猛虎，張牙舞爪朝前方的龍奔去。龍反身成S狀。紋樣長29.5公釐、寬21公釐。

在動物紋樣中，鳳紋最多，龍紋次之，龍鳳相配的紋樣頗為常見。此外，也有虎紋出現。這幅龍鳳虎紋繡紋樣同時出現龍鳳虎的構圖，則較少見，因此引人注目。

圖6-28　龍鳳虎紋繡紋樣

中國動物題材的紋樣淵源於原始社會的巫術，在遠古時期，由於

---

[1]　袁朝：〈江陵馬山1號楚墓刺繡品圖案考釋〉，載《中原文物》1993年第1期。

人類的生產力水準低下，先民們對自然界的有些現象還不了解，以為是有著超自然的力量在支配著這個世界，由此產生了蘊涵原始宗教和原始巫術的「萬物有靈」觀念和神靈崇拜。眾所周知，楚國重巫，楚人的思想觀念和信仰世界會滲透在紋飾之中，或者說，楚紋飾反映楚人的生活願望和文化準則。從文化人類學的觀點看，對紋樣的迷信崇拜心理和特殊的觀念情感，是裝飾紋樣發生的真正動機。在楚人的生活世界裡，絲織、刺繡上的龍、鳳、虎等動物紋，被賦予了相當的神性，由於其深層的寓意和神秘的象徵，藉以表達他們對吉祥如意的祈求和願望。

　　楚人不僅崇鳳，而且尊崇龍虎。據史料記載，楚國鎮國之寶為「九龍之鐘」，代代相傳，奉為神物。越人擊敗楚軍，佔領郢都，有意毀壞「九龍之鐘」，從心理上打擊楚人。考古文物也為我們提供了楚人尊龍的實物證據。隨州擂鼓墩1號墓出土的曾侯乙編鐘，其青銅鼓座上鑄有八對大龍，曾國為楚國附庸，其國寶重器的鑄造無疑會受到楚人的控制和影響。楚人有「九龍之鐘」，曾人編鐘上則有八對大龍，也充分表明了楚與曾的統屬關係和等級差別。這些事實都為楚人崇龍提供了有力的證據。楚國絲綢紋樣中大量的龍鳳紋正是這種信仰的體現。同樣，「虎」也是楚人尊崇的物件。《左傳　宣公四年》曰「初，若敖娶於䢵，生鬪伯比。若敖卒，從其母畜於䢵，淫於䢵子之女，生子文焉。䢵夫人使棄諸夢中，虎乳之。䢵子田，見之，懼而歸，以告，遂使收之。楚人謂乳『穀』，謂虎『於菟』，故命之曰『鬪穀於菟』。以其女妻伯比。實為令尹子文。」楚國顯貴以「於菟」（虎）命名，崇虎意識不言自喻。

　　袁朝指出，在上古神話中，龍虎與光明有著密切的聯繫，龍鳳虎紋繡紋樣反映了楚人的「三光崇拜」的神話巫術意識[1]。彭浩認為，

---

[1]　袁朝：〈江陵馬山1號楚墓刺繡品圖案考釋〉，載《中原文物》1993年第1期。

283

東周時期陰陽學說盛行，不僅社會上層人士崇信此說，下層人士也同樣信仰，長沙子彈庫帛書集中地反映了楚人的這種信仰。龍鳳虎紋繡紋樣實際應是一幅四方神靈圖，龍與虎相對即表示東方與西方相對，鳳鳥與虬相對即表示南方與北方相對。這個紋樣與「三頭鳥」紋樣的含義相近，都反映了楚人對宇宙的看法[1]。

第三節　植物紋、人物行為紋題材及其文化意義

一、植物紋題材及其文化意義

從紋飾的發展看，植物紋飾的流行是晚於幾何紋的。商周時代的裝飾領域裡，佔據主導地位的是抽象而工整的饕餮紋和竊曲紋等，顯現出一種猙獰威嚴的風格，相對愉悅而柔和的植物紋樣少見蹤影。

春秋戰國時期，由於「禮崩樂壞」，社會產生了大的變革，思想文化上日趨活躍，技術工藝上亦是日新月異，裝飾藝術也因此展現出新風格，一些表現日常生產、生活的具有敘事性和寫實風格的紋飾開始出現在裝飾領域，大量出現的植物紋成為新風格的組成部分。

這一時期出土器物中，出現了許多以植物作裝飾紋樣的題材。如四川成都出土的「宴樂水陸攻戰紋銅壺」，其上的紋飾中有婦女採桑的情景，桑樹的造型簡練而生動；江蘇盱眙出土的戰國「錯金銀梅花套飾銅壺」肩腹飾滿狀若梅花的花形紋；還有春秋時期著名的青銅作品「蓮鶴方壺」，將蓮花以簡練的表現方式運用於器物造型，雙層蓮瓣之中，單足站立一仙鶴，雙翅展開作飛翔狀，其清新俊逸、欲展翅高飛的姿態與殷周時期的神秘凝重的風格形成強烈對比。顯然在春秋戰國時期，植物紋樣的閃亮登場成為這一時期的清新自然的裝飾風格

---

① 彭浩：《楚人的紡織與服飾》，湖北教育出版社1996年版，第122頁。

的表現形式之一，絲綢紋樣上的植物紋樣，正是這種裝飾風格影響下的一個側面。

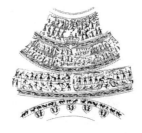

圖6-29　錯金銀梅花套飾銅　　圖6-30　宴樂水陸攻戰紋銅　　圖6-31　蓮鶴方壺
　　　　壺梅花形紋　　　　　　　　　　壺上的桑樹紋飾

　　在楚國絲織刺繡飾品中，存在大量以花草植物為題材的裝飾紋樣，尤其以鳳鳥花卉紋為主。楚人對植物花草紋的鍾情，可從楚國所處的地理環境中找到一些緣由：楚國崛起於江漢之間，這裡氣候適宜，花木繁茂，適宜農耕，花草植物是楚人生活的一部分。楚國遠離中原，東鄰吳越，西鄰巴蜀，櫛蠻風，沐越雨，使得楚人的精神文化較之中原地帶有更多的原始成分、自然氣息和浪漫色彩。楚文化的這種精神氣質呈現在造型紋飾方面，則體現為高度重視情感的表現，崇尚自然生活，而且異常熱烈、奔放而自由，各式鳳鳥形象及與之相呼應配合的花草植物紋即是典型代表。它突破了殷周時期凝重克制的紋飾風格，與同時期北方地區的嚴守法度、執著規範的理性設計思想形成鮮明對比，反映了楚人極具開創性的創作精神，綜合運用象徵性手法和寫實性手法來設計紋飾。

　　鳳鳥花卉紋是楚國植物紋樣表現最集中的一組，這些紋樣以刺繡工藝為主，因為刺繡的手法在紋樣造型上不受織造工藝的局限，故形象更加生動。它們或柔枝嫩葉、或含苞、或舒瓣。在結構上，有的以細長的花莖分隔或連接圖案單元，有的作朵花或枝花，為鳳所佩，有

的則直接以鳳尾的形式出現。植物花卉紋的造型，手法兼有寫實與變形。有時很難確定它在自然界的對應原型，顯然它們是在自然原型的基礎上，進行藝術變形的結果。

圖6-32　鳳鳥花卉紋繡紋樣之一　　圖6-33　鳳鳥花卉紋繡紋樣之二

圖6-34　鳳鳥花卉紋繡紋樣之三　　圖6-35　鳳鳥花卉紋繡紋樣之四

　　楚國的花卉紋樣是極具裝飾性的，整幅圖案中，花莖可隨紋樣的走勢任意伸展連接，花中生出莖蔓，莖蔓又生花；莖蔓在轉折中，時而直線，時而曲線，時而作幾何式俐落的轉折，時而又如微風吹動般自然彎曲，這種直線與曲線的並用，產生了剛柔相濟的造型效果，同時也為整幅作品的布局創造了生動的空間。從整體上看，與鳳紋組合的花草紋應屬於輔花的地位，但從紋樣造型布局看，卻是整體紋飾中必不可少的重要組成部分。

從楚國的這些絲綢植物紋樣中可以看出，設計者已熟練掌握了對形式美規律中節奏和韻律的運用，且借助花草植物本身所具有的形態優勢，進行了藝術的創造。從構成學的角度來看，花草植物這種花、蕊、枝、葉於一體的生態結構，使它天然具備了構成中點、線、面的三大造型元素，對這些點、線、面，也即花、蕊、枝、葉的成功的穿插組合，成就了楚國絲綢植物紋樣的藝術性。與同時期流行於銅鏡背後的、以四方八位為定式的四葉紋相比較，體現了更多的裝飾性和審美趣味。在色彩上，繡製紋樣的繡線有棕、紅棕、深棕、深紅、朱紅、橘紅、淺黃、金黃、土黃、黃綠、鈷藍等多種色彩，以色彩的變化來使紋樣的層次和造型更加豐富。

鳳紋反映了楚人的圖騰崇拜與信仰，與鳳鳥組合出現的植物紋，也有類似的文化內涵。《山海經》中曾經記載了我國遠古的一些植物迷信觀念：「有草焉，其狀如韭而青華，其名曰祝餘，食之不饑。有木焉，其狀如谷而黑理，其華四照，其名曰迷穀，佩之不迷。」[①]又如：「有木焉，員葉而白柎，赤華而黑理，其實如枳，食之宜子孫。」[②]常謂神鳥棲於神木，與鳳鳥組合出現的植物紋，應該是一些具有神秘意向的神木或生命樹。

圖6-36　長沙子彈庫楚帛書

---

① 《山海經　南山經》。
② 《山海經　西次三經》。

植物紋的這一文化內涵可從其他一些出土的楚國帛畫、繒書、漆畫中的植物紋中加以印證。如長沙子彈庫楚墓出土繒書，四角各繪一株植物，顏色分別為青、赤、白、黑，以體現四時方位。曾侯乙墓衣箱漆畫上，繪有兩株枝幹挺拔、枝葉繁茂的大樹。一些學者結合大樹枝端狀如太陽的圓形紋飾及樹下所繪的射手持弓弋射形象，認為此為后羿射日圖，圖中所繪大樹乃扶桑樹。這些植物紋都是將神話、傳說、巫術等精神領域的東西以物化圖形表現的結果。

圖6-37　曾侯乙墓出土的「后羿弋射圖」木衣箱蓋面漆畫示意圖

由此可見，楚人濃厚的巫文化色彩，對人與鬼神精神溝通的渴望，以及伴隨天象知識的豐富而產生的上天入地的幻化空間意識，作用於藝術的造型思維中，成為植物裝飾紋樣造型形成的精神因素。

二、人物行為紋及其文化意義

在大量以幾何紋和動物紋為主導的楚絲織刺繡品紋樣中，還有少量的寫實性、生活性的人物行為紋。這種紋飾的出現，是與春秋戰國時期的社會變革相聯繫的。主要包括田獵紋和舞人動物紋和人物與龍鳳共舞紋等人物及其活動場景的紋樣。

田獵紋。春秋戰國時期，反映貴族現實的社會生活，以宴樂、舞蹈、狩獵、攻戰、採桑等活動為題材的紋飾，開始出現在青銅器上，

這類宴樂、狩獵、戰鬥紋飾，在故宮博物院收藏的宴樂漁獵攻戰紋壺和河南汲縣出土的水陸攻戰紋鑑等青銅器上都可見到。1935年河南省汲縣戰國墓地出土水陸攻戰紋鑑，其圖案主要表現戰爭和宴飲兩類題材，其中以戰爭題材為主。戰爭題材表現的有兩軍步兵交戰、攻城和水戰三方面內容。圖中武士短裝佩劍，或有幀巾，射者張弓搭矢，持戟者前握後運，攻者邁步躍進，死者首級落地。全器286個人物形態生動，一改過去單純以動物圖像為主的傳統圖案程式，趨向於表現人們自身的活動，這在藝術發展史上是一個飛躍。這種紋飾的出現，很顯然是與春秋戰國時期的社會變革相聯繫的。

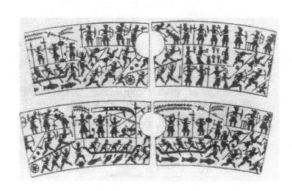

圖6-38　水陸攻戰紋

　　楚國絲繡紋樣上也出現了這種風格，江陵馬山楚墓發現的田獵紋條是這類紋飾中極其珍貴的例證。田獵紋是一個完全寫實的紋樣，描寫的是貴族進行田獵活動的場面。田獵紋條花紋由四個菱形組成，排列成上下兩排。上排的馬車上有兩個獵者，一個駕車追趕奔鹿，一個張弓射鹿，鹿在車前狂奔，倉惶逃命，箭矢從鹿前掠過。下排的兩個菱形中，分別是武士與猛獸格鬥的場景，一個武士手執劍、盾與一斑斕猛虎搏鬥。在另一側一個武士手執長劍與一隻猛獸搏鬥。上下兩排圖案相互呼應，場面緊張，氣氛熱烈，呈現一幅氣勢宏偉的田獵場景。另一件田獵紋條，一菱形內，馬車上僅有一人，曲肘握持韁繩，

背負弓箭，馬作奔馳狀。另一菱形內圖案上部殘缺，但尚可看出是一武士執盾與猛獸搏鬥。這種寫實風格有花紋的絲條在先秦絲織品中還是第一次發現。

圖6-39　田獵紋條之一

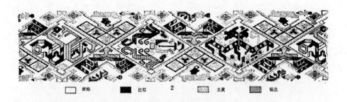

圖6-40　田獵紋條之二

　　舞人動物紋。此種錦紋樣複雜，馬山1號墓出土。花紋圖案由龍、鳳、麒麟等瑞獸和歌舞人物組成，每個小單元呈三角形排列，左右對稱，共有七個單元組成橫貫全幅的花紋。第一組為昂首轉身的游龍，第二組是一對戴冠、穿袍、繫帶、佩飾物、雙手上揚作歌舞狀的舞人，第三組為一對昂首高冠、展翅卷尾的鳳鳥，第四組為兩對爬龍，第五組是一對麒麟，第六組是一對仰首展翅、尾後垂的鳳鳥，第七組是一對長卷尾的龍。每組圖案分別以拱形寬條相隔，拱形寬條內填以龍紋和幾何紋。其中長袖飄拂的歌舞人物，長尾曳地的峨冠鳳鳥，以及兩組姿態不同的爬行龍，都顯得意趣盎然。它所表現的是舞人與瑞獸（麒麟、夔龍、鸞鳳）相伴起舞的紋樣，表現了楚人豐富的想像力。

圖6-41　舞人動物紋

　　田獵紋、舞人動物紋和人物與龍鳳共舞紋等描繪人物及其活動場景的紋樣，都屬於一種寫實性的藝術造型，這些紋樣大多模擬現實生活中的物象，寫實性程度高，體現了楚人再現物象的寫實造型能力。

　　戰國時期，由於社會的大變革，以及人本主義思潮的高漲，對生命與自由的嚮往在各種藝術形式中反映出來，這種新的氣象在絲織刺繡品的紋樣裝飾中以動物、人物紋飾的形象生動地表現出來，它們一般都是表現現實生活，具有現實生活氣息，反映人與神靈、人與自然之間的聯繫。

　　楚人特別注重運用浪漫主義的手法，來表現那些足以體現生命氣息的運動形象，反映了楚人對現實自由生命和生活抱有的熱烈關懷，無論是對氣氛緊張熱烈、場面廣闊的田獵場景的真實寫照，還是對載歌載舞的人物、長尾曳地峨冠鳳鳥以及意趣盎然的龍蛇麒麟的匠心描繪，這些寫實紋樣的基調都是歡快明朗，所體現的精神風尚與理想追求是相當現實的。應該說，它們代表著這一變革時代的特殊精神風貌。這種以健旺生命精神為內容的審美精神正是楚人積極進取的文化精神的一個側影。

第七章　楚國的服飾形制與風格特色

提及服飾形制，不能不涉及分類。人類服飾的形態，其繁複的內容可說是與時俱進，所以服飾的分類法則，也就人言言殊。各種分類法，皆有其特色和強調的重點，為了以簡御繁，本章參考尚秉和之分類法，將楚國服飾大致分為身服、著服和足服三大類來加以論述[①]。

第一節　身服

除開首服、足服之外，裝飾覆蓋於人身體上的衣飾，謂之身服。身服既有上衣下裳的衣裳，也有不分上下而做成連衣裳形式的深衣、袍服等等。故身服即同時包括或分離、或結合的衣裳。一般可分為長衣、單裙、袴等，長衣又可細分為袍、襌衣、夾衣和縕衣等等；還可將長衣分為四個類型，即小袖式、寬袖式、大袖式（也可稱為長袖式）和直領式。

一、楚式深衣

古代的衣、裳原本是有區別的，《詩經　邶風　綠衣》：「綠

---

① 　參見尚秉和《歷代社會風俗事物考》，中國書店2001年版。

兮衣兮，綠衣黃裳。」《毛傳》：「上曰衣，下曰裳。」後來這種上衣、下裳分別剪裁的形式，則漸漸被深衣所取代。「深衣者，謂連衣裳而純之以采也[1]」，因為衣與裳相連，「被體深邃，故謂之深衣[2]」。錢玄《三禮名物通釋　衣服　衣裳》也稱：「古時衣與裳有分者，有連者。男子之禮服，衣與裳分；燕居得服衣裳連者，謂之深衣。」[3]春秋、戰國之交，深衣在諸侯各國較為流行，是一種新穎的服裝形制。《禮記　深衣》提到：

古者深衣，蓋有制度，以應規矩，繩權衡。短毋見膚，長毋被土。續衽鉤邊，要縫半下……製十有二幅，以應十有二月……可以為文，可以為武，可以擯相，可以治軍旅，完且弗費，善衣之次也。

《禮記　玉藻》則記載了深衣的尺寸：

深衣三袪。縫齊倍要，衽當旁，袂可以回肘。長中繼揜尺，袼二寸，袪尺二寸，緣廣寸半。

對於「續衽鉤邊」的解釋，一直是傳統禮學家爭論不休的焦點。但黃宗羲、江永等人對續衽鉤邊的解釋、復原[4]，與出土的衣服樣式，實未有合拍之處。而從鄭玄對續衽鉤邊的解釋來看：「續猶屬也。衽在裳旁者也。屬連之，不殊裳前後也……鉤邊若今曲裾也。」[5]這一個解釋，點明了深衣的一個特色即是曲裾。

----

① 《禮記　深衣》鄭玄注語。
② 《禮記　深衣》孔穎達疏語。
③ 參見錢玄《三禮名物通釋》，江蘇古籍出版社1987年版。
④ 黃宗羲的復原圖，見《深衣考》（《文淵閣四庫全書》本）；江永《深衣考誤》的主要觀點，在於將「續衽、鉤邊」分為兩個部分。
⑤ 《禮記　深衣》鄭玄注。

從中我們可以看到深衣的幾個特點：一是連衣裳，亦即上下通裁。二是有「續衽鉤邊」的特殊製作方式，於右衽旁向後續出角形布幅，形成曲裾式樣，繞向身後。這是因為在衣裳通裁相連之後，既不能開衩口，以免露出部分身體，又要便於行動，所以便有曲裾向後交掩、繞襟而下的服式出現，而這可以說是為解決問題而形成的一種自然發展。三是深衣所使用的布帛幅寬和尺寸皆有定制。四是深衣的用途十分廣泛，可文可武，在貴族階層被廣泛使用。

圖7-1　長沙陳家大山楚墓出土〈人物龍鳳圖〉

「續衽鉤邊」，以一幅曲裾向後交掩的這種深衣形制，雖然未見楚國出土的實物，但從楚墓出土的大量文物資料中可以找到楚人襲用的明證。1949年長沙陳家大山1號墓楚墓出土的戰國中晚期的一幅〈人物龍鳳圖〉，圖上繪有一雙健翅凌雲的飛鳳，其下有一長裙飄逸的婦人凝神佇立，所著服飾纖秀華麗，雍容華貴，不規則的雲紋繡式、深色的寬闊緣邊、向後纏繞的寬博衣裾、腰間束緊的絲織大帶，整幅畫面流露出南國楚地瑰奇、浪漫、神秘的氛圍氣息。根據楚地習俗，圖畫為墓主所作，圖中人像應為墓主本人的生前寫照。墓主的穿著屬深衣類型，只是其衣服長度披地，超越了中原深衣「長毋被土」的限定；另外，衣服的領緣、袖緣之寬博早已超過了古制深衣「純袂

緣、純邊，廣各半寸」的刻板規定。墓主衣身繡滿了繁複的花紋，這與傳統的周制白麻深衣也多有相悖。無獨有偶，1973年長沙子彈庫一號楚墓又出土了戰國中晚期一幅〈人物御龍帛畫〉，畫中男子神采飄逸，寬衣博袍，頭戴薄紗高冠，頸下結纓，衣物質料輕薄，纖長垂地。這無疑為了解楚人深衣的真實面貌提供了又一明證。

圖7-2　長沙子彈庫楚墓出土〈人物御龍圖〉

從楚墓出土的大量人物木俑更是提供了相當多的形象資料，表明了這種深衣形制在楚地的流行，列舉一組圖片如下：

從這些形象材料看，楚式曲裾繞襟深衣的總體特徵，正如沈從文的概括：

男女衣著多趨於瘦長，領緣較寬，繞襟旋轉而下。衣多特別華美，紅綠繽紛。衣上有作滿地雲紋、散點雲紋或小簇花的，邊緣多較寬，作規矩圖案。一望而知，衣著材料必出於印、繪、繡等不同加工，邊緣則使用較厚重織錦，可和古文獻記載中「衣作繡、錦為緣」相印證。中南夏季炎熱，衣著主要部分，多用極薄的綺羅紗縠，同時

用較寬的織錦作邊緣，才不至纏裹身體妨礙行動。①

圖7-3　長沙仰天湖出土女俑
　　　　（戰國中期晚段）

圖7-4　長沙五里牌楚墓出土
　　　　戰國中期彩繪男俑

圖7-5　馬山楚墓彩繪著衣女木俑
　　　　（戰國晚期早段）

圖7-6　江陵九店楚墓彩繪衣俑
　　　　（戰國中晚期）

圖7-7　長沙楊家灣楚墓出土木俑
　　　　（戰國晚期）

左：男立俑右：女立俑

---

① 參見沈從文《中國古代服飾研究》，上海書店出版社2005年版，第60頁。

具體而言，不同時期的楚式曲裾衣也存在一定的差異：一種可能是因時而有變，比如戰國中期木俑服飾款式就與戰國中晚期有一定的差異；但也有可能是同制異形，款式不同。深衣的性別差異，在服飾表達上也有呈現。戰國中期湖南長沙五里牌406號楚墓出土的彩繪男俑所著深衣，其曲裾只向身後微微斜掩；而戰國中期長沙仰天湖25號楚墓出土的女俑，其曲裾則向後大幅度纏繞，採用多重交掩的形式；陳家大山楚墓出土〈人物龍鳳圖〉帛畫中的女主人，衣下垂呈燕尾或刀圭之形狀，裝飾意味非常強。楚國男女兩式深衣的這種差別，在西漢時依然有所沿襲。由此不難看出楚地女子的深衣比照男子而言更趨於變化，通過較大幅度量的斜裾對人體施以纏繞，從而塑造出楚地女子纖奇秀麗的神韻風貌。中原地區出土的形象材料也展示了春秋戰國時期這種曲裾繞襟樣式的流行，兩相比較，楚人深衣樣式顯得更為生動、活潑，色彩斑斕。

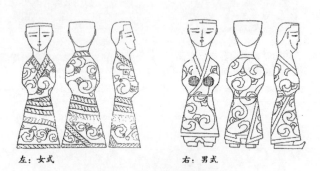

左：女式　　　　　　　右：男式

圖7-8　湖北雲夢西漢彩繪木俑

圖7-9　齊國漆盤紋飾（臨淄郎家莊）

圖7-10　春秋戰國之際白玉雕像　　圖7-11　中山國銀首人形燈座（河北平山）

圖7-12　戰國長袖曲裾衣舞女玉雕（洛陽金村韓墓出土）

二、楚袍

《釋名　釋衣服》云：「袍，丈夫著，下至跗者也。袍，苞也，苞內衣也。婦人以絳作衣裳，上下連，四起施緣，亦曰袍，義亦然也。」袍在形制上屬於「衣裳相連」的廣義的深衣制服式，故不再需要下裳，而且是男女通用的一種普遍形式。《禮記　玉藻》載：「纊為繭，縕為袍。」鄭玄注：「衣有著之異名也，纊謂今之新綿也，縕謂今纊及舊絮也。」由此可知，服裝的表裡之間填充以新綿的稱之為繭，填充以舊絮的則稱之為袍。因此，袍屬於長衣類並內絮絲綿的一種冬季服裝。《墨子　公孟篇》載：「昔者楚莊王，鮮冠組纓，絳衣博袍，以治其國，其國治。」《淮南子　齊俗訓》也有類似著袍的記

載。馬山1號楚墓中出土的實物綿袍以及相關的楚木俑資料為進一步深入地研究楚袍形制提供了翔實的依據。

馬山1號楚墓共出土袍服8件，7件形制清晰。基本特徵可概括為：交領，右衽，直裾，長袖，上衣下裳連成一體，並以錦繡緣邊。根據袖子結構形態的不同，沈從文將這七件綿袍分為三種類型：小袖式，寬袖式、大袖式[1]。

（一）小袖式

小袖式也稱作窄袖式，出土共兩件，編號N1素紗綿袍保存完好，編號N22舞鳳飛龍紋繡土黃絹面綿袍殘損嚴重。

圖7–13　N1素紗綿袍

N1素紗綿袍，身長約148公釐，袖展為216公釐。平放時，兩袖略下垂，袖筒自肩腋部向袖口作顯著收殺，成八字形，袖筒最寬處在腋下，小袖口，直裾，下擺緣平齊交領，背部領口下凹。袍面為極細薄之平織紗，整體為上衣與下裳兩大部件組合縫成，領、袖緣均用本色生紗，白絹裡，絮絲綿。這種凹領窄袖，短小適體，衣面用本色素料，不飾紋彩，必是貼身穿著的冬服小衣或內衣，一般不

---

① 參見沈從文《中國古代服飾研究》，上海書店出版社2005年版。

顯露於外[①]。

　　另一件是編號N22的繡絹綿衣，是著於死者外衣之內的，形制亦與N1相近，灰白絹裡，領緣用B型緯線起花條，有田獵紋條和龍鳳紋條兩種。袖緣和下擺皆用大菱形文錦，衣面彩繡龍鳳花紋。如照《釋名》「中衣言在外，小衣之外，大衣之中也」，應稱之為「中衣」。兩件袍尺寸如下表：

表7-1　馬山1號楚墓出土袍服小袖式

編號	身長	領緣寬	袖展	袖寬	袖口寬	袖緣寬	腰寬	下擺寬	擺緣寬
N1	148	4.5	216	35	21	8	52	68	0
N22	140	3.1	?	35	20	9.5	?	?	?

　　從裁製方式看，兩件袍均屬於斜裁式樣[②]，以素紗綿袍為例，其具體裁製方式：

圖7-14　素紗綿袍前片款式圖

①　參見湖北省荊州地區博物館《江陵馬山1號楚墓》，文物出版社1985年版，第95頁。
②　從裁剪方式上看，江陵楚墓出土服裝可分為「正裁」和「斜裁」、「正拼」和「斜拼」。所謂「正裁」即按照衣料直紗向（經向）裁剪，直接利用衣料幅寬，只在長短上裁取所需要量。所謂「斜裁」，即與直紗向成一定角度的斜向裁剪。所謂「正拼」，即正裁的衣片間的拼接，拼縫處兩側的紗向平行，都是直紗向或橫紗向（緯向）。而正裁的衣片與斜裁的衣片拼接或斜裁的衣片相互拼接時稱作「斜拼」，拼縫處兩側紗向成一定角度（不平行）。

素紗綿袍的上衣部分正身和雙裁皆斜裁，共8片，自袖口起裁片寬度依次為23公釐、26公釐、26公釐、17公釐。下裳為正裁。共7片，自大襟起裁片寬度依次為22公釐、22公釐、28公釐、20公釐、20公釐、28公釐、30公釐。上衣與下裳在中腰縫處拼合。綿袍領緣寬4.5公釐、袖緣寬8公釐，未見擺緣。領緣、袖緣也皆為斜裁[①]。

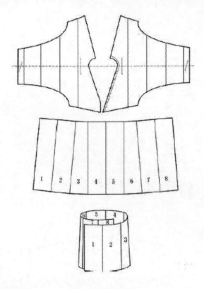

圖7-15　素紗綿衣N1的裁剪結構圖

（二）寬袖式

寬袖式，編號N10鳳鳥花卉紋繡淺黃絹面綿袍和編號N14對鳳對龍紋繡淺黃絹面綿袍兩件，保存完好。

此服式精工華美，皆短袖寬口，肩袖平直，三角形領，右衽，直裾，下擺平直，腋下有「插片」。衣面用高級刺繡匹料正裁縫製，素絹裡，絮絲綿。緣飾方面，領、袖、衣緣均用綿，與「衣作繡、錦為緣」制度正相合。錦緣厚重，構成衣服的框架，有利於服裝形制的穩

---

① 參見湖北省荊州地區博物館《江陵馬山1號楚墓》，文物出版社1985年版。

定及穿著時貼體。在錦領的內面及外面，還各加飾一道緯花條帶，頻寬不足7公釐，紋樣卻驚人複雜，能在極小面積中作車馬人物馳獵猛獸生動場面。這種條帶大概還可以隨時更換，以見新意或應規矩。此外，於領緣、袖緣與袍面交界處，又壓一道針織物花邊為過渡裝飾，與《後漢書 輿服志》述皇太后、皇后廟服「皆深衣制，隱領袖緣以條」作飾的法度頗相一致。所謂的「隱領」，即可能是此種附加的襯領。沈從文指出，這類短袖筒、寬袖口、刺繡鳳鳥主題紋樣的長衣，增飾加工不厭其繁，實可能是當時社會上層婦女的一種吉服或禮服 [1]。

圖7-16　N10鳳鳥花卉紋繡淺黃絹面綿袍

圖7-17　N14對鳳對龍紋紋繡淺黃絹面綿袍　　N14展開的內襟結構

---

[1]　參見沈從文《中國古代服飾研究》，上海書店出版社2005年版，第97頁。

兩衣具體尺寸，見下表：

表7-2　馬山1號楚墓出土袍服寬袖式

編號	身長	領緣寬	袖展	袖寬	袖口寬	袖緣寬	腰寬	下擺寬	擺緣寬
N10	165	6	158	45	45	11	59	69	8
N14	169	9	178	47	47	17	66	80	11

　　裁製方式為正裁，以N14綿袍為例，上衣部分正裁共四片，其中正身兩片，各寬35公釐：兩袖各一片，每片寬37公釐，上衣腋下部左右各拼有一長方形面料；下裳六片，皆正裁，從大襟起寬度依次為38公釐、32公釐、22公釐、32公釐、39公釐、16公釐。上衣與下裳不通幅，腰部有腰縫。領緣寬9公釐、袖緣寬17公釐、擺緣寬11公釐。從服裝提供的款式圖中能得到直觀的印象。

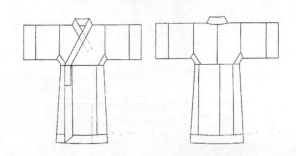

圖7-18　N14對鳳對龍紋繡淺黃絹面綿袍

圖7-19　N10鳳鳥花卉紋繡淺黃絹面袍款式結構圖

（三）大袖式

大袖式，編號N15小菱形紋錦面綿袍、編號N16小菱形紋錦面綿袍和編號N19E形大菱形紋錦面綿袍3件，保存完好。此種服式特點是衣袖格外地長大，兩袖平展，長度約在250～350公釐之間，遠遠超過身長，故也可稱之為「長袖式」。袖下呈垂弧狀，肩袖平直，三角形領，右衽，直裾，下擺平直，腋下也有插片結構。綿袍用菱形紋錦製成，風格閒雅雍容。

N15小菱形紋錦面綿袍，袍面材料用小菱紋絳地錦，領緣用六邊形條，袖緣用A型大菱形紋錦，大襟和下擺的緣部用幾何紋錦，深黃絹裡，內絮絲綿，綿較薄。身長約200公釐，袖展達345公釐，合戰國尺度正一丈五尺，超過死者身高（骨架長為164公釐）一倍多，是墓中所出衣袖最長的衣服。N16小菱形紋錦面綿袍，領緣用A型大菱形紋錦，袖緣用條紋錦，大襟和下擺緣用鳳鳥花卉紋繡，深黃絹裡。N19E形大菱形紋錦面綿袍，領和袖緣皆用條紋錦。大襟和下擺緣用鳳鳥花卉紋繡，領緣和衣裳的拼縫處分別鑲嵌複合組織條和單面重套組織條，深黃絹裡。沈從文據墓主屍身著裝情形，推斷此式小菱紋絳地錦面綿衣或是一種家常冬裝外衣，亦或是一種葬服[①]。

圖7-20　N15小菱形紋錦面綿袍

---

① 參見沈從文《中國古代服飾研究》，上海書店出版社2005年版，第100頁。

圖7-21　N15展開的內襟結構

圖7-22　N16小菱形紋錦面綿袍

圖7-23　N16展開的內襟結構

3件錦面綿袍的具體尺寸，見表7-3。

表7-3　馬山1號楚墓出土袍服大袖式

編號	身長	領緣寬	袖展	袖寬	袖口寬	袖緣寬	腰寬	下擺寬	擺緣寬
N15	200	6	345	64.5	42	10.5	68	83	6
N16	161	6	277	40	36.5	15	66	79	12
N19	170.5	10.5	246	41	34	12	78	96	22

　　以N15小菱形紋錦面綿袍為例，分析其裁製方式。綿袍屬於正裁式樣，綿袍的上衣部分正裁，共8片，正身2片，寬度相同為32公釐，兩袖各3片，自袖口起寬度依次為42公釐、43公釐、45公釐。均不足整幅布料寬度，8片拼和後，再從下面縫合。在雙袖與正身的腋下，另拼一塊長37公釐、寬24公釐的長方形面料。上衣腋下部左右各拼有一長方形面料，下裳也是正裁，共5片，皆正裁，從大襟起寬度依次為45公釐、41公釐、41公釐、41公釐、45公釐。上衣與下裳不通幅，腰部接腰縫。領緣寬6公釐、袖緣寬10.5公釐、擺緣寬6公釐。

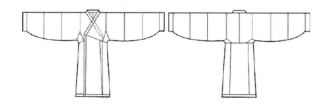

圖7-24　小菱形紋錦面綿袍N15結構圖

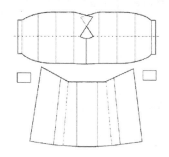

圖7-25　小菱形紋錦面綿袍N15裁剪結構圖

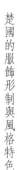

除了出土的綿袍實物外，綿袍樣式在出土的木俑身上也得到了反映。

圖7-26　河南信陽長臺關1號楚墓彩繪木俑（春秋早期）

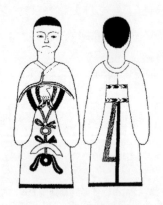

圖7-27　河南信陽長臺關1號楚墓彩繪木俑（春秋戰國間）

　　彭浩認為河南信陽長臺關1號楚墓彩繪木俑為直裾而非曲裾衣袍，因為衣袍腰身寬大，當衽部收緊之後必然會有一部分寬於腰圍而繞至身後，就形成了信陽楚墓木俑背面的樣式。彩繪木俑的背面清楚地勾畫出下垂的直裾，衽部是從正面繞到背面的，下擺緣平齊①。

----

① 　參見彭浩《楚人的紡織與服飾》，湖北教育出版社1996年版，第157頁。

圖7-28　木俑背面繪出斜向上收斂的衽部，應是曲裾衣袍的樣式

　　雖然馬山1號楚墓出土袍服均為交領右衽直裾綿袍，但並不能因此說楚國衣袍只有直裾式，曲裾衣袍同樣是存在的[①]。曲裾衣袍服的樣式，可以從長沙楚墓出土的木俑身上看出來，衣袍的下緣不像直裾袍那樣平齊，而是一側較低，靠近腳面，另一側較高，離腳而較遠；同時還可以看出逐漸向身後收斂的三角形衽部。另外，楚簡可作為楚地有曲裾衣的旁證。仰天湖楚墓楚簡文字中有這類服式的記載，該墓的第29號簡云：「一結衣」。結字的含義可理解為「曲」，「結衣」即為曲裾衣。

三、襌衣

　　襌衣亦寫作「單衣」。衣為楚貴族平日燕居之服，與袍式略同，為上下連屬，單衣是沒有衣裡之衣。《釋名　釋衣服》：「襌衣，言無裡也」。（畢沅注：「《說文》曰：『襌衣不重也。』」）《方言》：「襌衣，江淮南楚之間謂之褋，關之東西謂之襌衣。……無裒者謂之裎衣，古謂之深衣」。屈原《九歌　湘夫人》有「遺余褋兮澧

[①]　1972年湖南長沙馬王堆1號漢墓出土的11件綿袍中，曲裾8件，直裾3件。考慮到兩者之間的繼承關係，也能間接證明楚國衣袍中直、曲兩種裾式袍服是同時存在的。

第七章　楚國的服飾形制與風格特色

浦」的辭句。可見楚地的單衣稱為「褋」更為準確。襌衣無裡，故不重，其材料並不限於絲織品，也可以使用各種布料來裁製。根據衣料的不同，單衣可作為內衣或外衣穿用。

　　楚國襌衣的形制可從馬山1號楚墓出土襌衣獲得具象。襌衣出土共有三件，均為大袖式，編號N13一龍一鳳相蟠紋繡紫紅絹單衣和編號N9龍鳳虎紋繡羅單衣保存較好，編號N12素紗單衣，損壞嚴重，僅存緣部。

　　N13一龍一鳳相蟠紋繡紫紅絹襌衣，領用C型大菱形紋錦，袖緣用彩條紋條，外襟緣和下擺緣用龍鳳相搏紋繡；N9龍鳳虎紋繡羅襌衣領和袖緣用B型大菱形紋錦，外襟緣和下擺用C型大菱形紋錦；N12素紗襌衣，領用六邊形紋條和菱形花卉紋條，袖緣用D型大菱形紋錦，外襟緣和下擺緣用龍鳳相蟠紋繡。

圖7-29　N13一龍一鳳相蟠紋繡紫紅絹襌衣

　　N13和N9衣尺寸見下表：

表7-4　馬山1號楚墓出土襌衣

編號	身長	領緣寬	袖展	袖寬	袖口寬	袖緣寬	腰寬	下擺寬	擺緣寬
N13	175	5	274	48	40	11	65	80	12
N9	192	4	276	50.5	33	5.5	67	60	7

襌衣基本形制為：交領，右衽，直裾，長袖，上衣下裳連成一
體，並以錦繡緣邊。其結構與大袖式綿袍結構相似，衣袖格外長大，
遠遠超過身長，袖下呈垂弧狀，肩袖平直，三角形領，下擺平直，腋
下有插片。

　　楚式襌衣一個突出的特點就是衣的外沿，即領、袖、裾和下擺都
採用雙層繡絹和較為厚重的錦、條裝飾。襌衣在各個部位都受到邊緣
重力的作用而顯得挺括，充分顯示出衣著的外型特徵，同時邊緣部位
這些織繡精美的錦、條織物又對服裝起到了很好的裝飾作用。

圖7-30　　N9展開的內襟結構

　　以N13一鳳一龍相蟠龍紋袖紫紅絹襌衣為例對其裁製加以說明。
其屬正裁式樣，襌衣的上衣部分共6片，其中正身2片，各寬38公釐，
兩袖各2片，寬度分別為45公釐、43公釐，腋下亦有長方形插片結
構；下裳也是正裁，共5片，寬度從大襟起依次為42公釐、41公釐、
43公釐、45公釐、22公釐。上衣與下裳不通幅，腰部有接腰縫。領緣
寬5公釐、袖緣寬11公釐、擺緣寬12公釐。

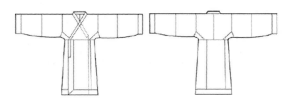

圖7-31　　一鳳一龍相蟠龍紋袖紫紅絹襌衣N13結構圖

四、襦

襦是一種比袍和禪衣都短的服式，下擺一般位於腰至膝蓋之間。《說文》云：「襦，短衣也。」襦有單、複之分，複襦不僅包古夾襦而且還包含內絮絲綿的襦。故襦可分三種：單襦、夾襦和綿襦。襦的製作其實並不以連衣裳作為其特徵，所以襦可長可短，這可從文獻中求證。如《後漢書 廉范列傳》百姓歌曰：「平生無襦今五袴。」《陌上桑》說羅敷「緗綺為下裙，紫綺為上襦」，都足以說明襦在形制上仍不脫「上衣、下裳」的「上衣」屬性。襦的設計還需要和褲子做搭配，才能完整保護身體，免於受寒。這是與袍、單衣等連衣裳的形式不太相同的地方。

迄今為止，楚人襦衣的實物是在馬山1號楚墓中發現的一件殘破的夾襦，編號N23深黃絹面夾襦。為墓主貼身穿著，殘損嚴重，僅剩領緣、袖緣、擺緣和袖口殘片，其結構形態難以通過實物加以確認。它用深黃絹做衣表和衣裡，交領右衽、直裾，裾和下擺皆包有繡緣。夾襦長101公釐，垂及膝蓋。袖口的尺寸在所有出土衣物中最為窄小，僅為19公釐。夾襦為貼體之衣，似為《儀禮》所載的「明衣裳」，即逝者生前齋戒時所穿的潔淨的內衣。可推斷此襦圍度尺寸不會太大，參照內穿的素紗綿袍腰圍尺寸，該夾襦的腰寬至少小於素紗綿袍的腰寬，即最大寬度不超過52公釐，即腰圍最大不超過104公釐。在裁製方式上，此類襦應為分片裁製的。

楚襦的形制還可通過其他出土文物加以了解。湖北隨州曾侯乙墓出土編鐘銅人，其所著上衣的下擺在腰和膝部之間，可以認為這種服式是襦。下層銅人和上層銅人所著襦的樣式略有不同。下層銅人所著的襦都是交領、右衽，腰以上部位繪有裾，腰以下部位則沒繪出。領緣較寬，飾有彩紋。與其他衣袍不同的是，這種襦的下擺不是平齊的，而是以正中為界，左側較高，右側較低，似可以把這種襦衣看作是曲裾。出自洛陽金村周墓的銀人所著的襦衣，從其正面看去，只在

腰部以上可以看到交領右斜；從背面看去，腰帶以下則有裾緣，則是一種十分明確的曲裾結構。

圖7-32　曾侯乙墓編鐘銅人

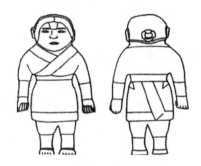

圖7-33　洛陽金村周墓出土銀人

中原地區出土文物裡也可見到類似的服裝形制，如圖7-34，圖7-35。

圖7-34　春秋時期絲縧束腰、齊膝直裾短衣男子陶范（山西候馬牛村出土）

圖7-35　戰國時期絲絛束腰、繡文短衣、佩短劍青銅武士（山西長治分水嶺出土）

　　長沙仰天湖戰國楚墓中遣冊記載，楚國的短衣還有「足繟」等名目和形制。這些名稱據史樹青先生考證，均是一種短促的厚衣和一種有黼紋的短衣。惜僅存其名而未見其形。

五、緅衣和偏衣

（一）緅衣

　　緅直領對襟，背部領口凹下，雙袖平直，腰與下擺等寬，制如長褂。其實物僅一件，為一冥器，見於馬山楚墓中，編號為8—3A，是一件襌衣模型，其衣長尺寸比實際短小很多。出土時盛於小竹筍內，並附有墨書簽牌，標名「緅衣」。此衣衣長約45.5公釐，袖展52公釐，袖寬10.7公釐。衣面絹地呈絳紫色，上繡鳳鳥啄蛇紋樣。領、袖皆錦為緣，而襟與下擺以繡絹緣邊。整件衣服係用寬約51公釐、長約57公釐的獨幅織物剪折製成，材料的利用極其充分，同時又能不失細節的表現（如腰縫、凹領等處）。雖一冥器，顯然已形成了常規製作方法，它反映著某種服裝的基本形制。

圖7-36　緻衣正面

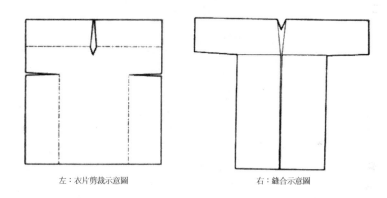

左：衣片剪裁示意圖　　　　　右：縫合示意圖

圖7-37　緻衣結構圖

　　此直領對襟式「緻衣」，可能是生者為死者助喪所贈「浴衣」。古喪禮中有「浴衣於篋」的記載，其說從出土情況看與史籍有相合處。此類服裝在楚墓中絕少發現。《說文　衣部》載：「袛裯，短衣也。」屈原《楚辭　九辯》中曾提到「被荷裯之晏晏兮」，裯無疑是一種楚服。《方言》卷四云：「汗襦，或謂之袛裯」。楚國地處南方，氣候濕熱，穿著短袖的衣服符合實際的需要。可見楚人雖以長衣為大宗，但也以短衣為習尚。湖北隨州曾侯乙墓所出編鐘上的銅人，穿的也是短袖之衣。沈從文認為，這種服裝即是「繡繝」，是一種在

兩漢時還頗流行的女式刺繡紋裝飾性外衣①。

緅衣這種對襟的衣式風格最早見於安陽四盤磨村出土的商代石雕人像，其所著上衣亦為對襟式樣。戰國晚期長沙楊家灣楚墓出土木俑外罩之衣也是這種款式。馬王堆1號漢墓出土的木俑也著對襟短袖式樣的外衣。這種短袖單衣經過不斷地發展演變而成為後世的「半臂」之衣。

圖7–38　安陽四盤磨村出土的商代石雕人像

圖7–39　長沙楊家灣楚墓出土木俑

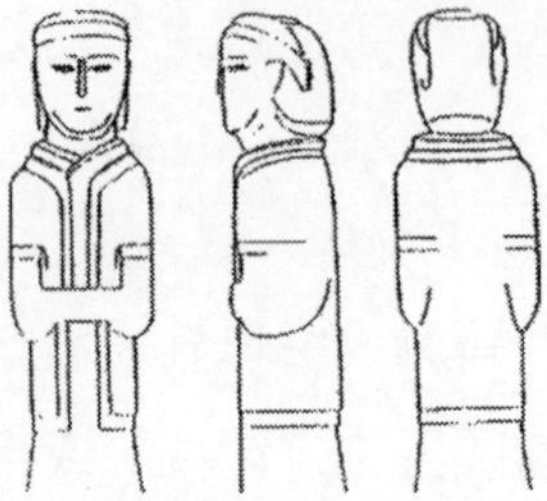

圖7–40　馬王堆1號漢墓彩繪木俑像（西漢初年）

① 參見沈從文《中國古代服飾研究》，上海書店出版社2005年版，第103頁。

（二）偏衣

左右異色之衣，史稱「偏衣」，最早見於有關晉國的史料。《國語　晉語一》又作「偏裻之衣」，「裻」背縫也，在背之中，當脊梁所在，自此中分，左右異色。《史記　趙世家》也有「王夢衣偏裻之衣」的記載。雖然在文獻中還不見楚國偏衣的記載，但楚墓出土木俑則顯示楚國確實存在偏衣這一形制，楚人好奇服，偏衣正是與眾不同引人注目的奇服。

圖7-41　武昌義地出土的彩繪偏衣木俑

從楚墓所發現的這兩件木俑的衣著看，偏衣不僅是左右異色，而且在衣與裳處亦中分異色，兩袖也相殊，這反映了楚人一種「追求對比、左右異色」的審美趣味，富於浪漫色彩與靈秀氣質。

六、裙與袴

（一）裙

裙屬下裳類。古時男女通用，又稱為「裳」或「下裳」。《釋名　釋衣服》：「裙，下裳也。裙，群也，聯接群幅也。」裙由多幅面料拼合而成，腰圍較大，穿著時依靠腰部的繫帶來使一部分裙面重疊，從而達到適體的目的。裙也是一種內衣，一般不露於外。《太平御覽》卷696引《釋名》：「裙，下裳也。……又曰：裙，裡衣也。

古服裙不居外，皆有衣籠之。」

馬山1號楚墓出土單裙2件，均有不同程度的殘損。N17─3深黃絹單裙為部分殘損，N24深黃絹單裙則殘損嚴重。

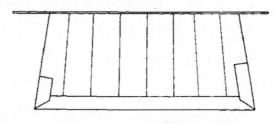

圖7-42　深黃絹單裙

單裙均以素絹裁製，幅面呈梯形，裙面由8幅拼縫，下擺比裙腰寬，腰部以窄帶為結，下擺以幾何紋錦作緣。N17─3裙高95公釐，上腰橫長181公釐，底擺橫長210.5公釐，錦緣寬13公釐。裙面8幅豎拼，絹色棕黃。N24因殘破過甚，分幅已不清楚。裙高約99公釐，上擺橫長約156公釐，底擺橫長171公釐，緣寬12公釐。

馬山楚墓之素絹單裙之形制主要特點有二：一是裙身較高，二是除了下擺以厚錦寬飾重緣外，絹裙著體後長將及地，不便深藏。這也許是追求使裙緣露於衣袍之外的層迭性裝飾效果。

單裙裁製方式，將裙面分為8片，上小下大，呈扇形結構。裙片寬分別為27公釐、27公釐、27.5公釐、26公釐、27公釐、24公釐、27公釐、26公釐。下擺緣寬12.5公釐。

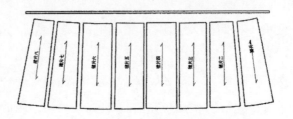

圖7-43　N17─3深黃絹單裙結構分解圖

曾侯乙墓的鐘架銅人也有著裙的形象，所著裙式與馬山楚裙式樣明顯不同，整個裙身有褶裥設計，裙側縫處有邊飾，這當看作楚裙的另一種式樣。

在穿著形式上，裙往往與襦合用，稱襦裙。馬山1號楚裙出土時著於墓主身上，從穿著的次第來看，它著於深黃絹面夾襦之內和單鳳花卉紋繡紅棕絹面綿絝之上，可以推斷此裙與夾襦形成配套之服，為上衣下裳制。曾侯乙墓的鐘架銅人上襦下裙，可見此種著裝方式在楚國已成定制。

（二）袴

袴，亦作絝，屬下裳類。其形制與後世的褲子大不相同。《說文　衣部》：「袴，脛衣也。」《釋名　釋衣服》：「袴，跨也，兩股各跨別也。」脛指膝部以下的小腿部分，股則指膝部以上的大腿部分。王國維在《胡服考》中提到：《說文》、《釋名》之解釋，是「特舉其異於裳者言之」。又謂「胡服之入中國，始於趙武靈王，……其服上褶下袴」。而其理由如下：

上短衣而下跨別，此古服所無也。……古之褻衣亦有襦袴，……然其外必有裳，若深衣以覆之，雖有襦袴，不見於外。以袴為外服，自袴褶服始。然此服之起，本於乘馬之俗。蓋古之裳衣，本乘車之服，至易車而騎，則端衣之聯諸幅為裳者、與深衣之連衣裳而長且被土者，皆不便於事。趙武靈王之易胡服，本為習騎射計，則其服為上褶下袴之服可知。此可由事理推之者也。雖當時尚無袴褶之名，其制必當如此。張守節廢裳之說，殆不可易矣。[①]

王氏之說，如就上衣的形制來說，尚有值得商榷之處。如沈從文

---

① 參見王國維《觀堂集林　胡服考》，中華書局1959年版。

第七章　楚國的服飾形制與風格特色

便以殷周文物圖像中所反映的小袖齊膝服式為根據，指出「這種小短袖衣，有可能原是古代中原所固有，影響及羌戎的[①]」。也就是說，原本華夏民族的上衣服式也是以窄小、便利於勞動者為主，後來脫離勞動生產者多，形成貴族階級，才漸漸形成「寬衣博袍」的風氣。然而，無論如何，王氏對於「下袴」的解釋，確為不易之論。因為必須跨騎於馬背上，故從人體工學的角度來看，也只有袴才是最適合的服裝。

王國維所稱的胡袴，和今日的褲子形制上並無差別。而在中原，袴的形制，則有一個發展演變的過程。最初，也是最簡單的，只有兩隻褲管，而不一定有襠相連[②]。這種形式的袴最初用於內裡，以禦風寒。而從內服到外服，其形制上便起了變化，胡服對袴的影響，最重要的也在於「從內穿到外穿」這一點，而其確切時點是否在趙武靈王時，或許還有待文物出土來證實。馬山楚墓出土的一件綿袴，是關於袴年代最早的一件實物，為我們提供了了解楚式袴類最為直觀的實物資料。

圖7–44　N25鳳鳥花卉紋繡紅棕絹面綿袴

---

① 參見沈從文《中國古代服飾研究》，上海書店出版社2005年版。

② 尚秉和謂：「古脛以上無衣，故刖足即不袴」，亦即此種脛衣，只是兩條褲管，且長度只從腳下到膝部即止，乃「下身之裡衣」；參見《歷代社會風俗事物考》卷五，〈周時內衣〉條。

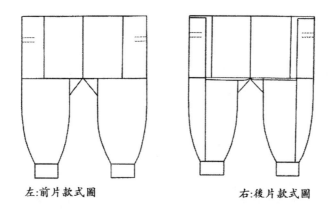

左:前片款式圖　　　　　右:後片款式圖

圖7-45　N25鳳鳥花卉紋繡紅棕絹面綿袴結構

　　N25鳳鳥花卉紋繡紅棕絹面綿袴，為墓主人貼身穿著，殘損較為
嚴重。綿袴由袴腰、袴腳和口緣三部分組成，袴腰口寬大，袴腳口
收緊，前後襠不合攏，後腰敞開為敞口式樣。袴腳用鳳鳥花卉紋繡紅
棕絹，深黃絹裡，絮絲綿。袴腳的上端與袴腰相接。袴腰用四塊白絹
拼成，每片寬30.5公釐，長45公釐。後腰敞開，形成開襠。腰寬95公
釐。連同袴腰在內，袴長116公釐。其裁剪方法，左右袴腳分片，每
只袴腳2片，一片為整幅，寬50公釐，長61公釐；另一片為半幅，寬
25公釐，長61公釐。兩片間的拼縫處鑲嵌有十字形紋針織條帶。袴腳
上端的一側拼入一塊長12公釐、寬10公釐的長方形袴襠，其中的一
條較短的邊與袴腰相接，一條長邊縫在袴腳上，然後把它折疊成三角
形，展開後呈漏斗狀，左右兩塊襠片剛好相銜，但不相互連接。袴腳
下端拼有一塊長32公釐、寬9公釐的條紋錦邊，做成小袴腳口，拼縫
處罐嵌十字形紋針織條。由於袴腳寬大，故下端與袴腳口相接時做了
一些折疊，形成上大下小的燈籠狀。

　　N25綿袴出土時，為女主人貼身穿著，外以單裙掩之。彭浩認
為，當時袴與裙、袍和襦是合用的，袴只是貼身穿著，它的上部和袴
襠都被衣袍遮住。衣長較短的襦的實際長度往往到膝部，也是與當時

321

袴的形狀有密切的關係 ①。

圖7-46　長沙楚墓出土酒卮彩繪車馬人物圖

　　需要指出的是，一些出土的形象資料也間接反映當時或許也有類似於今日合襠褲的形制。如長沙楚墓出土的一彩繪車馬人物酒卮上的圖景：兩騎馬者上身穿毛皮衣飾，下身著褲裝，但顯然不會是前述開襠之「袴」，彭浩認為應該是合襠之「褌」。這種上衣下袴即為「袴褶」②。

第二節　首服和足服

一、首服

　　首服，指頭上的冠戴服飾，《周禮　天官》「追師掌王后之首服」，即是此意。首服常常亦稱「元服」、「頭服」或「頭衣」等。顏師古《漢書注》云元服：「元，首也。冠者，首之所著，故曰元服。」《後漢書　輿服志》嘗謂：「上古穴居而野處，衣毛而冒皮，未有制度。後世聖人易之以絲麻，觀翬翟之文，榮華之色，乃染帛以效之，始作五采，成以為服。見鳥獸有冠角頔胡之制，遂作冠冕纓蕤，以為首飾。」說明冠冕的起源，乃是取鳥獸之形象以為裝飾。古

---

① 參見彭浩《楚人的紡織與服飾》，湖北教育出版社1996年版，第169頁。
② 參見彭浩《楚人的紡織與服飾》，湖北教育出版社1996年版，第169頁。

人首服，名目繁多，冠冕弁巾等等，不一而足。古人對首服之重視，可從《禮記》中的一段話得知：

> 凡人之所以為人者，禮義也。禮義之始，在於正容體、齊顏色、順辭令。容體正，顏色齊，辭令順，而後禮義備。以正君臣、親父子、和長幼。君臣正，父子親，長幼和，而後禮義立。故冠而後服備，服備而後容體正、顏色齊、辭令順。故曰「冠者，禮之始也」。①

——可見古人非常強調用冠來區分等級與性別，這在中國文化中是非常顯著的。

從文獻記載來看，與中原地區相比，楚人冠式的特色是非常鮮明的。據《左傳》記載，成公九年：「晉侯觀於軍府，見鍾儀。問之曰：『南冠而縶者，誰也?』有司對曰：『鄭人所獻楚囚也。』」又《左傳 昭公十二年》載：「楚子狩於州來，……雨雪，王皮冠，秦複陶，翠被，豹舄，執鞭以出。」《墨子》稱：「昔者楚莊王鮮冠組纓，絳衣博袍，以治其國，其國治。」又《莊子》說：「古之道術有在於是者，宋、尹文聞其風而悅之，作為華山之冠以自表。」《淮南子》則說：「楚文王好服獬冠，楚國效之。」《楚辭》還有「余幼好此奇服兮，年既老而不衰。帶長鋏之陸離兮，冠切雲之崔嵬」，「高余冠之岌岌兮，長余佩之陸離」等語。根據這些記載，楚人頭上所戴之冠，在古代必有些不同於其他地域的特徵，如製作色澤特別華美，有的還高高上聳，和當時中原諸國習慣不同，也極顯明。然楚冠出土之實物，相當缺乏，馬山楚墓出土之帽，似為僅見。

以下主要以文獻資料結合圖像材料加以述說。

---

① 《禮記正義 冠義》卷六一，《十三經注疏本》，中華書局1980年版。

第七章 楚國的服飾形制與風格特色

（一）南冠、獬豸冠和法冠

前引《左傳》「南冠」之說，歷代注疏家們多有解釋。《後漢書　輿服志》引胡廣說及《左傳》孔穎達疏均認為:「秦滅楚，以其冠賜近臣御史服之。」孔疏還更進一步認定:「即今之獬豸冠也。古有獬豸獸，觸不直者，故執憲以其角形為冠，令觸人也。」《後漢書　輿服志》又加以解釋說:「獬豸，神羊，能別曲直，楚王嘗獲之，故以為冠。」《淮南子》卷九〈主術訓〉也提及「楚文王好服獬冠，楚國效之」。似乎南冠即為獬豸冠。《後漢書　輿服志》又以法冠即為獬豸冠:「法冠，一曰柱後。高五寸，以纚為展筩，鐵柱卷，執法者服之，侍御史、廷尉正監平也。或謂之獬豸冠。」

獬豸為獨角獸，《後漢書　輿服志》劉昭注引《異物志》曰:「東北荒中有獸名獬豸，一角，性忠，見人鬥，則觸不直者；聞人論，則咋不正者。楚執法者所服也。今冠兩角，非象也。」王充則稱此獸為「一角之羊」，「（能知曲直），性知有罪。皋陶治獄，其罪疑者，令羊觸之，有罪則觸，無罪則不觸。斯蓋天生一角聖獸，助獄為驗，故皋陶敬羊，起坐事之」[1]。可見，無論獬豸為一角神羊或獨角異獸，法冠的最大特徵，即在於一角獨聳之貌。

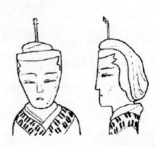

圖7-47　法冠圖洛陽出土空心磚模印畫像　　圖7-48　法冠圖馬王堆1號漢墓木俑

[1] 黃暉:《論衡校釋　是應》，中華書局1990年版，第760頁。東漢末樊氏畫像石墓中，第八石左刻題名「皋陶治獄圖」，畫中一獬豸，即作獨角羊之象。詳參淮陽市博物館、泗陽縣圖書館〈江蘇泗陽打鼓墩樊氏畫像石墓〉，載《考古》1992年第9期。

沈從文認為洛陽出土空心磚模印畫像中頭部中後方高聳尖銳之冠狀，當即漢代御史獬豸冠之形象[1]；周錫保則以為圖中執戟郎冠前方的角狀物，或即獬豸冠，然二人手執兵器，不似法官之身分[2]。又《太平御覽》卷684引《淮南子》「楚王好觟冠，楚國效之也」。許慎注曰：「今力士冠也。」日本學者林巳奈夫從觟冠（即獬冠）與力士冠的關係，斷定法冠之形狀當如圖7-48馬王堆1號漢墓木俑所示；且獬冠為楚制，若從地緣關係來看，也是極為合理的[3]。

無論冠式具體形制為何，南冠、獬豸冠和法冠屬於同一系統且冠式高聳這一特徵是可以肯定的。冠式高聳可謂是楚冠的鮮明特色之一。沈從文認為高冠在戰國時屬於楚國統治者所戴，秦滅楚統一六國後，才成為身分職位卑微的門卒或官職較低的執戟郎官頭上物[4]。楚式高冠除可證之於前引《楚辭》等文獻外，也見之於出土的圖像資料。在河南信陽長臺關戰國早期楚墓出土的彩繪漆瑟上，可見這種高冠樣式。

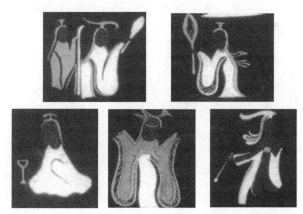

圖7-49　信陽長臺關戰國早期楚墓出土彩繪漆瑟上的各式高冠

---

① 詳見沈從文《中國古代服飾研究》，上海書店出版社2005年版，第126頁。
② 詳見周錫保《中國古代服飾史》，中國戲劇出版社1984年版。
③ 〔日〕林巳奈夫《漢代文物》，京都，京都大學人文科學研究所，1976年。
④ 參見沈從文《中國古代服飾研究》，上海書店出版社2005年版，第126頁。

如圖7-49繪漆瑟上的冠式約三種：一種高頂上平而腰細，在秦、漢之際的空心磚上還可發現戴同式高冠，已如前述，在曾侯乙墓出土鴛鴦盒上的人物上亦可見此冠式。再一種如前著二角而後垂扁形鵲尾。沈從文指出在出土的細刻紋薄銅器上，常有相近式樣冠子出現於戰士頭上。第三式如上據一鳥而後有披。戴此冠式者皆是身分較高的統治者，均褒衣博袖。

　　高冠樣式還可見之於出土帛畫，長沙子彈庫楚墓帛畫中一貴族男子冠式高聳，領下結纓，似用極輕薄的絲織物製成，有人認為此冠為「切雲冠」。

　　楚國貴族所戴冠式還可從長沙楚墓出土車馬厄部分彩繪紋戰國冬裝乘馬人物和戰國中晚期包山2號楚墓彩繪漆奩人物車馬圖中資料加以認識體會。

圖7-50　曾侯乙墓出土鴛鴦盒上的人物　　　　　圖7-51　長沙子彈庫楚墓帛畫

圖7-52　長沙楚墓出土車馬厄部分彩繪紋冬裝乘馬人物

圖7-53　包山2號楚墓彩繪漆奩人物車馬圖

　　楚式冠的特點還見於曾侯乙墓編鐘銅人像和河南信陽長臺關楚墓彩繪漆瑟上的獵戶像上①。

（二）長冠

　　楚冠中還有一種冠式為長冠，《後漢書　輿服志》載：「長冠，一曰齋冠，高七寸，廣三寸，促漆纚為之，制如板，以竹為裡。初，高祖微時，以竹皮為之，謂之劉氏冠，楚冠制也。民謂之鵲尾冠，非也。……此冠高祖所造，故以為祭服，尊敬之至也。」劉邦為楚人，「以竹皮為之」的「劉氏冠」，即為楚國傳統冠式。

---

① 　沈從文認為獵戶所戴尖錐形帽子或為葦弁。參見沈從文《中國古代服飾研究》，上海書店出版社2005年版，第52頁。

楚國飲食與服飾研究

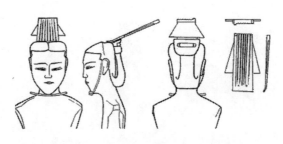

圖7-54　馬王堆1號漢墓男俑：長冠圖

　　《史記　高祖本紀》云：「高祖為亭長，乃以竹皮為冠，令求盜之薛治之，時時冠之，及貴常冠，所謂『劉氏冠』乃是也。」王先謙《後漢書集解》引黃山之說，認為高祖始制時用竹皮，其後長冠則飾以漆纚，乃高祖後制，「漆纚亦即黑纚，纚本冠內韜髮所用，長冠以竹為裡，則纚施於外，言漆纚明異於常纚也[①]」。即這種形式的冠，是以木板或竹皮為之，外蒙漆紗製成。無論如何，此冠在形制上屬於楚冠無疑。

　　（三）帽（幘）

　　馬山1號楚墓中曾出土帽（彭浩稱之為「幘」）一件（編號8—5B），其狀略如一凸字形，高約19公釐，前寬25公釐，後寬40公釐，頂部開口，後兩角各垂組穗為飾。此帽整體是由帽頂、帽緣和穗飾三部分組成，結構較簡單。但其裁製方法頗有特色，帽頂以赭色絹為表，素絹作裡，兩絹等大，為4：3之矩形。剪裁時，表裡重合，長向對折，折痕即中線，在中線與對邊各自二分之一處，按45度剪去兩角，惟中部須留縫份。縫合後便成斜棱錐狀之帽頂，底面因為一邊收縮轉如梯形，然後把中縫重合於中纚上折正。平剪去帽尖，縫作頂孔，再於底邊上方橫開一窄縫，正中用朱絹折小方縫為隔斷。最後，以絳地幾何紋錦沿四周包鑲帽緣，緣框亦作梯形。沈從文認為帽兩邊

---

① 王先謙：《後漢書集解》，中華書局1984年版。

的組穗只是一種垂飾，而不是用作繫帽的「組纓」，因為其只用一兩針釘於後緣角內，並不牢固，目的不在帶繫[1]。

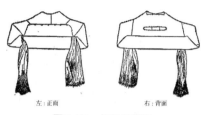

左：正面　　　　　右：背面

圖7-55　絹帽結構圖

　　馬山出土的這種帽子前覆後披，中間起屋，下垂四角，左右兩穗。在當時必為一種通行樣式，從中可見楚冠之一側面。但具體怎樣冠戴，如何定名，因材料缺乏，目前還不確定。沈從文認為，其「大致短緣在前、長緣在後著於首，頂孔可露出髮髻，後部橫縫，當為簪笄首飾貫髮安帽而設置，還可能從這裡引髮上卷或者拖髮披垂於外，處理上的簡繁想必還有一定制[2]」。在長沙出土彩繪漆卮所畫婦女亦有著不同帽子的，與馬山出土帽有近似處。

圖7-56　長沙出土彩繪漆卮上的婦女圖像

二、足服

　　足服，又稱足衣，用現代的話來說，就是鞋子和襪子等配備，

---

① 參見沈從文《中國古代服飾研究》，上海書店出版社，2005年版。
② 參見沈從文《中國古代服飾研究》，上海書店出版社，2005年版，第106頁。

但在古代，這些名物還可細分為各種名稱，如履、舄、屐、靴等等。《釋名　釋衣服》：「履，禮也，飾足所以為禮也。亦曰屨。屨，拘也，所以拘足也。覆其下曰舄，舄，臘也，行禮久立地或泥濕，故覆其末下使乾臘也。」所謂「飾足所以為禮」，是和「徒跣」相對而言。

《詩經　齊風　南山》：「葛屨五兩，冠綏雙止。」《毛傳》：「葛屨，服之賤者。冠綏，服之尊者。」可見足服有貴賤之分別，而舄為貴者之服，如《詩經　豳風　狼跋》：「狼跋其胡，載疐其尾。公孫碩膚，赤舄幾幾。」《毛傳》：「赤舄，人君之盛屨。」「屨」一般作通名使用，與「履」為同義詞。《說文解字》：「履，足所依也。」段注：「古曰屨，今曰履……名之隨時不同者也。」

《左傳　昭公十二年》載：「楚子狩於州來……雨雪，王皮冠，秦複陶，翠被，豹舄，執鞭以出。」楚靈王田獵時所著的衣裝，頭戴皮冠、身穿毛絨衣，外披翠羽披風，腳穿豹皮鞋，可見楚王所著「豹舄」，正是「人君之盛屨」。

對楚國鞋履的了解主要來自楚墓出土文物，出土的楚履實物多為麻履。馬山1號楚墓出土履3雙，其中麻履2雙，錦面漆履1雙，僅漆履保存較好，實物為大菱形紋錦面麻鞋（8—1），前端近圓形，方口，側視呈緩坡狀。表層用麻布，髹黑漆，裡層用草編成，鞋口和鞋幫均用錦面。漆履底長約24公釐，前寬9公釐，履底略出邊，底用麻線編結，其下遍布乳釘狀線結，其目的在於防滑。黑漆髹塗在底和面上，可防水，是現今看到的時代最早的一種雨鞋。

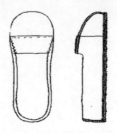

圖7–57　錦面漆履結構圖

漆履的考古資料，還早見於山東臨淄郎家莊一號東周墓出土遺物
中，由於實物在地下被焚毀，故僅取得部分破碎殘片，未獲全貌[1]，
但殘片中見到的圓底、有齒、塗飾痕跡等現象，則與馬山楚墓的完整
實物全然相同。這說明在春秋、戰國之際，製作這種漆履的技術就
已臻於成熟，形制長期穩定，南方荊楚、北方齊魯，兩三百年間無
大變化。

圖7-58　山東臨淄東周墓出土　　　圖7-59　河南光山春秋
　　　　有齒結底漆履殘片　　　　　　　　黃國墓勾履底

馬山出土的另兩雙麻履，圓頭平底，樣式與漆履基本相同。另
外，在江陵楚故都紀南城之南垣水門遺址中，也出土過3雙麻鞋。

在河南光山發現西元前648年黃國墓葬，清理出履底1雙，亦為
線繩盤曲穿綴而成，但前端顯著尖出，與鞋幫結合時必然要翻上一部
分，作勾履狀，形制和馬山楚墓麻履明顯不同。

第三節　楚服式樣的多元化風格與藝術特色

通過前面對東周時期楚國服飾形制的整理，我們不難看出楚服

①　參見〈臨淄郎家莊1號東周殉人墓〉，《考古學報》1977年第1期。

第七章　楚國的服飾形制與風格特色

331

在服裝式樣、風格等方面呈現出多元化的特徵。這種多元化風格的形成，是與春秋戰國時期的社會歷史環境相聯繫的，它是楚國從偏居一隅的落後小國發展成為雄踞南方的大帝國的歷史見證，也是楚文化與周文化激盪交融的產物。

西周早期，楚國偏居於江漢楚蠻之地，在眾多諸侯國中，楚國只是一個末等的角色。其域只相當於現代中國的一個縣轄區，物產匱乏，國君過著「篳路藍縷」的簡樸生活。然而大約7個世紀之後，楚國成了東周的第一大國。其版圖之廣，北至今河南的中部，東北至今山東的西南部，東臨大海，東南至今浙江的北部，南抵五嶺，西南至今湖南的西部，西逾巫山，西北至今陝西的東南部，成為當時中國乃至世界上的超級大國。隨著楚國國勢的日趨強大，楚國的文化也達到了鼎盛。楚文化，堪稱楚人融合南北文化而創造的東周文化之翹楚，是楚人汲取中原及周邊地域文化之精華而發展成熟的南方華夏文化。清奇秀麗的南楚文化與渾厚持重的北方文化相比，大有超越之勢。張正明認為，春秋戰國時代華夏文化的二元，一是覆蓋黃河中下游的周文化，二是覆蓋長江中下游的楚文化，當時的華夏文化，可謂是楚周同位，江河競流，炎黃並尊，鳳龍齊舞，道儒互補，《騷》、《詩》爭妍，奇正相合[1]。

楚文化的拓展和春秋以來的社會大變革是同步進行的。楚人抓住時代機遇，高速度地創造出高水準的文化，靠的是民族精神。一是積極進取的精神與氣度。楚人不滿足於跟在先進國家、先進文化後面亦步亦趨，他們總在力求後來居上。二是不分此畛彼域的開放氣度。楚人對於其他民族和其他國家的文化，樂於擇善而從，而不論其為敵為友。與中原文化相比，楚文化更有開放性和創造性。三是不厭追新逐奇的創造意識。楚人對於外來的先進事物，他們總是始則模仿，繼而

---

① 張正明〈楚文化及其與周文化的關係〉，載《尋根》1997年第2期。

改作，終於別創。楚人在求變圖強、以武力征服華夏諸國的同時，不斷地吸收中原文化及周邊蠻、夷、巴、濮、百越等區域文化的精華，於兼收並蓄中不斷地加以創新和變化，終於蔚為大觀。

春秋戰國時期楚文化與周文化的交融及楚人追新逐奇的創新意識與浪漫主義精神，是我們理解楚服式樣的多元化風格與藝術特色的關鍵所在。由於文化融合，楚人除了保留自身原有的服飾文化形態特徵之外，不僅吸納了中原服飾的諸多因素，而且還兼收並蓄了周邊土著、巴蜀、吳越等民族服飾文化的傳統特色。在不斷地吸收和借鑒中，區別於中原地區的周正與嚴整，楚人在服飾文化方面逐漸形成了「多元並存、融匯發展」的格局風貌。

在文化交融中，楚人服飾不可避免地受到了中原服飾的影響，烙上中原文化的種種印痕。就服裝形制方面而言，中原地區形成的服裝形制品類，盡為楚人所用。楚服中既有傳統的上衣下裳制又兼收並蓄了流傳於中原地區的上衣下裳連屬制（深衣制）。短衣長裙的襦服、上下連屬的袍衣構成了楚服基本的形制特徵。

一方面，我們看到中原服飾和楚服在形制與結構上的趨同。另一方面，楚服也表現出獨特的個性與鮮明的特色。其張揚個性，有著強烈的藝術特質，是楚人浪漫個性的物化和外延，也是楚文化整體結構的重要組成部分。

楚服重細節裝飾，領袖間強調用不同材料配合並用不同裁剪方法加以處理，繫腰的大帶及繞襟而下的緣邊應為絲織物材料，花紋也各不相同，圖案精美，謹嚴規整且多樣化，較中原衣式的裝飾明顯豐富。且更重要的是，胸前佩玉形式也非常講究。如江陵武昌義地6號楚墓出土的一對木俑，其佩飾基本組合為：珠、管、環、璜。每組佩飾的分段處都有花結隔開，且其體態修長、衣式奇特，其兩組珮飾並列而下，編綴制極具體。和《楚辭》中所描寫的「纂組綺縞，結琦璜些」，「靈衣兮被被，玉佩兮陸離」的情形正相符合。衣作交領小袖

式並分塊拼合如水田衣，左右對稱但設色相反。這種「偏衣」形制在中原地區並不合乎傳統法度，一度被視為「奇裝異服」，但楚人不滿足，在細節上對它又有改動，又不同於中原地區「偏衣」的特點。

楚國的女服和別國相比，顯得特別寬敞和華麗，曳地的連身長裙，腰繫白色寬帶，衣領斜交結褶疊於背後，袖和下擺均有寬沿。帽子圓頂結纓，結帶於領下，加上重粉覆面，確另有楚風楚韻。楚服分別以朱袥、絳紅、金黃、素綠、青藍為主色，加上鳳、鳥、龍等刺繡，輔以枝蔓、草葉、花卉和幾何紋，構圖奇特生動。充分顯示了楚人豐富的想像力和充滿神話色彩的文化特性。

楚國男子著裝以交領、窄袖、腰間束帶為基本樣式，相對較為樸素，右袥交領寬袖，袖口處略為收束，衣沿和袖口處飾以紋邊，以棕、黑、褐、白等色為主，最奪目就是束腰寬帶，以不同的對比顏色相間雜，衣長不過膝，以連續矩紋和條紋作裝飾，此種圖案與當時的漆器器皿邊飾十分相似。

楚式衣袍也體現了楚人不泥古制，勇於變通的創新精神。楚袍雖借鑒了中原古制深衣的形制特徵，但在服裝具體結構處理方法上（如裁片的數量、服式的長短等）則不因循守舊，自有創新。另外在袍服、袴等服裝中出現了令人耳目一新的「插片結構」以及其他一些獨特精到的剪裁技法，楚人在服裝結構方面所取得的成就可謂震古鑠今。楚式衣袍的創新，還表現在諸如衣裾的直曲之分，衣袖長短變化，服裝的質地用料、面料的色彩紋樣等方面，和中原地區衣袍相比，顯得非常新奇華美與絢麗多彩。

楚服的這種多元化風格實有賴於楚國繁庶發達的絲織生產。楚國的強盛壯大與楚國的經濟發展是同步的。楚國雄踞南方，其文化中心位於江漢平原腹地，氣候溫暖濕潤，水利資源豐富，土壤肥沃，為楚人發展農業提供了得天獨厚的自然條件。楚國農業的發展促進了手工業的發展，形成了卓越的手工業文化。東周時期的楚國在冶金、木

工、漆工、陶工、紡織、皮革、琢玉和琉璃製造等領域都取得了令人矚目的成就。戰國時期的楚國種桑養蠶的規模和繅絲織帛的水準已居列國之首，楚國絲織品種繁多，已如前述，這些織物織造精細，色彩豔麗，組織結構複雜。當時麻布、絲織品和其他織物的生產已頗具規模，有相當大的數量作為商品投入市場。除了由政府管轄的官府手工作坊外，民間私營作坊和家庭手工業仍然占很大比重。同時，布帛又作為等價物出現，成為充當貨幣職能的商品。豐富的紡織品原料為楚國服裝的生產提供了堅實的物質基礎。

楚服，作為楚文化物質與精神的雙重載體，其詭奇秀麗、多姿多彩的風格背後彰顯的是楚人獨特的審美趣味。

奇幻、浪漫、抽象的造型美，不遵循什麼嚴格的程式和法度，而是通過變形、誇張的形式與表現來表達一種意氣和精神境界。往往馳騁想像，在神話裡遨遊，在傳說裡追憶，顯出形象思維的極大自由性和超模擬的抽象化傾向。這種浪漫、抽象構象方法，集中體現在楚服的紋飾圖案上。千姿百態複雜變形的龍鳳紋、蟠螭紋、虎鹿紋等多種動物紋，以及植物紋、幾何紋、人物紋等，配以豔麗濃郁的五顏十色，構成一個抽象詭譎、充滿優美律動的象徵意象世界。正是因為這些精美奇幻的紋繡，才使楚服的風格卓然獨立。

這種不拘常規的浪漫精神，常常大膽打破那種呆板的平衡對稱格局，而力圖追求一種動態平衡與參差交錯之美。體現在服飾方面，楚人追求服裝與人體間所構成的一種內外虛實，交錯參差的著裝狀態與意境。衣身的長短、袖子的錯落有致，又結合絲帶等附加的裝飾手段塑造出楚人纖細秀美的腰肢。大袖式楚袍中誇張的垂袖造型，亦顯示出楚人對頗具韻律感的曲線的偏愛。

富豔繁麗的色彩美。拜日、尚赤、崇鳳的楚民族對濃麗的色彩有特殊的偏愛，對斑斕瑰麗的色彩有強烈的感受。楚人在藝術創作中喜愛借斑駁絢麗的色彩渲染豐富而強烈的感情，同樣，色彩斑斕也是楚

服的一大特色。服飾上的圖案更是一個富麗繁華的色彩世界，江陵馬山1號墓出土的大宗精美絲織刺繡衣被上施色達數十種:朱紅、絳紅、橘紅、深赭、金黃、棕黃、茶褐、深綠、草綠、淡綠、茄紫、銀灰、灰白等等，燦爛奪目，令人眼花繚亂，美不勝收。而紅、黑兩色則是楚人的主色調，五彩繽紛又不離主調、本色，這背後反映的是楚人原始圖騰意識、宗教信念以及祖先崇拜心理與審美意識結合，因此有著深邃的文化意蘊和民族特色。

參 考 文 獻

一、古籍類

1.《禮記》，十三經注疏本。

2.《左傳》，十三經注疏本。

3.《楚辭》，北京燕山出版社2009年版。

4.《戰國策》，上海古籍出版社1985年版。

5.《呂氏春秋》，「諸子集成」本。

6.《國語集解》，中華書局2002年版。

7.《史記》，中華書局1982年版。

8.《漢書》，中華書局1983年版。

9.《華陽國志》，齊魯書社2010年版。

10.《荊楚歲時記》，中華書局1991年版。

11.《茶經》，叢書集成初編本。

12.《古今圖書集成》，中華書局、巴蜀書店1985年版。

二、今人著作

1. 郭寶鈞：《中國青銅器時代》，三聯書店1963年版。

2. 湖北省荊州地區博物館編著：《江陵馬山1號楚墓》，文物出版社1985年版。

3. 湖南省博物館等編著：《長沙楚墓》（上下冊），文物出版社2000年版。

4. 湖北文物考古研究所編著：《江陵九店東周墓》，科學出版社1995年版。

5. 荊州博物館編著：《荊州天星觀二號楚墓》，文物出版社2003年版。

6. 湖北省宜昌地區博物館、北京大學考古系：《當陽趙家湖楚墓》，文物出版社1992年版。

7. 河南省文物考古研究所等編著：《淅川和尚嶺與徐家嶺楚墓》，大象出版社2004年版。

8. 湖北省博物館編：《曾侯乙墓（上、下冊）》，文物出版社1989年版。

9. 湖北省博物館編：《隨縣曾侯乙墓》，文物出版社1980年版。

10. 湖北省宜昌博物館編：《當陽岱家山楚漢墓》，科學出版社2006年版。

11. 湖北省文物考古研究所編：《江陵望山沙塚楚墓》，文物出版社1996年版。

12. 湖北省荊沙考古隊編：《包山楚墓》，文物出版社1991年版。

13. 湖北省荊沙考古隊編：《包山楚簡》，文物出版社1991年版。

14. 襄陽市文物考古研究所編著：《余崗楚墓》（上、下冊），科學出版社2011年版。

15. 湖北省荊州地區博物館：《江陵雨臺山楚墓》，文物出版社1984年版。

16. 湖北省文物考古研究所等編著：《荊門左塚楚墓》，文物出版社2006年版。

17. 河南省文物研究所等編：《淅川下寺春秋楚墓》（上、下冊），文物出版社1991年版。

18. 河南省文物研究所等編：《新蔡葛陵楚墓》，大象出版社2003年版。

19. 河南省文物研究所編：《信陽楚墓》，文物出版社1986年版。

20. 湖南省常德市文物局等編：《沅水下游楚墓》（上、中、下冊），文物出版社2010年版。

21. 益陽市文物管理處，益陽市博物館等編：《益陽楚墓》，文物出版社2009年版。

22. 譚維四：《曾侯乙墓》，文物出版社2001年版。

23. 萬全文：《長江中游先秦考古學文化》，湖北教育出版社2006年版。

24. 胡山源編：《古今酒事》，上海書店1987年版。

25. 丁世良、趙放主編：《中國地方誌民俗資料彙編　中南卷》，書目文獻出版社1991年版。

26. 〔日〕中山時子主編：《中國飲食文化》（徐建新譯），中國社會科學出版社1992年版。

27. 王仁湘：《飲食與中國文化》，人民出版社1993年版。

28. 王學泰：《華夏飲食文化》，中華書局1993年版。

29. 李學勤、徐吉軍主編：《長江文化史》，江西教育出版社1995年版。

30. 杜金鵬等：《中國古代酒具》，上海文化出版社1995年版。

32. 宋鎮豪：《夏商社會生活史》，中國社會科學出版社1995年版。

33. 宋鎮豪：《春秋戰國習俗史》，人民出版社1994年版。

34. 陳紹棣：《中國風俗通史:兩周卷》，上海文藝出版社2003年版。

參
考
文
獻

35. 張正明主編：《楚學文庫》（18種），湖北教育出版社1995年。

36. 張正明：《楚文化史》，上海人民出版社1985年版。

37. 季羨林：《文化交流的軌跡——中華蔗糖史》，經濟日報出版社1997年版。

38. 徐海榮、徐吉軍主編《中國飲食史》（1-6卷），華夏出版社1999年版。

39.〔美〕馬文　哈里斯：《食物與文化之謎》（葉舒憲、戶曉輝譯），山東畫報出版社2001年版。

40.〔美〕尤金　N　安德森：《中國食物》（馬嬰、劉東譯），江蘇人民出版社2003年版。

41. 姚偉鈞：《長江流域的飲食文化》，湖北教育出版社2004年版。

42. 邱龐同：《中國麵點史》，青島出版社2010年版。

43. 趙榮光《中國飲食文化史》，上海人民出版社2006年版。

44. 楊雯：《〈楚辭〉風俗研究》，2009年四川師範大學碩士論文。

45. 張欣：《先秦飲食審美研究》，2010年南開大學博士論文。

46. 沈從文：《中國古代服飾研究》，上海書店出版社2005年版。

47. 周錫保：《中國古代服飾史》，中國戲劇出版社1984年版。

48. 黃能馥、陳娟娟：《中國服飾史》，上海人民出版社2004年版。

49. 趙承澤主編：《中國科學技術史　紡織卷》，科學出版社2002年版。

50. 趙豐、金琳：《紡織考古》，文物出版社2007年版。

51. 孫機：《中國古輿服論叢》，文物出版社2001年版。

52. 趙豐：《中國絲綢藝術史》，文物出版社2005年版。

53. 回顧：《中國絲綢紋樣史》，黑龍江美術出版社1990年版。

54. 劉興林、范金民：《長江絲綢文化》，湖北教育出版社2004

年版。

55. 劉玉堂、張碩：《長江流域服飾文化》，湖北教育出版社
    2005年版。

56. 彭浩：《楚人的紡織與服飾》，湖北教育出版社1996年版。

參考文獻

後　　記

　　《楚國飲食與服飾研究》是我們兩人合作的產物。其中緒論與上篇飲食部分由姚偉鈞撰寫，下篇服飾部分由張志雲撰寫。

　　我們兩人都在高校任教，日常教學科研任務都較為繁重，在接到「楚國飲食與服飾研究」課題後，我們深感榮幸，這使我們有機會從一個新的角度來研究和認識楚文化，亦覺得壓力山大。從收集資料、擬定綱目、分撰章節到修改定稿，都是我們利用平時點滴時間來做，很難有整塊時間加以利用。由於實物和文獻資料的相對缺乏，要系統地闡述楚國飲食與服飾，無疑存在很多障礙。再如楚國服飾部分，前有彭浩先生《楚人的紡織與服飾》這樣的豐碑，後出土的地下文物亦不足以改寫歷史，要超越也相當困難。當然，我們還是盡力利用新材料、新成果和新方法去揭示楚國飲食與服飾的面貌與特色。常謂「寫作是一門遺憾的藝術」，信哉斯言！書中不當之處，尚祈各位讀者賜教。

　　當本書完稿之時，我們衷心感謝著名學者、湖北省社科院副院長、「世紀楚學」主編劉玉堂先生，正是有他的鼓勵、督促和指教，才使本書稿得以面世，與此同時，劉玉堂先生還為本書撰寫了「楚文化與酒」，使本書增輝。我們還要感謝長江出版傳媒股份有限公司邱菊生副總經理、湖北教育出版社副社長陸才堅編審對本書稿的關心與

支持。責任編輯趙暉女士對書稿細心、耐心的編輯工作使本書增色。另外還要感謝各位師友、同事經常的支援與關心。

姚偉鈞　張志雲

2011年10月